DICTIONNAIRE

DES NOMS DE LIEUX HABITÉS

DU DÉPARTEMENT DE L'ALLIER.

DICTIONNAIRE

DES

NOMS DE LIEUX HABITÉS

DU DÉPARTEMENT DE L'ALLIER

Par M. CHAZAUD

ARCHIVISTE DU DÉPARTEMENT DE L'ALLIER.

MOULINS,

IMPRIMERIE DE C. DESROSIERS

1881.

INTRODUCTION

Le Dictionnaire que nous présentons au public est la dernière œuvre à laquelle s'est consacré M. Chazaud. Comme pour tous les travaux qu'il avait entrepris, l'archiviste regretté de l'Allier avait apporté à la confection de ce livre la conscience et l'érudition que tout le monde lui connaît.

Depuis qu'il travaillait à son histoire du Bourbonnais, qui malheureusement n'a pas vu le jour, il avait recueilli de nombreuses notes sur la topographie du département dans les terriers, dans les cartulaires et dans les chartes, c'est ce qui lui donna l'idée de publier le présent Dictionnaire.

M. Montaut venait de faire paraître la carte du département, dont chacun connaît l'importance, et un dictionnaire de noms de lieux parut à M. Chazaud en être le complément nécessaire.

Il tint à le faire avec la plus grande exactitude, depuis plusieurs années il s'occupait uniquement de ce travail. Parmi les cartes qu'il avait à sa disposition, il tira surtout parti de celle de M. Montaut. « Le beau travail de M. Montaut m'aura été d'un grand secours pour le mien. J'avais établi ma nomenclature des noms de lieux, cours d'eau, forêts, etc., d'après les cartes de Cassini et de l'Etat-Major, les recensements quinquennaux de la population et les renseignements statistiques demandés aux maires des communes en 1804. Notre collègue, en mettant à ma disposition les calques des tableaux d'assemblage du cadastre, m'a permis de remonter à la source des erreurs commises dans la manière d'écrire certains noms de lieux. (1) »

M. Chazaud ne se contenta point de cela, il écrivit lui-même à tous les maires du département pour avoir d'eux les renseignements les plus précis sur la topographie de leur commune, en sorte qu'il put compléter et corriger sur quelques points le travail de M. Montaut.

Le but principal de M. Chazaud a été de rétablir la véritable orthographe des noms de lieux du département. En passant à travers les siècles, les appellations ont bien souvent perdu leur forme primitive, on pourrait citer pendant plusieurs pages des noms dont on a oublié le premier sens et qu'on a défigurés parce qu'on ne les comprend plus. Il semble par exemple bien difficile de donner l'étymologie de Saint-Yorre. Cette difficulté ne provient que de la mauvaise orthographe actuelle. « Le patron de l'église de Saint-Yorre qui est aujourd'hui saint Ferréol, était jadis saint Thierry, *sanctus Theodericus,* et j'ai trouvé ce nom successivement écrit, du XIIIe au XVe siècle, Saint-Thierre, Saint-Thieire et Saint-Tierre, d'où enfin Saint-Yorre. Il y a dans la nomenclature des noms de lieux habités de l'Allier, bien d'autres mots qui pourraient également donner lieu à des explications inattendues et parfois intéressantes (2) »

(1) Voy. un article de M. Chazaud dans le *Bulletin de la Société d'Emulation,* t. XIV, p. 369.

(2) Ibid.

M. Chazaud a voulu faire disparaître ces leçons défectueuses, et c'est en cela que consiste l'originalité de son livre. Pour rétablir la bonne leçon, il parcourut de nombreux textes du Moyen-Age, mais pour ne rien avancer dont il ne fût sûr, il poussa le scrupule jusqu'à soumettre ses idées à l'approbation du Ministre de l'Intérieur. En sorte que l'orthographe employée dans ce Dictionnaire peut être considérée comme officielle.

Les principales modifications ont été d'écrire par un *i* au lieu d'un *y* les noms de lieux venant d'une forme latine en *iacus*, comme *Souvigni*, *Aubigni*, *Commentri*, etc., de remplacer la lettre *z* par la lettre *s* : *Chasemais* au lieu de *Chazemais*, *Couson* au lieu de *Couzon*, etc.

Du reste, M. Chazaud a eu l'excellente idée de placer à côté du nom actuel l'appellation latine du Moyen-Age, qui indique presque toujours la véritable étymologie et ruine toutes les hypothèses fantaisistes sur l'origine de certains noms de lieux. Souvigni, par exemple, vient fort bien de *Silviniacus* la forme du xe siècle, il n'est pas nécessaire d'aller chercher l'étymologie *Sub Vineis*, comme l'ont fait des gens, sérieux d'ailleurs.

Cette orthographe nouvelle, ce Dictionnaire, fait dans un but essentiellement pratique, contribuera à la fixer. Il sera, en effet, le manuel de l'instituteur, du notaire, etc. La disposition même du livre, que M. Chazaud explique dans la préface qui est en tête de ce livre, y rend les recherches très-faciles.

A côté de l'utilité pratique, ce Dictionnaire est intéressant à d'autres points de vue. Cette liste de noms de lieux, toute sèche qu'elle paraisse, fournit des renseignements pleins d'intérêt pour l'histoire même du département. Il est curieux, par exemple, de constater par le nombre de pays ayant le même vocable, la vogue d'un saint dans une région, ou les idées religieuses des habitants : ainsi la dévotion à Jésus-Christ était très-grande dans le pays qui a formé le département de l'Allier : 153 endroits portent le nom de la Croix (1). Si l'on veut connaître la situation économique du département au Moyen-Age, il est intéressant de constater que 50 pays s'appellent les Vignauds, la Vigne, les Vignes (2), 200. les Bois ou le Bois (3). Nous ne faisons que mentionner ce côté curieux de ce Dictionnaire

Ces quelques indications montrent toute l'importance de ce livre. Le Dictionnaire des noms de lieux du département de l'Allier, ne fera que consolider la réputation de l'auteur de la *Chronologie des sires de Bourbon* Il fera regretter plus vivement l'ouvrage qu'il avait préparé avec tant de soins sur l'histoire du Bourbonnais, et dont la mort inopinée de M. Chazaud a privé non seulement les savants de cette province, mais ceux de toute la France.

(1) Pag. 72 et suiv.
(2) Pag. 202.
(3) Pag. 23 et suiv.

G. GRASSOREILLE.

Moulins, 25 février 1881.

PRÉFACE

Ce petit volume ne contient pas autre chose que la liste alphabétique des noms des lieux habités pour chacune des communes du département. Malgré tous les soins apportés à en réunir les éléments, je ne puis fermer les yeux sur tout ce qu'il laisse encore à désirer. Je prierai seulement les personnes qui en feront usage de vouloir bien noter sur leur exemplaire les fautes qu'elles auront relevées, et me communiquer ensuite leurs corrections, dont je serai heureux de tenir exactement compte.

L'utilité d'un répertoire de ce genre est trop incontestable pour ne pas avoir depuis longtemps frappé tous les yeux. Dès le commencement de ce siècle, en 1803, le gouvernement consulaire avait demandé à tous les maires un travail à peu près semblable : On peut voir encore aux Archives de l'Allier les réponses que fournirent alors au préfet les administrations municipales. Toutefois, l'opération en resta là.

Le Ministère de l'Instruction publique en 1859, s'est enfin chargé de reprendre à son tour, pour toute la France, l'opération tentée en 1803, et pour la conduire à bonne fin, on a jugé qu'il n'y avait rien de mieux à faire que de publier d'abord, pour chaque département, un dictionnaire topographique. Ayant accepté la tâche de rédiger celui de l'Allier, j'ai dû naturellement commencer par essayer de dresser une nomenclature aussi complète que possible des lieux habités aujourd'hui. Les particuliers, le commerce et les diverses administrations pourront, je crois, l'utiliser en plus d'une occasion. Pour diminuer la grosseur du volume, et en réduire le prix dans la mesure du possible, j'ai remplacé par un numéro d'ordre le nom de la commune, et placé à la fin, sous le titre de *Table*, une liste des communes où je donne pour chacune d'elles : 1° ce même numéro d'ordre ; 2° les noms du canton et de l'arrondissement dont elle dépend actuellement ; 3° celui du canton et du district dont elle a dépendu depuis la création des départements jusqu'à l'institution des préfectures (1790-1800) ; 4° sauf de rares exceptions, le nom ancien qu'elle a porté au Moyen-Age, et d'où dérive presque toujours celui sous lequel on la désigne encore aujourd'hui ; enfin 5° les numéros de chacun des lieux dits compris dans la commune. De sorte qu'on peut, au moyen de cette table, trouver assez facilement pour chacun des lieux dits le nom de la commune et celui des canton, arrondissement et district dont elle a dépendu, et, pour chaque commune, le nom de chacun des lieux dits qui la composent.

Le volume se termine par un appendice où j'ai réuni les corrections et additions qui m'ont semblé le plus indispensables ; peut-être sera-t-il nécessaire plus tard de publier un autre supplément : le public en décidera.

ABREVIATIONS

ch.	CHATEAU.
d.	DOMAINE.
ec.	ECART.
f.	FERME.
f.-à-ch.	FOUR-A-CHAUX.
h.	HAMEAU.
l. ou *loc.*	LOCATERIE.
mét.	MÉTAIRIE.
m.	MOULIN.
s.	SCIERIE.
t.	TUILERIE.
u.	USINE.
vge.	VILLAGE.
vig.	VIGNOBLE.

A

1 Aage (l'), h. 243
2 Abbaye (l'), d. 57
3 Abbaye (l'), ec. 122
4 Abbaye (l'), ec. 165
5 Abbaye (l'), h. 170
6 Abbaye (l'), f. 204
7 Abbesse (l'), l. 29
8 Abeille (le champ de l') v. 299
9 Abime (le pont de l'). 260
10 Abion (l'), d. 131
11 ABREST, vge. 1
12 Abreuvoirs (les), loc. 197
13 Abreuvoirs (les), h. 203
14 Acarins (les), d. 93
15 Achez, l. 6
16 Adieu (l'), h. 236
17 Affaure, d. 40
18 Affiats (les), d. 32
19 Affouard, m. 207
20 Afrique (l'), d. 174
21 Agauds (les), d. 43
22 Age (l'), d. 285
23 Age d'en bas (l'), d. 223
24 Age d'en haut (l'), d. 223
25 Age-Goyard (l'), vig. 167
26 Age-Mólat (l'), f. 236
27 Ages (les), d. 5
28 Ages (les), d. 276
29 Agland (l'), d. 230
30 Aglant (le bois d'), l. 145
31 Agneau (l'), l. 167
32 AGONGES, vge. 2
33 Agonges (le champ d'), l. 2
34 Aguses (les), d. 117
35 Aigriers (les), d. et loc. 265
36 Aigrepont, d. 38
37 Aiguillon (l'), l. et m. 113
38 Aiguillons (les), l. 112
39 Aiguillons (les), d. 204
40 Ail (le bois de l'), l. 14
41 AINAI-LE-CHATEAU, ville. 3
42 Ainnaut, d. 129
43 Airain (l'), d. 90
44 Aire (l'), d. 93
45 Aire (l'), vge. 210
46 Aireaux (les), d. 170
47 Aireaux ronds (les), d. 214
48 Aires (les), l. 277
49 Aisement (l'), h. 113
50 Aix (les), d. 153
51 Aix (les), f. 164
52 Ajat (l'), l. 236
53 Alains (les), d. 237
54 Alais (les), d. 69
55 Alais (four à chaux des). 271
56 Alaisons (les), d. 17
57 Alberte (l'), s. 113
58 Albris (les), d. 83
59 Aleu (l'), f. 68
60 Aleuf (l'), u. 35
61 Aleuf (l'), d. 35
62 Aleuf (l'), d. 131

63	Aleuf (l'), h.	167
64	Aleuf (l'), d.	217
65	Alfred-ferme, d.	124
66	Ali (l'), ch.	178
67	Ali (l'), d.	212
68	Alisier (l') l.	160
69	Alissans (les), h.	51
70	Alissans (les), h.	166
71	Allandre (la grande). h.	76
72	Allandre (la petite). d.	76
73	Allée (l'), d.	111
74	Allée (l'). h.	161
75	Allemagnes (les), h.	215
76	Allemandière, f.	27
77	Alliault (l'), d.	283
78	Allier, d.	213
79	Allier (les), d.	288
80	Alliés (les), vge.	163
81	Allots (les) d.	170
82	Allots (les),	250
83	Allue (l'), d.	283
84	Alot (l'), d.	30
85	Alouette (l'), h.	26
86	Alouette (l'), l.	220
87	Alouette (l'), l.	279
88	Alouettes (les), d. et l.	13
89	Alouettes (les),.	98
90	Alue (l'), d.	2
91	Alue (l'), d.	170
92	Alue (pont de l'). l.	179
93	Alutats (les), d.	120
	Amais (les), d.	186
	voy. Zamet (les)	
94	Amanons (les), loc.	29
95	Amaron (l') d.	26
96	Amazi l.	166
97	Ambon, vge.	143
98	Ambon, h.	224
99	Ambourg, ch.	272
100	Aménevis (les), d.	272
1	Amérique (l'), l.	173
2	Ames (les), d,	294
3	Amidon (l').	142
4	Amiel (les), d.	15
5	Amiots (les), h.	102
6	Amiraud (l'), d.	82
7	Amis (les) d.	124
8	Amoineaux (les), d.	100
9	Amonnins (les), d.	207
10	Amorins (les), vig.	12
11	Amour (l'), d.	3
12	Amouroux (les), vig.	34
	Ancien (l'), d.	288
	voyez Lanciens.	
13	Ancinai, d.	102
14	ANDE LA ROCHE, vge.	4
15	Andelot, d.	224
16	Andelot, m.	252
17	Andras (les), h.	14
18	Andrauds (les), vge.	26
19	Andrauds (les), d.	121
20	Andrauds (les), d.	200
21	Andraux (les), f.	261
22	Andrés (les), h.	43
23	Andrés (les), d,	272
24	Andrienne (l'), d.	272
25	Andrivaux (les), h.	89
26	Andrivaux (les), d.	293

No.	Nom	
127	Angeron (l').	85
28	Anglais (les), d.	251
29	Anglard (l'), vge.	41
30	Anglard (l'), v. et ch.	161
31	Anglards (les) d.	142
32	Angles (les), d.	136
33	Anguilli (l'), d.	210
34	Aniers (les) d.	130
35	Annas (les), f.	38
36	Anneau (l').	279
37	Anon (l'), f.	237
38	Anto (l'), vge.	281
39	Anses (les), d.	294
40	Apenderie (l'), h.	6
41	Apenderie (l'), vge.	137
42	Apenderie (l'), l.	166
43	Apis (les), loc.	230
44	Aplats (les), h.	43
45	Aprats (les), vig.	283
46	Apprêts (les), d.	30
47	Aragons (les), d.	226
48	Aragons (les), d., ch., m.	232
49	Aramberts (les), de.	31
50	Aramberts (les), l.	227
51	Arban, d.	176
52	Arbanniers (les).	128
53	Arbauds (les), h.	160
54	Arbonnière (l'), d.	284
55	Arboret (l'), h.	283
56	Arbouin, d.	196
	Arboulaire (l'). *voy.* Reboulaire (la).	254
57	Arbouze, vge.	29
58	Arbre sec (l'), d.	117
159	Arbres (les), h.	20
60	Arbres (les), m.	48
61	Arbres (les), l.	220
62	Arbres (les grands), d.	220
63	Arbres (les petits), d.	220
64	Arbre de la Treille (l'), h.	46
65	Arbrieux (l'), t.	256
66	Arbusset, l.	93
67	Arcq (l'), m.	37
68	Archembauds (les), d.	236
69	Archers (les), d.	6
70	ARCHIGNAT, vge.	5
71	Archimbauds (les), d.	114
72	Archimbauds (les), d.	289
73	Arcin, m.	93
74	Arclans (les), f.	96
75	Arçon, vge.	309
76	Ardaillons (les), d.	31
77	Ardelles (les).	90
78	Ardenais (les), d.	266
79	Ardenets (les), d.	314
80	Ardenne, d.	12
81	Ardennes, d.	203
82	Ardillat (l').	104
83	Ardillat (l'), d.	173
84	Ardillat (l'), l.	109
85	Ardillat (l'), d.	204
86	Ardillat (l'), l.	231
87	Ardillat (l'), l.	286
88	Ardillier (l'), l.	242
89	Ardilliers (les), ch.	133
90	Ardillons (les), f.	10
91	Ardoisière (l'), éc.	93
92	Ardouins (les), d.	115

193 Ardoulaires (les), h. 198

94 Arfelises (les), d. 228

95 Arfeuille, vge. 6

96 Arfeuille (l'), h. 318

97 Arfouétou, l. 106

98 Argeat, d. 172

99 Argence, h, 186

200 Argenti, vge. 276

1 Argentière, h. 299

2 Argini, h. 29

3 Argolat, l. 138

4 Arguins (les), d. 200

5 Ariau (l'), vig. 37

6 Ariau (l'), vge. 47

7 Ariau (l'), d. 122

8 Ariau d'en-bas (l'), d. 186

9 Ariau d'en haut (l'), d. 186

10 Ariau (l'), d. 224

11 Ariau (l'), d. 314

12 Arisolle (petit), d. 11

13 Arisolle (grand), d. 11

14 Arloings (les), vge. 92

15 Armel, h. 316

16 Armoing, d. 223

17 Armure (l'), d. 231

18 Arnauds (les), d. 231

19 Arnauds (les), d. 297

20 Arnefaux (les), h. 234

21 Arnon (l'), l. 316

22 Arnoniets (les), h. 73

23 Arnoux (les), h. 209

24 Arnoux (les), h. 227

25 Arobes (les), f. 279

26 Aronde (l'), d. 56

227 Arondière (l'), d. 122

28 Aronne, vge. 8

29 Arpaillat, d. 263

30 Arpaude (l'). 63

Arpentin (l'), d. 150
voy. Repentin.

31 Arpents (les), l. 14

32 Arpents (les, h. 317

33 Arpheuille-St.-Priest. 7

34 Arpin (ham. d'). 263

35 Arrault (l') d. 150

36 Arterre, d. 223

37 Artange, ch. 57

38 Artichaut (l'), h. 100

39 Artige, vge. 276

40 Artillat (l'), d. 100

41 Artivière, h. 263

Artousat (l'). 36, 144
voy. Rue Tousat (la).

42 Arvaillon, h. 41

43 Arvaron (l'), d. 238

44 Arvarons (les), d. 146

45 Ascendant (l'), loc. 77

46 Assassières (les), loc. 279

47 Assem (l'). 115

48 Assences (les). 46

49 Assiette (l'), h. 7

50 Assise (l'), m. f. 209

51 Aspic (l'), f. 46

52 Ates, vge. 34

Atelier (l'), d. 115
voy. Theillaie (la).

53 Aubais (les), d. 19

54 Aubepierre, d. 93

322	Auray, loc.	169
23	Aures (les), h.	234
24	Aurière, (d. et m. d').	44
25	Aurine (l'), l.	22
26	Auron (l'), m.	293
27	AUROUER, h	11
28	Aurouer, h.	48
29	Autais (les), d.	39
30	Autri, ch.	238
31	AUTRI-ISSARD, vge.	12
32	Auvergnat (l'), l.	8
33	Auvergnat (l'), l.	36
34	Auvergnat (l'), m.	94
35	Auvergnat (chez l'), d.	202
36	Auvergne, d.	238
37	Auverjat (l'), d.	18
38	Auvernai (l'), d.	315
39	Auzanne (l'), d.	210
40	Auze (l'étang de l'), l.	248
41	Avare (l'), l.	91
42	Avares (les), h.	206
43	Aveneau (l').	209
44	Avenées (les), vge.	318
345	Avenelles (les), l.	283
46	Avenériaux (les), d.	238
47	Avenière (l'), d.	279
48	Aveniers (les), d.	283
49	Avenots (les).	127
50	Avenue (l').	85
51	Avenue (l'), d.	307
52	AVERME, vge.	13
53	Avertis, h.	22
54	Avignon (l'), l.	3
55	Avignons (les).	150
56	Avisards (les), d.	166
57	Avoine, vge.	113
58	Avoulards (les), l.	242
59	Avreuil, ch. et d.	117
60	Avril (la justice d'), d.	85
61	AVRILLI, vge.	14
62	Avrilli, ch. et d.	287
63	Avrillons (les), d.	173
64	Ayat (l').	288
65	Ayau (l'), d.	130
66	Ayes (les), h.	222
67	Azel, h.	231

B

368	Babillarde (la), l.	236
69	Babot, d.	103
70	Baboulots (les), d.	297
71	Babuts (les), d.	172
72	Babuts (les), h.	262
73	Bacharde (la), ec.	129
374	Bachasse (la), l.	65
75	Bachasses (les), l..	69
76	Bâche (la). l.	80
77	Bachelots (les), d.	10
78	Bâches (les), l.	166
79	Bachins (les), d.	179

380 Bachins (les), vig. 193
81 Baconnette, d. 268
82 Bacot, m. 93
83 Badats (les), l. 293
84 Badet, d. 77
85 Badets (les), d. 124
86 Badets (les), d. 239
87 Badivière, l. 34
88 Baffetière, f. 117
89 Bagages (les), d. 224
90 Bagatelle, l. 101
91 Bagnard, d. 93
92 Bagnard, d. 314
93 Bagnaux, l. 224
94 BAGNEUX, vge. 15
95 Bagneux, d. 130
96 Bagnolais, d. 67
97 Bagnolet (champ) l. et t. 318
98 Bagnolets (les), d. 278
99 Baguetier, d. et m. 4
400 Bai, l. 33
1 Bai (le), l. 82
2 Bai (le), d. 260
3 Baignereau, h. 35
4 Baignereau (grand), h. 210
5 Baignereau (petit), h. 210
6 Baigneuse (la), l. 130
7 Baillard (loge), l. 262
8 Bailles (les), d. 284
9 Baillets (les), d. 119
10 Baillie (la), d. 251
11 Baillie (la), h. 201
12 Baillons (les), l. 98
13 Baillons (les) d. 101
414 Baillons (les), h. 304
15 Baillots (les), d. 130
16 Baillots (les), h. 136
17 Bainat, h. 128
18 Bains (les), vge. 190
19 Bairat (le), d. 22
20 Bais (le), l. 14
21 Bais (les). 160
22 Bais (les), d. 221
23 Baisses (les), h. 303
24 Bajaudière (la), l. 44
25 Baladier (le), h. 128
26 Baladis, h. 22
27 Balais (les). 82
28 Balais (champ de), l. 83
29 Balais (petit champ de), l. 83
30 Balais (les), l. 138
31 Balais (les), l. 199
32 Balanger, h. 282
33 Balans (les), d. 176
34 Balant, l. 296
35 Balards (les), d. 36
36 Balée (la), l. 158
37 Baleine, d. 71
38 Baleine, ch. et d. 315
39 Baleines (les), l. 156
40 Baleme, l. 31
41 Balerie (la), d. 140
42 Balet, d. 227
43 Balletière (la), d. 130
44 Balfaux (les), d. 133
45 Balichard, h. 8
46 Baliveau, f. 85
47 Ballants (les) h, 23

448 Ballards (les), h. 36
49 Ballets (les), d. 101
50 Balette (la), d. 102
51 Ballore, h. 310
52 Baloterie, l. 210
53 Balottier (le), h. 170
54 Balustière, d. 301
55 Bamboche, l. 288
56 Banassat-la-ville, d. 75
57 Banassat-le-château, h. 75
58 Banassat, l, 183
59 Banchereaux (les), vge. 42
60 Banchereaux (les), f. 52
61 Banchereaux (les), h. 298
62 Banelle (la), loc. 50
63 Baniset, l. 69
64 Bannelle, f. 78
65 Bannelle, h. 107
66 Bannette (la), h. 46
67 Banoire, d. 97
68 Bans (les), h. 186
69 Bans (les), moul. 214
70 Bans (la vigne des), l. 308
71 Baptier, vge. 160
72 Baptiste, m. 139
73 Bar, d. 15
74 Barachi, l. 311
75 Baragoin, l. 22
76 Baragots (les), d. 230
77 Barailloux (les), d. 214
78 Barands (les), d. 123
79 Barantan, vge et d. 304
80 Baraque (la), h. 45
81 Baraque (la), d. 48
482 Baraque (la), l. 112
83 Baraque (la), l. 140
84 Baraque (la), l. 242
85 Baraques (les), h. 93
86 Baraques (les), h. et four à chaux. 310
87 Barathons (les), h. 235
88 Baratiers (les), d. 121
89 Baratins (les), h. 196
90 Baratons (les), d. 150
91 Baratons de Béguin (les), d. 150
92 Baratons (les petits), d. 85
93 Baraude (la), l. 72
94 Baraude (la), h. 151
95 Baraudines (les grandes), d. 118
96 Baraudines (les petites), d. 118
97 Baraudoux (les) h. 61
98 Barauds (les), d. 124
99 Barbans (les), d. 61
500 Barbarans (les), l. 25
1 Barbarates (les), d. 49
2 Barbarèche, d. 200
3 Barbarèche, d, 253
4 Barbarins (les), d. 40
5 Barbarins (les), l. 260
6 Barbarins (les), d. 296
7 Barbasan, d. 241
8 Barbaste, d. 186
9 Barbe, loc. 32
10 Barbeau, l. 113
11 Barbeaux (les). 191

512 Barbaudière, f. 311
13 Barbeland, d. 209
14 Barbelat, l. 85
15 Barberanges, d. 316
16 BARBERIER, vge. 16
17 Barberi (le grand), vge. 36
18 Barberi (le petit), h. 36
19 Barbes (les), h. 255
20 Barbes (les), l. 296
21 Barbe-sèche, d. 270
22 Barbier (la place), l. 213
23 Barbier (loge), l. 262
24 Barbiers (les grands), d. 225
25 Barbiers (les petits), l. 225
26 Barb[illegible]ne, l. 121
27 Barbignat, h. 170
28 Barbotte, (la), vgne. 195
29 Barbottière, f. 195
30 Barbottière (la grande), d. 33
31 Barbottière (la petite), d. 33
32 Barbottière (la), h. 173
33 Barboulots (les), d. 120
34 Barchauds (les), h. 127
35 Barchère, d, 32
36 Bardais, h. 131
37 Bardanières (les). 33
38 Bardau (place), l. 192
39 Bardets (les), d. 17
40 Bardets (les), d. 93
41 Bardets de Champagnat (les), l. 93
42 Bardets (les), d. 110
513 Bardets (les), d. 121
44 Bardets (les), d. 237
45 Bardet (loge), l. 262
46 Bardettes (les), d. 175
47 Bardiaux (les), d. 280
48 Bardin (le pertuis), d. 280
49 Bardinerie (la), d. 85
50 Bardinière (la), h. 137
51 Bardinière (la), h. 202
52 Bardines (les). d. 33
53 Bardins (les), d. 65
54 Bardins (les), d. 97
55 Bardins (les), d. 114
56 Bardins (les) d. 262
57 Bardon, h. 130
58 Bardonnet, p. et m. 64
59 Bardonnet, d. 89
60 Bardonnets (les), h., m. 245
61 Bardonnière, d. 117
62 Bardonnière, d. 270
63 Bardoux (les), d, 308
64 Bardoux (les), vig. 38
65 Baréchards (les), d. 25
66 Barge (la), m. 93
67 Bargeon, l. 54
68 Bargeon, h. 196
69 Bargeon (les étangs), l. 196
70 Barges (les), d. 307
71 Bargnoux, d. 160
72 Bariaux (les), d. 115
73 Bariaux (les), h. 187
74 Bariaux, d. 209
75 Barigni, l. 250
76 Barille, l. 332

577	Barillet (le bois), l.	246
78	Barillière, d.	85
79	Barillière, f.	266
80	Barilloux (les), h.	236
81	Barisière, h.	17
82	Bariteaux (les), ch. et d.	207
83	Barjaude (la), l.	31
84	Barlaud, d.	200
85	Barlets (les), h.	8
86	Barlets (les), d.	149
87	Barli, m.	287
88	Barmette (la), l.	107
89	Barnaset, d.	136
90	Barnérat, d.	69
91	Barnichon, h.	54
92	Barnier, d.	213
93	Barniers (les), d.	174
94	Barnodière, d.	8
95	Barnons (les), d.	86
96	Barnoulin, d.	307
97	Barode (la), d.	151
98	Barodière, l.	34
99	Baron, l.	27
600	Baron, m.	50
1	Baronie (la), d.	206
2	Baronie (la), d.	241
3	Baronnerie (la), d.	126
4	Baronnerie (la), d.	280
5	Barons (les), d.	12
6	Baronnets (les), d.	236
7	Barons (les), vge et d.	71
8	Barons (les), d.	88
9	Barons (les), f.	117
10	Barons (les), d.	204
611	Barons (les), d.	260
12	Barons (les loges), l.	260
13	Barot, h. et m.	177
14	Barotière, f.	264
15	Barots (les), d.	51
16	BARRAIS, vge.	47
17	Barras (les), vge.	127
18	Barras, m.	308
19	Barrassier, h.	239
20	Barrats (les), l.	281
21	Barraud, h.	113
22	Barraudière (la), h.	222
23	Barraux (les), d.	117
24	Barraux (les loges), h.	175
25	Barre (la), h.	7
26	Barre (la), m. et f,	49
27	Barre (la), ch.	62
28	Barre (la), d.	69
29	Barre (la), l.	74
30	Barre (la), f.	93
31	Barre (la), h.	156
32	Barre (la), d.	203
33	Barre (la), l.	248
34	Barre (la), l.	300
35	Barre (la), moul.	314
36	Barre (la grande), d.	62
37	Barre (la grande), d.	165
38	Barre (la petite), d.	62
39	Barre (la petite), d.	165
40	Barré, l.	34
41	Barreau (le), d.	77
42	Barreaux (les), d.	46
43	Barreau (le), l.	142
44	Barreaux (les), h.	309

712	Bateaux (les), d.	231
13	Batereau. f.	214
14	Batet, d.	160
15	Batian, l.	281
16	Batisse (la), h.	118
17	Batisses (les), l.	8
18	Batisses (les), h.	102
19	Batisson, d.	206
20	Batonnière, d.	274
21	Batrons (les), h.	236
22	Battai, d.	227
23	Battais (les). d.	90
24	Battériaux (les), d.	238
25	Batterie (la). d.	140
26	Battet, l.	113
27	Baubé, l.	232
28	Bauche (la), d.	54
29	Baudats (les), d.	12
30	Baudats (les). d.	297
31	Baudière, d.	34
32	Baudiers (les), h.	64
33	Baudiments (les), h.	43
34	Baudinière, d.	93
35	Baudons (les), d,	195
36	Baudre (la), d. et m.	5
37	Baufait, l.	166
38	Baugé, l.	303
39	Baugerand, d.	72
40	Bauges (les), d.	285
41	Baugi, d.	315
42	Baujaude, l.	121
43	Baulon, vge.	18
44	Baume (la), h.	61
45	Baume (la), d. et ch.	88
746	Baume (la), d.	159
47	Baume (la), l.	219
48	Baume (la), ch.	308
49	Baumière, d.	46
50	Baumiers (les). d..	14
51	Baupi (le), l.	149
52	Baupillon, l.	225
53	Bauri, l.	237
54	Baurie (la), d.	302
55	Bauris (les), h.	105
56	Bausson, ch.	162
57	Bausson, f.	277
58	Bauvais, f.	233
59	Bauzet, d.	288
60	Bavard (le), m.	69
61	Bavins (les), h.	22
62	Bayards (les), d.	225
63	Bayet, vge.	19
64	Bayet, d.	217
65	Bayets (les), d.	20
66	Bayons (les), m.	105
67	Bayons (les) d.	251
68	Bazin, d.	62
69	Bazin, h.	63
70	Bazin (l'étang), h.	171
71	Bazins (les), d.	68
72	Bazins (les), d.	186
73	Bazolle (la), l.	225
74	Beaucaire, d.	98
75	Beau-Cerisier (le), l.	11
76	Beau-Châtel, d.	232
77	Beaux-Chênes (les), l.	222
78	Beaufils, f.	182
79	Beaufort, f.	65

No	Nom	Page
848	Beauvanne, h.	262
49	Beauvert, f.	247
50	Beauvoir, vge.	17
51	Beauvoir, l.	34
52	Beauvoir, vge.	79
53	Beauvoir, ch. et d.	106
54	Beauvoir, d. et l.	121
55	Beauvoir, d.	148
56	Beauvoir, l.	168
57	Beauvoir, vig.	195
58	Beauvoir, d.	251
59	Beauvoir, vge.	318
60	Beauvoir (grand), d.	122
61	Beauvoir (petit), d.	123
62	Beaux-Merles (les), l.	12
63	Beaux-yeux (les), d.	203
64	Bébots (les), d.	297
65	Bec (le), l.	113
66	Becaine. h.	40
67	Bécaud (le), l.	222
68	Bécauds (les), l.	18
69	Bécauds (les). h.	40
70	Bécauds (les), d. et l.	61
71	Bécauds (les), d.	191
72	Bec de Lodde (le), l.	204
73	Bèche (la), chât. et f.	23
74	Bèche (la). m.	169
75	Bèche (la), d.	286
76	Bèche (la), d.	293
77	Bèchemore, h.	113
78	Bèches (les), l.	132
79	Bèches (les), d.	227
80	Béchets (les), d.	51
81	Béchets (les), d.	126
882	Becheron, l.	61
83	Becouse. h.	113
84	Becoux, moul.	6
85	Bedets (les), d.	109
86	Bédillons (les), h.	250
87	Bedors (les), d.	287
88	Bedun, h.	29
89	Bedun, d.	82
90	Bedun, h.	303
91	Beduns (les grands), d.	82
92	Béduns (les petits), d.	82
93	Bégards (les), d.	117
94	Bégauds (lés), h.	181
95	Bégauds (les), d.	217
96	Béget (le), d.	318
97	Bégon, l.	182
98	Bègue (le), d.	11
99	Bégue (le), d.	113
900	Bègue (la goutte du), l.	113
1	Bègues, b.	21
2	Béguet (le), loc.	71
3	Béguets (les), f.	244
4	Béguin, ch. et d.	150
5	Bel-Acquit, l.	65
6	Bel-Air, d.	6
7	Bel-Air, d.	25
8	Bel-Air, l.	31
9	Bel-Air, m. et l.	50
10	Bel-Air, l.	51
11	Bel-Air, l.	62
12	Bel-Air, vig.	63
13	Bel-Air, l.	65
14	Bel-Air, d.	72
15	Bel-Air, l.	85

916	Bel-Air, h.	90
17	Bel-Air, l.	98
18	Bel-Air, l.	100
19	Bel-Air, d.	102
20	Bel-Air, l.	103
21	Bel-Air, d.	112
22	Bel-Air, d. et l.	113
23	Bel-Air, l.	121
24	Bel-Air, vig.	126
25	Bel-Air, vig.	130
26	Bel-Air (petit), vig.	130
27	Bel-Air, l.	133
28	Bel-Air, d.	136
29	Bel-Air, d.	140
30	Bel-Air, d.	149
31	Bel-Air, d.	150
32	Bel-Air, l.	164
33	Bel-Air, l.	166
34	Bel-Air, h.	171
35	Bel-Air, d.	172
36	Bel-Air, vig.	179
37	Bel-Air, d.	186
38	Bel-Air, d.	188
39	Bel-Air, f.	193
40	Bel-Air, d.	199
41	Bel-Air, l.	209
42	Bel-Air, l.	227
43	Bel-Air, d.	231
44	Bel-Air, e.	238
45	Bel-Air, d.	244
46	Bel-Air, m. et l.	246
47	Bel-Air, d.	247
48	Bel-Air, l.	248
49	Bel-Air, d.	260
950	Bel-Air, l.	271
51	Bel-Air, vig.	272
52	Bel-Air, d.	282
53	Bel-Air, f.	283
54	Bel-Air, h.	296
55	Bel-Air, l.	311
56	Bel-Air, d.	312
57	Bel-Air, l.	315
58	Bel-Aire, d.	204
59	Bel-Aire, d.	297
60	Bel-Air-sous-Ballant, h.	23
61	Bèle, d.	209
62	Belette (la), l.	244
63	Belerin, d.	131
64	Belfain, d.	281
65	Belfait, d. et ch.	221
66	Bélian, l.	27
67	Belière, h.	160
68	Belin, l.	177
69	Belin, l.	251
70	Belin (loge), l.	262
71	Beline (la), l.	38
72	Beline (la), vig.	105
73	Belins (les), l.	38
74	Belins (les), h.	171
75	Belins (les), d.	175
76	Bellaire, l.	100
77	Belleau, f.-éc.	286
78	Belle-Chassaigne, vge.	49
79	Belle Chaume, d.	57
80	Belle-Cour, d.	55
81	Belle-Cour, ch.	270
82	Belle-Croix, d.	150
83	Belle-Étoile, l.	77

984	Belle-Etoile (la), l.	202
85	Bellefont, d.	48
86	BELLENAVE, b.	22
87	Belle-Pierre, d.	54
88	Belle-Perche, d.	15
89	Belleret, d.	122
90	Belles (les), d.	269
91	Bellet, l.	122
92	Bellevue, l.	13
93	Bellevue, chât.	24
94	Bellevue, vig.	25
95	Bellevue, d.	65
96	Bellevue, l.	70
97	Bellevue, l.	80
98	Bellevue, l.	84
99	Bellevue, l.	90
1000	Bellevue, l.	93
1	Bellevue, l.	98
2	Bellevue, l.	121
3	Bellevue, l.	124
4	Bellevue, d	126
5	Bellevue, cc.	129
6	Bellevue, vgne.	130
7	Bellevue, d.	134
8	Bellevue, h.	136
9	Bellevue, chât.	163
10	Bellevue, d.	179
11	Bellevue, h.	195
12	Bellevue, h.	199
13	Bellevue, l.	214
14	Bellevue, l.	296
15	Bellevue, é.	300
16	Bellevue, l.	311
17	Bellevue (montée de), d.	195
1018	Bel-Œil, l.	136
19	Bélon (le), d.	75
20	Bélons (les), d.	151
21	Bélots (les), h.	33
22	Bélots (les), d.	114
23	Bélots (les), d.	151
24	Bélots (les), h.	254
25	Bélots (les), vge.	271
26	Beluseaux (les), f.	18
27	Belusses (les), l.	174
28	Belvau (le grand), f.	248
29	Belvau (le petit), l.	248
30	Belvau (Bruyères de).	248
31	Belvert, d.	221
32	Benai, ch., d. et vgn.	272
33	Benai, h.	278
34	Benai (le ris), h.	318
35	Bénais (les), l.	4
36	Beneton, l.	106
37	Benets (les), d.	12
38	Benoit, d.	66
39	Benon, d.	160
40	Benot (le), l.	248
41	Bérat (le), ch.	22
42	Bérat (la), d.	205
43	Berathel, d.	247
44	Bérauds (les), f.	289
45	Berbignat, d.	97
46	Berche (le), h.	79
47	Berchères (les), vge.	264
48	Berdacaux (les), l.	47
49	Bergeons (les), h.	47
50	Berger, d.	77
51	Berger (le creux), l.	239

1052 Bergerats (les), d. 37
53 Bergerats (les), d. 153
54 Bergerats (les), d. 237
55 Bergereau (le), d. 170
56 Bergères (les), d. 126
57 Bergerie (la), l. 3
58 Bergerie (la). 34
59 Bergerie (la). d. 36
60 Bergerie (la), d. 81
61 Bergerie (la), d. 86
62 Bergerie (la), ch. et d. 100
63 Bergerie (la), f. et ch. 226
64 Bergerie (la), d. 315
65 Bergeries (les), d. 188
66 Bergeries (les), d. 219
67 Bergerot, d. 218
68 Bergeroux, d. 70
69 Bergers (les), d. 166
70 Bergers (les), d. 199
71 Bergers (les), d. 204
72 Berjoux (les), l. 70
73 Berjoux (les), h. 239
74 Berlande (la), l. 40
75 Berlande (la), l. 290
76 Berlande (la prairie), l. 40
77 Berlière (la), d. 297
78 Berliers (les), d. 18
79 Berlus (les), h. 100
80 Bernachez (les), d. 283
81 Bernadet, moul. 214
82 Bernadière (la), l. 68
83 Bernadins (les), l. 150
84 Bernard, d. 74
85 Bernard, m. 107
1086 Bernard, l. 160
87 Bernard (le), d. 203
88 Bernard (la maison), d. 166
89 Bernardin, l. 8
90 Bernardins (les), d. 26
91 Bernardins (les), vge. 191
92 Bernardons (les), d. 57
93 Bernards (les), h. 43
94 Bernards (les sapins des), d. 43
95 Bernards (les), d. 51
96 Bernards (les), d. 65
97 Bernards (les), d. 69
98 Bernards (les petits), d. 69
99 Bernards (les), d. et m. 71
1100 Bernards (les), vge. 73
1 Bernards (les), h. 101
2 Bernards (les champs), trois l. 122
3 Bernards (les), d. 137
4 Bernards (les), d. 146
5 Bernards (les), d. 166
6 Bernards (les), vge. 265
7 Bernards (les), f. 299
8 Bernards (les), d. 307
9 Bernards (les), f. 314
10 Bernue (la), d. 39
11 Bernuis (le grand), d. 129
12 Bernuis (le petit), d. 129
13 Berri, h. 46
14 Berriers (les) l. 271
15 Berrot (le champ), l. 302
16 Berroyers (les), d. 200
17 Berrurat, loc. 318

1118 BERT, vge. 23
19 Bert, d. 306
20 Bertaud, m. 109
21 Berteaux (les), d. 88
22 Bertelet, l. 232
23 Berteliers (les), f. 23
24 Bertelins (les), l. 12
25 Bertenoue (la), l. 76
26 Berthaux (les), d. 191
27 Berthe (la font de la), l. 205
28 Bertheliers (les), d. 191
29 Berthelots (les), d. 176
30 Berthelots (les), f. 235
31 Berthets (les), l. 12
32 Berthets (les), d. 43
33 Berthière (la), d. 238
34 Berthomiers (les), d. 102
35 Berthomiers (les), d. 181
36 Berthomiers (les), d. 192
37 Berthomiers (les), l. 253
38 Berthon, m. et l. 306
39 Bertier, vig. 74
40 Bertille (la), l. 270
41 Bertrand, d. 74
42 Bertrand, d. 132
43 Bertrand (lieu), l. 150
44 Bertrands-du-Bas (les), loc. 146
45 Bertrands-du-Haut, d. 146
46 Bertranne (la), h. 30
47 Berts (les grands), d. 260
48 Bertucats (les), d. 146
49 Bertucat, vge. 160
50 Bertuel, d. 160
1151 Besacière, d. 212
52 Bésillat, h. 232
53 BESSAI, vge. 24
54 Bessai, d. et t. 210
55 Bessai (la), d. 18
56 Bessai (la), h. 120
57 Bessai (la petite), d. 120
58 Bessai (le grand), d. 179
59 Bessai (le petit), d. 179
60 Bessai, d. 195
61 Bessai (la), m. 216
62 Bessais (les), l. 14
63 Bessais (l'écluse des), 6. 18
64 Bessat (le mas de), f. 250
65 Besse, moul. 314
66 Besseigeat, l. 156
67 Bessemoulin, d. 186
68 Besses (les), d. 303
69 Bessies (les), d. 113
70 BESSON, b. 25
71 Besson, d. 77
72 Besson, d. 160
73 Besson, m. 266
74 Bessonnats (les), d. 24
75 Bessons (les), d. 23
76 Bessons (les), h. 89
77 Bessons (les), h. 263
78 Bessut, l. 202
79 Bête (la), l. 3
80 Béton, l. 9
81 Betrats (les), d. 306
82 Beugnai, ch. et h. 61
83 Beugnans (les petits) d. 117
84 Beugnants (les), h. 248

1185 Beugnerie (la), d. 61
86 Beugues (les), d. 23
87 Beuillat (la place), h. 173
88 Beurge, loc. 77
89 Beurre (la), d. 297
90 Beurriers (les), l. 225
91 Beurriers (les), d. 261
92 Beuyés (les), f. 69
93 Beylot, m. 79
94 Bézenet, b. 184
95 Biarnais (les), h. 1
96 Bial, f. 219
97 Biaule (la), vge. 104
98 Biaules (les), d. 100
99 Bicards (les), vge. 42
1200 Biche (la), d. 286
1 Bichons (les), d. 34
2 Bichons (les), d. 88
3 Bicoque (la), t. 2
4 Bidauts (les), d. 147
5 Bideux (les), d. 62
6 Bideux, l. 280
7 Bief (le), l. 65
8 Bief (le), m. 162
9 Bienassis, d. et ch. 180
10 Bien-nés (les), h. et m. 101
11 Bierge (la), loc. 277
12 Bigai, m. 113
13 Bigarat, d. 217
14 Bigarne (la), h. 279
15 Bignards (les), h. 21
16 Bignat (le), h. 240
17 Bigni (le grand), d. 148
18 Bigni (le petit), d. 148
1219 Bigotier, h. 227
20 Bigontier, d. 8
21 Biguet (chez), d. 91
22 Biguet, moul. 197
23 Bigut (grand), d. 12
24 Bigut (petit), d. 12
25 Bilaudière, d. 312
26 Bilaudière, h. 314
27 Bilhaud, m. 150
28 Billard, l. 49
29 Billard, l. 89
30 Billards (les), d. 124
31 Billards (les), d. 151
32 Billaud, vge. 77
33 Billaud, m. 127
34 Billauds (les), f. 38
35 Billauds (les), f. 111
36 Billaut, m. et l. 156
37 Billé, d. 219
38 Billet (chez), d. 17
39 Billets (les), d. 201
40 Billets (les), d. 239
41 Billets d'en bas (les), d. 295
42 Billets d'en-haut (les), d. 233
43 Billesois, m. 26
44 BILLESOIS, vge. 26
45 BILLI, b. 27
46 Billis (les), vge. 208
47 Billon (lieu), l. 15
48 Billonnière (la), vge. 81
49 Billons (les), f. 42
50 Billons (les), d. 284
51 Billordons (les), d. 220

1252 Billot, d. 64

53 Billots (les), mét. 210

54 Billoux, d. 190

55 Biondes (les), d. 234

56 Biosai, h. 279

57 Biosat, vge. 28

58 Biot, d. 103

59 Biotière, d. 44

60 Bique (la), m. 258

61 Birat, d. 64

62 Biron, d. 234

63 Bisais (les). vge. 43

64 Biscoterie (la), l. 165

65 Bise (la), l. 14

66 Bisets (les), d. 299

67 Bisoles (les), d. 206

68 Bisseret (le mas de), h. 298

69 Bisseret, chât. 298

70 Bitauds (les), vig. 303

71 Bizeneuille, v. 29

72 Bizets (les), d. 52

73 Bizets (les), h. 172

74 Bizets (les), d. 280

75 Bizot, d. 72

76 Blains (les), d. 83

77 Blains (les petits), l. 126

78 Blains (les), f. 145

79 Blais, d. 6

80 Blaisons, (les) f. 84

81 Blaivons (les), h. 26

82 Blanc (chez), d. 6

83 Blanc, l. 64

84 Blanc, l. 160

85 Blanchard (le), h. 203

1286 Blanchard, d. et l. 255

87 Blanchards (les), d. 74

88 Blanchards (les), d. 173

89 Blanche (rue), h. 286

90 Blanches raies (les), l. 83

91 Blanchet, h. 169

92 Blanchet, loc. 95

93 Blanchet (le ris), d. 212

94 Blanchetière, d. 216

95 Blanchetière, d. 257

96 Blanchets (les), d. 85

97 Blanchirière, d. 169

98 Blanchisserie (la), d. 182

99 Blanchisserie (la) m. et h. 310

1300 Blanchons (les), h. 153

1 Blanchons (les), d. 166

2 Blanchot, h. 6

3 Blanchot, l. 6

4 Blanchot, d. 222

5 Blancs (les), h. 61

6 Blancs-Fossés, f. 85

7 Blande, h. 95

8 Blanzat, vge. 57

9 Blanzat, vge et ch. 180

10 Blasson, d. 130

11 Blatière, d. 237

12 Blattes (les), h. 111

13 Blaudière, d. 279

14 Blavets (les), d. 74

15 Bló (le), l. 6

16 Blégni, moul. et l. 12

17 Blénets (les), d. 146

18 Blénière, d. 23

1319 Blénière, d. 36
20 Blénière, h. 136
21 Bletterie (la), d. 209
22 Bletteries (les), d. 245
23 Blettière (la), d. 130
24 Blétlières (les), f. 43
25 Blévonat, l. 174
26 Bligaudière, l. 289
27 Bline (la), f. 38
28 Blinière, l. 216
29 Blins (les), l. 38
30 Blomard, vge. 30
31 Blonde (la), loc. 154
32 Blondeau, d. 54
33 Blondeau (le), d. 164
34 Blondeaux (les), h. 16
35 Blondet, d. 85
36 Blonds (les), d. 151
37 Blots (les), f. 114
38 Blots (les), f. 151
39 Blots (les), h. 272
40 Blots (les), d. 283
41 Bloux, vge. 150
42 Bloux (les loges de), l. 150
43 Bloux (les), h. 190
44 Bobiat, l. 248
45 Bobille (la), l. 69
46 Bobin (la rue), l. 14
47 Bobins (les), d. 4
48 Bodet, moul. 179
49 Bodéterie (la), h. 46
50 Bodin (la loge), l. 70
51 Bodin, d. 85
52 Bodin, d. 130
1353 Bodinots (les), d. 174
54 Bodins (les), h. 123
55 Boënat, vge. 111
56 Bœuf (le), vge. 45
57 Bœuf d'en-bas (le), m. et l. 306
58 Bœuf d'en-haut (le), h. 306
59 Boffet (la font de), h. 215
60 Boffetie, d. 113
61 Bohat, d. 152
62 Bohêmes (les), h. 67
63 Boichatte (la), l. 312
64 Boillard, h. 287
65 Boillards (les), d. 236
66 Boilets (les), d. 129
67 Boirat, l. 220
68 Boirattes (les), l. 32
69 Boire (la), d. 1
70 Boire (la), l. 256
71 Boire (la), d. 307
72 Boireaux (les), d. 235
73 Boire-Biquet, l. 155
74 Boires (les), l. 9
75 Boires (les), d. 155
76 Boirets (les), d. 81
77 Boirot, l. 280
78 Boirots (les), d. 39
79 Boirots (les), d. 173
80 Boirots du bas (les), d. 137
81 Boirots du haut (les), d. 137
82 Bois (le), l. 3
83 Bois (le), d. 19
84 Bois (le), d. 33
85 Bois (le), loc. 69

1386 Bois (le), h. 79
87 Bois (le), f. 90
88 Bois (le), vge. 95
89 Bois (le), h. 102
90 Bois (le), d. 175
91 Bois (le), d. 183
92 Bois (le), h. 186
93 Bois (le), l. 194
94 Bois (le), d. 197
95 Bois (le), d. 202
96 Bois (le), d. 221
97 Bois (le), f. 223
98 Bois (le), l. 224
99 Bois (le), m. 254
1400 Bois (le), l. 271
1 Bois (le), m. 284
2 Bois (chez), h. 150
3 Bois (la loge du), d. 192
4 Bois (l'étang des), l. 18
5 Bois (les). 221
6 Bois (les), l. 225
7 Bois (les grands), l. 83
8 Bois (les grands), l. 90
9 Bois (les grands), h. 103
10 Bois (les grands), d. 220
11 Bois (les grands), l. 262
12 Bois (grand), d. 316
13 Bois (petit), ch. et d. 82
14 Bois (petit), l. 113
15 Bois (les petits), l. 220
16 Bois (les petits), h. 261
17 Bois (les petits), d. 293
18 Bois (maison des), l. 32
19 Bois Aubain (le), h. 219
1420 Bois au midi (le), l. 247
21 Bois au nord (le), h. 247
22 Bois Basset (le), l. 229
23 Bois Beget (le), h. 216
24 Bois Béret (le), l. 84
25 Bois Bergeot (le), l. 262
26 Bois Bert (le), l. 272
27 Bois Beugnet (le), d. 168
28 Bois Blanc, h. 113
29 Bois Blanc, h. 222
30 Bois Blanc, d. 219
31 Bois Bonnot (le), l. 84
32 Bois Brochet (le), l. 90
33 Bois Brûlé (le), d. 18
34 Bois Brûlé (le), l. 232
35 Bois Carrat (le), l. 150
36 Bois Chaumeil (le), l. 88
37 Bois Chevreau (le), h. 256
38 Bois Chotin (les), l. 42
39 Bois Choux (le), d. 83
40 Bois Clair (le), l. 84
41 Bois Clair (le), h. 131
42 Bois Clair (le), l. 200
43 Bois Clair (le), l. 236
44 Bois Cloyer (le), d. 149
45 Bois Colon (le), l. 43
46 Bois Comtau (le), d. 125
47 Bois Comtau (le), d. 307
48 Bois Cornier (le), l. 105
49 Bois Corsin (le), d. 29
50 Bois Coupé (le), l. 222
51 Bois Croisé (le), l. 216
52 Bois curé (le), l. 147
53 Bois Curé (le), l. 150

1454 Bois Curé (le), vge et f. 279

55 Bois d'Arzai (le), h. 77

56 Bois d'eau (le), d. 3

57 Bois de Breux (le), d. 77

58 Bois de But (le), d. 142

59 Bois de Chambérat (le). 197

60 Bois de Champeau, (le), d. et l. 214

61 Bois de Forêt (le), h. 8

62 Bois de la Chaume (le), l. 150

63 Bois de la Chèvre (le), f. 23

64 Bois de la Cure (le). d. 223

65 Bois de la Cure (le), l. 260

66 Bois de la Dame (le), l. 286

67 Bois de la Molle (le), d. 6

68 Bois de Lante (le), l. 231

69 Bois de la Ray (le), l. 297

70 Bois de la Vaure (les), f. 43

71 Bois de l'eau (le), d. 108

72 Bois de Lépaud (le), l. 214

73 Bois de l'Epine (le), d. 120

74 Bois d'Embrun (le), h. 46

75 Bois de Nau (le), l. 221

76 Bois Denis (le), h. 293

77 Bois de Paillière (le), d. 197

78 Bois de Plan (le), l. 221

79 Bois derrière (le), d. 103

80 Bois de St-Jean (les), l. 215

81 Bois de Venas (le). 301

82 Bois de Vesvres (le), l. 34

83 Bois de Vial (le), h. 143

84 Bois de Vougon (le), l. 3

85 Bois des Couts (le), h. 261

1486 Bois des Crones (le), h. 8

87 Bois des Dames (le), l. 63

88 Bois des Fossés (le), l. 34

89 Bois des Jaillots (le), l. 172

90 Bois des Meuniers (le), l. 247

91 Bois des Noyers (le), l. 33

92 Bois des Ranches (le), l. 296

93 Bois de Saulzais (le), l. 102

94 Bois Dezard (le), h. 65

95 Bois d'Huriel (les), d. 299

96 Bois Didon (le), d. et l. 163

97 Bois-Dieu (le), vge 132

98 Bois-Dieu (le), vge. 137

99 Bois Dieu (le), h. 280

1500 Bois Dieu (le), d. 307

1 Bois Dijoux (le), d. 210

2 Bois Dins (les), h. 42

3 Bois Drigeard (le), l. 64

4 Bois droit (le), f. 247

5 Bois Droyer (le), l. 18

6 Bois du Croc (le), l. 272

7 Bois du Four (le), d. 113

8 Bois du Mas (le), l. 203

9 Bois du Mas (le), d. 216

10 Bois du Prieur (le), l. 273

11 Bois du Roi (le), h. 307

12 Bois du Soc (le), l. 117

13 Bois du Village (le), d. 173

14 Boise (la), d. 61

15 Boise (la), l. 98

16 Boisets (les), d. 205

17 Bois-Farnoux (le), d. 3

18 Bois Fayet (le), h. 65

N°	Nom	
1519	Bois-Fayet (le), l.	247
20	Bois-Feu, d.	121
21	Bois Forêt (le), d.	271
22	Bois Fort (le), d.	69
23	Bois Fort (le), loc.	281
24	Bois Fort (le), d.	308
25	Bois Fournier (le), l.	149
26	Bois Garot (le), h.	28
27	Bois Girard (le), d.	48
28	Bois Girard (le), l.	247
29	Bois Giraud (le), l.	40
30	Bois Giraud (le), l.	113
31	Bois Grand-Jean (le), l.	318
32	Boisières (les), d.	202
33	Bois Jacquots (les), ec.	225
34	Bois Jaumal, m.	22
35	Bois Jolais (le), d.	198
36	Bois Labeau, h.	26
37	Bois Lafont (le), l.	137
38	Bois Lhuillier (le), l.	281
39	Bois Longeot (le), l.	204
40	Bois Malivin, l.	174
41	Bois Marteau, d.	167
42	Bois Martin, d,	224
43	Bois Maugenest, l.	132
44	Bois Menins (le), l.	203
45	Bois Menus (le), d.	70
46	Bois Menus (les), d.	223
47	Bois Mirau (le), l.	213
48	Bois Murcin (le), l.	6
49	Bois Noailli (le), l.	152
50	Bois Paret (le), d.	42
51	Bois Parrot (le), l.	113
52	Bois Pelé (le), l.	248
1553	Bois Pioux (le), h.	5
54	Bois Piout (le), d.	200
55	Bois Plan, loc.	75
56	Bois Plan, l.	221
57	Bois Plan, loc.	272
58	Bois Prêtre (le), l.	262
59	Bois Raimond (le), l.	34
60	Bois Raimond (le), h.	134
61	Bois Rambaud (le), l.	152
62	Bois Randenai (le), v.	42
63	Bois Remondins (les), loc.	296
64	Bois Renard (le), l.	34
65	Bois-Rigault (le), d.	208
66	Bois-Rond (le), l.	6
67	Bois-Rond, l.	138
68	Bois-Rosier, vgne.	65
69	Bois-Rouge (le), l.	132
70	Bois Rousseau (le), d.	85
71	Bois St-Léger (le), l.	236
72	Bois Sapin (le), d.	250
73	Boissard, d.	48
74	Boissard, sc.	113
75	Boissats (les), d.	305
76	Boisse (chez), d.	230
77	Boisseau (lieu), loc.	150
78	Boisseaux (les), h.	204
79	Boissellerie (la), d.	122
80	Bois-Semés (les), d.	296
81	Boissonnets (les), h.	115
82	Bois-Tains (les), vge.	25
83	Bois-Vellaut (le), d.	288
84	Bois-Verts (les), d.	205
85	Bois-Vieux (le), d.	258

1586 Bois-Vignaud (le), h. 64
87 Bois-Vignaud (le), d. 125
88 Bois-Vignaud (le), h. 222
89 Bois Virolle (le), l. 232
90 Boitel (le), d. 208
91 Boizets (les), d. 168
92 Bolières (les), h. 274
93 Bolard, l. 6
94 Bomplain, vge. 88
95 Bompré, ch. 16
96 Bomprix, l. 289
97 Bonachats (les), l. 60
98 Bonand, h. 149
99 Bon-Boulanger, d. 213
1600 Bonchamp (le), m. et f. 317
1 Bon-Claude (le), l. 222
2 Bondat, d. 31
3 Bondes (les), d. 209
4 Bon-faix, d. 145
5 Bonins (les), d. 110
6 Bonivaux (les), l. 296
7 Bonjean (chez), l. 150
8 Bonnai, d. 283
9 Bonnai, d. 290
10 Bonnardière, d. 204
11 Bonnaventure, ch. 113
12 Bonneaux, l. 234
13 Bonneaux (les), d. 279
14 Bonneblond, d. 223
15 Bonnefont, d. 5
16 Bonnefont, l. 6
17 Bonnefont, d. 11
18 Bonnefont, h. 44
19 Bonnefont, l. 113
1620 Bonnefont d'en-bas, d. 201
21 Bonnefont d'en-haut, d. 201
22 Bonnefont, d. 223
23 Bonnet (le), l. 5
24 Bonnet, d. 64
25 Bonnet, d. 173
26 Bonnet (le four), d. 2
27 Bonneteaux (les), d. 51
28 Bonnetière (la), d. 46
29 Bonnets (les), l. 17
30 Bonnets (les), d. 23
31 Bonnets (les), d. 138
32 Bonnets (les), d. 173
33 Bonnets (les), h. 191
34 Bonnets (les), d. 205
35 Bonnets (les), l. 206
36 Bonnette (le), l. 33
37 Bonnichons (les), d. 113
38 Bonnichons (les), d. 272
39 Bonnière (la), d. 209
40 Bonnière (la), d. 222
41 Bonnin, d. 169
42 Bonnin, m. 308
43 Bonnots (les), f. 91
44 Bonprix, l. 272
45 Bons-Cœurs (les), d. 138
46 Bontemps, h. 6
47 Bontemps, d. 74
48 Bon-Vivier, d. 269
49 Bord, d. 46
50 Bord, ch. et d. 47
51 Bord, h. et m. 102
52 Bord, d. 130
53 Bord, d. 145

1654 Bord, d. 160
55 Bord, d. 217
56 Bord (grand), h. 29
57 Bord (petit), f. 29
58 Bord (le champ de), d. 148
59 Bord (le pont de), l. 102
60 Bord (le vieux), vig. 283
61 Borde (la), d. 44
62 Borde (la), d. 73
63 Borde (la), d. 101
64 Borde (la), f. 116
65 Borde (la), d. 119
66 Borde (la), d. 198
67 Borde (la), d. 230
68 Borde (la), d. 311
69 Borde (grande et petite), ds. 279
70 Bordeliers (les), d. 308
71 Borderie (la), d. 156
72 Bordes (les), h. 20
73 Bordes (les), h. 45
74 Bordes (les), d. 82
75 Bordes (les), ch. et d. 88
76 Bordes (les), d. 90
77 Bordes (les), d. 91
78 Bordes (les), d. 112
79 Bordes (les), d. 121
80 Bordes (les), l. 129
81 Bordes (les), l. 146
82 Bordes (les), l. 156
83 Bordes (les), d. 164
84 Bordes (les), l. 181
85 Bordes (les), d. 214
86 Bordes (les), h. 244
1687 Bordes (les), d. 278
88 Bordes (les), vge. 312
89 Borde (la grande), d. 279
90 Bordessoulle, h. 190
91 Bordière (la), d. 62
92 Bordureau, m. 22
93 Bore, d. 232
94 Boret (le), d. 153
95 Borie (la), d. 28
96 Bornais (les), d. 53
97 Bornat, d. 236
98 Bornat, d. 262
99 Bornats (les), h. 203
1700 Borne (la grande), d. 132
1 Bornet, d. 29
2 Bornière, l. 235
3 Borniers (les), l. 149
4 Bosse (la), l. 43
5 Bosse (la), m. d. g. 106
6 Bossus (les), d. 263
7 Bost, d. 22
8 Bost, vge. 31
9 Bost, h. 44
10 Bost, l. et m. 54
11 Bost, m. 170
12 Bost (le), d. 203
13 Bost, vge. 216
14 Bost, d. 253
15 Bost (le), d. 279
16 Bost, ch. et d. 307
17 Bost, d. 311
18 Bost-berat, h. 170
19 Bostbier (les), d. 126
20 Bost-bignat, vge. 276

1721 Bostbins (les), d. 90
22 Bost-Bourdet, d. 112
23 Bost-Brosson, d. 236
24 Bost-Catier, l. 243
25 Bost-Chaland, d. 34
26 Bost-Chassin, d. 235
27 Bost-Chevrier (le), mét. 236
28 Bost-Cluse, loc. 77
29 Bost-Cotrai, d. 212
30 Bost-d'Achi, loc. 22
31 Bost-de-Chez, d. 304
32 Bost-de-croux, h. 8
33 Bost-diment, l. 113
34 Bost-Francon, ch. et d. 154
35 Bost-Prénat, d. 55
36 Bost-Galand, d. 30
37 Bost-Goulard, d. 284
38 Bost-Jay (les), d. 271
39 Bost-Jean (les), d. 175
40 Bost-Menu, d. 250
41 Bost-Merle, f. 266
42 Bost-Plan, ch. et d. 132
43 Bost-Thibaud (le), d. 272
44 Bost-Retin. d. 160
45 Bost-Rond, vge. 318
46 Bost-Saint-Menoux, d. 34
47 Bosts (les), ch. et d. 25
48 Bosts (les), d. 56
49 Bosts (les), d. 61
50 Bosts (les), l. 94
51 Bosts (les), h. 186
52 Bosts (les), d. 224
53 Bosts (les grands), l. 33
54 Bostsain (le), d. 20

1755 Bottines, h. 295
56 Bouan, h. 44
57 Bouare, d. 251
58 Boube. d. 72
59 Boubes (les grandes), d. 82
60 Boules (les petites), d. 82
61 Boubrack, loc. 151
62 Boucardière (la), l. 225
63 Boucats (les), d. 179
64 Boucaumerie (la), d. 3
65 Boucaumiers (les), d. 39
66 Boucaumont, d. 272
67 Boucé, vge. 32
68 Bouchamp (le). 317
69 Bouchand, d. 40
70 Bouchants (les), f. 163
71 Bouchardeire (la), d. 46
72 Bouchardière, h. 101
73 Bouchardière, l. 191
74 Bouchards (les), d. 16
75 Bouchat (le), d. 81
76 Bouchat (le), h. 91
77 Bouchat (le), ch. et d. 112
78 Bouchat (le), d. 138
79 Bouchat (le), d. 172
80 Bouchat (le), d. 215
81 Bouchat (le), l. 302
82 Bouchats (les), d. 272
83 Bouchatte (la), d. et ch. 70
84 BOUCHAUD (LE), vge. 33
85 Bouchaud (le), f. 249
86 Bouchaud (le), f. 255
87 Bouchaux (les), loc. 214
88 Boucherat, l. 147

1789	Boucheraud (le), d.	235
90	Boucheraud (le), d.	302
91	Bouchère (la), loc.	46
92	Bouchereux (les), d.	2
93	Bouchereux (les), vig.	130
94	Boucherolles (les), f.	264
95	Boucherolles (les), f.	284
96	Boucheron, d.	8
97	Boucheron, ch., l. et m.	12
98	Boucheron, d.	145
99	Boucheron, d.	267
1800	Boucherons (les), d.	23
1	Boucherons (les), d.	272
2	Boucheroux (le), h,	256
3	Bouchet (le), d.	44
4	Bouchet (le), d.	46
5	Bouchet (le), d.	72
6	Bouchet (le), h.	97
7	Bouchet (le), d.	113
8	Bouchet (le), h.	316
9	Bouchet (grand), d.	117
10	Bouchet (petit), d.	117
11	Bouchiroux, d.	214
12	Bouchon (le), d.	122
13	Bouchon (le), d.	176
14	Bouchon (le), d.	289
15	Bouchonnière, d.	34
16	Bouchonnière, d.	212
17	Bouchons (les), l.	179
18	Bouchouer, d.	312
19	Boudants (les), d.	200
20	Boudards (les), d.	63
21	Boudeaux (les), f.	239
22	Boudeaux (les), f.	284
1823	Boudelle (la), h.	193
24	Boudemange, f.	141
25	Boudet, d.	131
26	Boudet, d.	221
27	Boudet, h.	231
28	Boudets (les), d.	301
29	Boudillats (les), d.	106
30	Boudin (la font), d.	91
31	Boudin, h.	222
32	Boudinaux (les), d.	184
33	Boudot (les loges), l.	205
34	Boudots (les), d.	205
35	Boudrier, l.	186
36	Boue (la), d.	299
37	Boue (la), f.	305
38	Boueix (les), h.	127
39	Boueix (les), l,	165
40	Bouesse (la), d.	162
41	Bouesse d'en bas (la), h.	197
42	Bouesse d'en haut (la), h.	197
43	Bouesse (la), h.	258
44	Bouesses (les), h.	257
45	Bouets (les), d.	23
46	Bouet (le), d.	188
47	Bouet (le). h.	235
48	Bouet (le), d.	294
49	Bouets (les), h.	5
50	Bouets (les), d.	288
51	Bouets (les), f.	297
52	Bouffaret, d.	58
53	Bouffets (les), d.	283
54	Bouffevent. h.	253
55	Bougalerie (la), d.	145

1856 Bougerolles (les), h. 156
57 Bougimont (le grand), d. 131
58 Bougimont (le petit), d. 131
59 Bougneux (les), d. 72
60 Bougneux (les), l. 212
61 Bougnolats (les), d. 102
62 Bougriot, l. 15
63 Bouguins (les), d. 138
64 Bouillasse (la), loc. 17
65 Bouillat (le), l. 281
66 Bouille, l. 227
67 Bouillé, d. 97
68 Bouillerand, h. 40
69 Bouilles (les), d. 26
70 Bouilles (les), l. 76
71 Bouillet, h. 153
72 Bouillet (petit), l. 229
73 Bouillets (les), d. 14
74 Bouillets (les), d. 188
75 Bouillets (les), h. 205
76 Bouillolle (la), d. 212
77 Bouillonnes (les), h. 217
78 Bouillots (les), d. 19
79 Bouillots (les), d. 93
80 Bouillotte (la), d. 169
81 Bouillotte (la), d. 279
82 Bouingts (les), d. 30
83 Bouis (le), d. 75
84 Bouis (le), d. 46
85 Bouis (le), f. 59
86 Bouis (le), d. 67
87 Bouis (le), d. 97
88 Bouis (le), h. 131
1889 Bouis (le), h. 162
90 Bouis (le), h. 210
91 Bouis (le), ch. et d. 279
92 Bouis (la croix de), f. 131
93 Bouis (les), 44
94 Bouis (les), h. 156
95 Bouis (les), h. 181
96 Bouis (les), f. 233
97 Bouis (les), loc. 274
98 Bouis (les), d. 277
99 Boulades (les), f. 190
1900 Boulai (le), c. m. 261
1 Boulaires (les), d. 93
2 Boulais (les), d. 194
3 Boulaise (la), l. 293
4 Boulaise de Rigni (la), l. 174
5 Boulangerie (la), d. 114
6 Boulard, d. 221
7 Boulardot, d. 168
8 Boulas (le), h. 293
9 Boulats (les), l. 205
10 Boulats, l. 231
11 Boulats (les), d. 262
12 Boulaud (le), vg. 293
13 Boulaude (la), l. 111
14 Boulauds (les), h. 223
15 Boule (la), d. 275
16 Boule (la), l. 54
17 Boule (le), l. 312
18 Boulée (la), l. 317
19 Boulenne, l. 237
20 Boulères (les), l. 247
21 Boules (les), l. 82

1986 Bourets (les) d. 223
87 Bourg (le) d. 232
88 Bourg d'en bas. d. 34
89 Bourg d'en haut, d. 34
90 Bourg, f. 120
91 Bourg (le domaine du) l. 269
92 Bourg (grand), d. 272
93 Bourg (petit), d. 272
94 Bourgeat (la) d. 54
95 Bourgeaterie (la), l. 120
96 Bonrgeois, l. 34
97 Bourgeois, d. 256
98 Bourgeonnière (la), d. 85
99 Bourgeons (les) f. 24
2000 Bourgeons (les) d. 314
1 Bourgneuf, vge. 50
2 Bourgognerie (la), d. 3
3 Bourgougnons (les), d. 192
4 Bourgougnons (les), d. 202
5 Bourguignon (l'étang), loc. 236
6 Bourguignons (les), 262
7 Bourianne, h. 275
8 Bourilles (les), d. 155
9 Bourins (les), d. 310
10 Bourimont, moul. 219
11 Bourine, l. 34
12 Bourlot, d. 65
13 Bournai, h. 309
14 Bournais (les), h. 76
15 Bournat, d. 41
16 Bournat, l. 182
17 Bournats (les), d. 143
18 Bournet, h. 39
2019 Bournet, h. 156
20 Bournet, h. 282
21 Bournicat, d. 282
22 Bourniers (les), l. 28
23 Bournis (les), l. 126
24 Bourrats (les), d. 250
25 Bourre (la), d. 32
26 Bourrique (la), h. 202
27 Bourrique (la), loc. 91
28 Bourrus (les), h. 154
29 Boursades (les), d. 186
30 Boursauts (les), h. 225
31 Bourse (la), d. 103
32 Bourse (la), h. 73
33 Bourse (la), h. 106
34 Bourse (la), d. 113
35 Bourse (la), d. 126
36 Bourse (la), d. 153
37 Bourse (la), d. 157
38 Bourse (la), d. 168
39 Bourse (la), d. 197
40 Bourse (la), d. 268
41 Bourse, h. 293
42 Bourse (la), l. 296
43 Bourse (la), l. 309
44 Bourses (les), d. 279
45 Bourses, l. 233
46 Bourses (les), d. 239
47 Bourses (les), l. 34
48 Bourses (les), h. 45
49 Bourses (les). 53
50 Bourses (les), h. 93
51 Bourses (le revers des), loc. 93

2052 Bourses (les); d. et l. 121
53 Bourses (les), l. 169
54 Bourses (les), h. 234
55 Bourses (les), ch. 278
56 Bourses (les), loc. 318
57 Boursillats (les), d. 170
58 Boursot (le), d. 81
59 Boursy-Sud, l. 213
60 Bourzat, vge. 92
61 Bourzat, vge. 234
62 Bourzau, vge. 197
63 Bourzet (le), l. 69
64 Bousegré, d. 131
65 Boussac, ch. et h. 274
66 Boussards (les), vge. 70
67 Boussat, vge. 22
68 Boussedet, l. 69
69 Bousserolles (les), h. 156
70 Bousserols les, d. 260
71 Boussés (les), d. 124
72 Bousset (grand), h. 147
73 Bousset (petit), l. 147
74 Bousset, d. 232
75 Boussicots (les), d. 131
76 Boust (le champ du), d. 292
77 Boussier, d. 26
78 Boussier, vge. 104
79 Bout (les champs du), 3 loc. 122
80 Bout (le), d. 122
81 Bout (le), d. 151
82 Bout (le grand), f. 90
83 Bout (le petit), d. 90
84 Boutais, h. 294
2085 Bout du monde (le), l. 51
86 Bout du monde (le), l. 133
87 Bout du monde (le), d. 231
88 Bout du monde (le), l. 236
89 Bout du monde (le), l. 296
90 Bout du moulin, d. 268
91 Boutefeu, l. 244
92 Boutelier, h. 40
93 Boutelière (la), d. 81
94 Boutelière (la), h. 86
95 Boutelière (la), d. 223
96 Bouteille (la), h. 39
97 Bouteresse (la), ch. et l. 101
98 Bouteresse (la), vig. 264
99 Bouteron (le grand), d. 2
2100 Bouteron, d. 15
1 Boutet, m. 313
2 Boutevin, moul. et h. 117
3 Bouthiaud, d. 262
4 Bouthiaude (la), d. 173
5 Bouthiers (les loges), d. 236
6 Boutiaud (la tuilerie de), f. 262
7 Boutillan, l. 24
8 Boutin, f. 217
9 Boutins (les), h. 188
10 Boutis (les), d. 151
11 Boutonnat, d. 260
12 Boutonnet, d. 112
13 Bouton rouge (le), tuil. 101
14 Boutons (les), d. 133
15 Bouvard, d. 332
16 Bouvard, f. 229
17 Bouvine, l. 34

2118 Bouyolle, d. 248
19 Bouyolle, d. 282
20 Bouyolles (les), h. 146
21 Bouyon, d. 197
22 Bouyot, d 23
23 Bouyots (les), d. 63
24 Boyard, l. 92
25 Braconnoux, vge. 156
26 Bradière, h. 270
27 Brai (le), vge. 22
28 Brais (les), h. 25
29 Brais (les), h. 46
30 Braise, vge. 35
31 Braises (les), h. 176
32 Bramefaim, d. 182
33 Bramefaim, d. 208
34 Bramefaim, d. 313
35 Branches (les), d. 278
36 Branches (les), d. 289
37 Brandats (les), f. 212
38 Brande (la), d. 90
39 Brande d'Arnon (la), l. 316
40 Brande de la Nation (la), l. 316
41 Brande de l'Assiette (la), l. 114
42 Brande de Valencier (la), l. 197
43 Brandes (les), d. 29
44 Brandes (les), h. 49
45 Brandes (les), d. 70
46 Brandes (les), d. 80
47 Brandes (les), vge. 94
48 Brandes (les), d. 123
2149 Brandes (les), h. 148
50 Brandes (les), vgô. 184
51 Brandes (les), d. 215
52 Brandes (les), h. 273
53 Brandes (les), l. 313
54 Brandes d'Argentière (les), h. 299
55 Brandes d'Argigni ou de Mallet (les), l. 27
56 Brandes de Saulzais (les), h. 102
57 Brandes des Goirands (les), h. 104
58 Brandine, d. 122
59 Brandonnets (les), vig. 99
60 Brandons (les), l. 162
61 Brandons (les), f. 284
62 Branle (la), l. 68
63 Branle (le), d. 166
64 Branle-Casaque, l. 205
65 Branle-Casaque, l. 236
66 Branle-Culotte, l. 205
67 Bransat, vge. 36
68 Brasserie (la), u. 93
69 Brasserie (la), u. 230
70 Brau, d. 42
71 Brau (chez), d. 85
72 Brault, d., moul. et l. 46
73 Bravets (les), h. 92
74 Bréant, l. 113
75 Brechettes, vge. 52
76 Brechotte. l. 213
77 Bredat (la goutte). l. 222
78 Bredards (les), l. 269

2179	Bregauds (les), d.	172
80	Bregeassoux (les), h.	313
81	Bregeras, l.	197
82	Bregère (la), vge.	104
83	Bregères (les), d.	43
84	Bregères (les), h.	156
85	Bregères (les), l.	203
86	Bregères (les), h.	298
87	Bregères (les), f.	303
88	Bregères (les), d.	316
89	Bregière, l.	154
90	Bregnats (les), h.	299
91	Bregnon (le), vig.	126
92	Breland, d.	22
93	Breland, moul.	250
94	Brelandière (le grand), d.	34
95	Brelandière (le petit), l.	34
96	Brelands (les), d.	218
97	Brelants (les), d.	272
98	Brelet, vgne.	24
99	Brelingots (les), h.	131
2200	Breliquin (le), h.	82
1	Brémonts (les), d. et l.	295
2	BRÉNAI, vil.	36
3	Brenat, h.	306
4	Brenazet, d.	306
5	Brène, h.	22
6	Brènes (les), d.	126
7	Brenières, d.	309
8	Brenons (les), l.	46
9	Brésil (le), l.	46
10	Brésil (le), d.	279
11	Bresle (la), d.	202
2212	Bresne (la basse), h.	164
13	Bresne (la haute), h.	164
14	Bressolle (le petit), h.	171
15	Bressolle (la), l.	165
16	Bressolles (les), d.	143
17	BRESSOLLES, vil.	38
18	Brests (les), f. et h.	314
19	Bretagne, d.	192
20	Bretaudière (la), l.	85
21	Brète (la), d.	205
22	Bretets (les), f.	124
23	Brethomiers (les), d.	11
24	Bretins (les), d.	185
25	Bretiaux (les), l.	237
26	Bretoire, f.	46
27	Bretolle, l.	231
28	BRETON (LE), vil.	39
29	Bretonnasse (la), d.	14
30	Bretonnerie (la), l.	129
31	Bretons (les), h.	61
32	Breton-Villiers, l.	34
33	Brette (la), d.	36
34	Bretteloup, l.	88
35	Breu (le), d.	148
36	Breugnons (les), f.	166
37	Breugnons (les), d. et moul.	283
38	Breugnus, l.	166
39	Breuil (le), ch.	2
40	BREUIL (LE), vil.	40
41	Breuil (le), h.	76
42	Breuil (le), vge	108
43	Breuil (le), ch. et d.	122
44	Breuil (le), vge.	139

2245 Breuil (le), d. 151
46 Breuil (le grand), d. 155
47 Breuil (le petit), h. 155
48 Breuil (le), d. 160
49 Breuil (le), h. 204
50 Breuil (le), d. 235
51 Breuil (le), h. 256
52 Breuil (le), h. 277
53 Breuil (le), d. 278
54 Breuil-au-Cerf (le), f. 123
55 Breuillat (le), d. 51
56 Breuillat (le), loc. 174
57 Breuilles (les), vge. 158
58 Breuilli, vge. 47
59 Breuilli (le grand), d. 317
60 Breuilli (le petit), d. 317
61 Breurat, l. 218
62 Breure (la), ch. et d. 153
63 Breure (la), d. 244
64 Breure (la grande), l. 127
65 Breure (la petite), l. 117
66 Breure (la petite), l. 129
67 Breure-au-Loup (la), d. 117
68 Breure-Noire (la), l. 117
69 Breures (les), d. 117
70 Breures (les), l. 129
71 Breures (les), l. 220
72 Breures-plates (les), l. 120
73 Breuron, d. 2
74 Breusons (les grands), d. 289
75 Breusons (les petits), f. 90
76 Breux (le), d. 72
77 Breux (le), d. 82
2278 Breux (le), h. 86
79 Breux (le), moul. 99
80 Breux (le), h. 104
81 Breux (le), f. 150
82 Breux (le), h. et l. 216
83 Breux (le), d. 241
84 Breux, vge. 250
85 Breux (le), h. 253
86 Breyats (les), h. 80
87 Briaille, vge et ch. 250
88 Briançon, l. 97
89 Briandet, d. 139
90 Briards (les), l. 83
91 Briare (le petit), l. 34
92 Briats (les), h. 221
93 Bricadet, h. 143
94 Bridon, d. 270
95 Brie, d. 183
96 Brie, d. 318
97 Brière (la), h. 14
98 Brière (la), d. 17
99 Brière (la), d. 25
2300 Brière (la), d. 102
1 Brière (la). 212
2 Brière (le), l. 227
3 Brière (la), f. 237
4 Brière (la grande), h. 20
5 Brières (les), h. 6
6 Brières (les), l. 19
7 Brières (les), d. 62
8 Brières (les), h. 103
9 Brières (les), h. 293
10 Brièron, l. 17
11 Brielle, l. 34

2312 Briette, d. et tuil. 216
13 Briffaud, l. 100
14 Briffou, l. 18
15 Brigauds (les), d. 132
16 Brignat, f. 99
17 Brillat, d. 153
18 Brillat, d. 213
19 Brillet (le), h. 70
20 Brimerand (le grand), f. 193
21 Brimerand (le petit), d. 193
22 Bringuets (les), l. 205
23 Brins (les), l. 102
24 Brioudes (les), d. 81
25 Brirots (les), d, 69
26 Bris, d. 34
27 Bris, l. 115
28 Brissolles, h. 64
29 Broche-au-Roi (la), l. 117
30 Broche (la), h. 168
31 Broche (la), l. 223
32 Brochetières (les), f. 301
33 Bron, d. 70
34 Brossards (les), h. 119
35 Brosse (la), h. 2
36 Brosse (la), f. 3
37 Brosse (la), d. 23
38 Brosse (la), l. 33
39 Brosse (la), h. 49
40 Brosse (la), d. 81
41 Brosse (la), h. 95
42 Brosse (la), vge. 108
43 Brosse (la), d. 113
44 Brosse (la), d. 121
2345 Brosse (la), l. 129
46 Brosse (la), l. 130
47 Brosse (la), d. 195
48 Brosse (la), ch. et h. 217
49 Brosse (la), h. 222
50 Brosse (la), d. 224
51 Brosse (la), f. et mét. 226
52 Brosse (la), d. 229
53 Brosse (la), d. 233
54 Brosse (la), vge. 269
55 Brosse (la), ch. et d. 282
56 Brosse (la), d. 288
57 Brosse (la), l. 289
58 Brosse (la), d. 293
59 Brosse (la), ch. et f. 298
60 Brosse (le champ de la), d. 2
61 Brosse (la grande), d. 90
62 Brosse (la petite), d. 90
63 Brosse (la petite), l. 103
64 Brosses (les), vge. 40
65 Brosses (les). 57
66 Brosses (les), d 61
67 Brosses (les), d. 93
68 Brosses (les), l. 130
69 Brosses (les), l. 145
70 Brosses (les), vge. 163
71 Brosses (les), d. 180
72 Brosses (les), d. 204
73 Brosses (les), h 225
74 Brosses (les), mét. 226
75 Brosses (les), d. 235
76 Brosses (les), ch. et d. 250
77 Brosses (les), d. 257

2378 Brosses (les), d. 307
70 Brosses (les), h. 318
80 Brosses (les grandes), d. 150
81 Brosses (les grandes), d. 202
82 Brosses (les petites), f. 150
83 Brosses (les petites), d. 202
84 Brosse-Tempête, vig. 99
85 Brossière, ch. et d. 216
86 Brots (le), vig. 25
87 Brouettes (les), l. 227
88 Brouillards (les), h. 171
89 Brouillat, d. 18
90 Broussailles (les), d. 221
91 Broussailles (les), l. 236
92 Brout, vge 41
93 Bruère, h. 45
94 Brugeat, b. et ch. 42
95 Brugnauds (les), h. 91
96 Bruis (les, h. 46
97 Bruis (les) d. 287
98 Brulards (les), h. 147
99 Brulats (les), l. 191
2100 Brulé, d. 214
1 Brulé, m. 234
2 Brulefer, h. 227
3 Brule pot, l. 3
4 Brulés (les), l. 9
5 Brulés (les), h. 29
6 Brulés (les), d. 80
7 Brulés (les), h. 117
8 Brulés (les), d. 204
9 Brulés (les), d. 219
10 Brulet, l. 27
11 Brulets (les), d. 279
2412 Brulot (le), l. 245
13 Brun, d. 342
14 Brunard, h. 48
15 Brunet, d. 25
16 Brunets (les), h. 281
17 Brunière, l. 64
18 Brunot, d. 26
19 Bruns (les), f. 242
20 Bruns (les), h. 296
21 Brussin, h. 23
22 Bruyère (la), l. 65
23 Bruyère (la), l. 137
24 Bruyère (la), h. 142
25 Bruyère (la), d. 150
26 Bruyère (la), d. 216
27 Bruyère (la), h. 221
28 Bruyère (la), h. 222
29 Bruyère (la), d. 251
30 Bruyère (la), l. 261
31 Bruyère (la), vig. 283
32 Bruyère (la), l. 288
33 Bruyère (la), d. 296
34 Bruyère (la), h. 318
35 Bruyère (la petite), l. 221
36 Bruyère (la petite), l. 235
37 Bruyère d'Aguin (la), d. 150
38 Bruyère l'Aubespin (la), vge. 46
39 Bruyères (les), d. et l. 14
40 Bruyères (les), l. 18
41 Bruyères (les), h. 20
42 Bruyères (les), l. 22
43 Bruyères (les), l. 23
44 Bruyères (les), h. 33

C

2670 Caires (les), h. 125
71 Caisson (le), l. 269
72 Cajats (les), h. 203
73 Calabres (les) h. 307
74 Calais, h. 177
75 Calais, d. 278
76 Calandrerie (la), l. 46
77 Calandrerie (la), l. 293
78 Caleboterie (la), d. 266
79 Caleville, h. 158
80 Calimantries, l. 114
81 Calimaud, h. 203
82 Calin, d. 32
83 Calistres (les), d. 124
84 Callets (les), d. 205
85 Calmenière, f. 266
86 Calogne, l. 182
87 Caltin, d. 88
88 Calvardière, d. 83
89 Cambrai, h. 186
90 Cambi, d. 81
91 Camelin, d. 218
92 Camelins (les), d. 279
93 Camiers (les), d. 176
94 Camillon (la), d. 173
95 Camiole (la), l. 222
96 Camus (le), f. 212
97 Camus (les), d. 281
98 Camuse (la), d. 231
99 Camusson (le), h. 186
2700 Canal (le), h. 120
1 Canal (le), d. 284
2 Canches (les), d. 239
3 Canet, d. 221
2704 Caniers (les), d. 18
5 Canivet, m. et l. 160
6 Cannes (les) l. 72
7 Cannes (rue de), d. 183
8 Cannets (les), vig. 25
9 Canon, l. 6
10 Cantat, d. 296
11 Cantes (les), h. 90
12 Cantes (les), h. 272
13 Cantes (les), d. 315
14 Cantillons (les), l. 48
15 Cantins (les), d. 179
16 Cantot, d. 199
17 Cantot, d. 269
18 Capitan (le), m. et l. 93
19 Capucins (les), h. 93
20 Caradoux (Croix), l. 298
21 Carat, d. 293
22 Carboutins (les), d. 264
23 Carcan (le), f. 182
24 Carcasse (la), l. 3
25 Carcasse (la), d. 290
26 Carcières (les), d. 147
27 Carcousset (le), h. 120
28 Carderie (la), m. 8
29 Cardinaux (les), l. 219
30 Cardoux, d. 6
31 Carelle (la), d. 150
32 Carêmes (les), d. 61
33 Cariaux (les), d. 261
34 Cariaux (les), f. 309
35 Caribales (les), d. 115
36 Carignot (la), l. 149
37 Carimantrans (les), d. 83

2738 Carmonne, vge. 250
39 Carniers (les), d. 100
40 Carobe l. 62
41 Carons (les), d. 179
42 Carquo (la), h. 217
43 Carrago (le), d. 72
44 Carrais (les), d. 312
45 Carré, ch. et d. 6
46 Carrés (les), h. 255
47 Carrets (les), h. 150
48 Carri (la), d. 93
49 Carrier, h. 6
50 Carrière (la), l 83
51 Carrière (la), l. 132
52 Carrière (la), d. 155
53 Carrière (la), vig. 283
54 Carrière (la), d. 284
55 Carrière de Logère (la), l. 63
56 Carrière des Forges (la), l. 80
57 Carrière (la grande), h. 83
58 Carrière (la nouvelle), l. 83
59 Carrières (les), f. 91
60 Carrières (les), l. 160
61 Carronnière (la), l. 90
62 Carrons (les), vig. 2
63 Carrons (les), vig. 38
64 Carrons (les), l. 195
65 Carrons (les), d. 283
66 Carrons (les grands), l. 195
2767 Carrons d'en bas (les), d. 83
68 Carrons d'en haut (les), d. 83
69 Carrouge (le), h. 35
70 Carrouge (le), vig. 37
71 Carrouge (le), d. 93
72 Carterons (les), d. 235
73 Cartiers (les), l. 260
74 Carton, d. 222
75 Casaquin (le), l. 202
76 Casaquin (le), l. 270
77 Caserne (la), l. 120
78 Caserne (la), l. 213
79 Casernes (les), h. 67
80 Casernes (les), vig 71
81 Casino (le), f. 93
82 Casseaux (les), h. 41
83 Casserolle (la) l. 34
84 Cassets (les), h. 200
85 Cassets (loges des), h. 120
86 Cassine (la), l. 34
87 Casson (le), d. 47
88 Cassons (les), l. 42
89 Cassons (les), moul. 126
90 Cassons (les), h. 314
91 Castilles (les), vig. 130
92 Castineris (la), h. 3
93 Cat (le), d. 78
94 Cateau, l. 232
95 Catherine (la), vign. 25
96 Caton (les), h. 246
97 Caud, f. 52
98 Caud (la), d. 86
99 Caud (la) h. 214

2800 Caud (la) vge. 246
1 Caud Beausson (la), vge. 202
2 Caud Chapy (la), h. 202
3 Caudrai (le), d. 19
4 Caudrets (les), d. 36
5 Cau Mas (le), d. 246
6 Cauro (la), d. 45
7 Cauret (le), h. 285
8 Cave (la), d. 22
9 Cave (la), d. 70
10 Cave (la), f. 99
11 Cave (la), vig. 126
12 Cave (la), l. 140
13 Cave (la), l. 279
14 Cave (la), d. 312
15 Caveaux (les), h. 23
16 Cavennes (les), l. 247
17 Caverat (chez), d. 32
18 Caveraude (la), d. 143
19 Caveraudes (le pont des), l. 239
20 Caves (les), l. 20
21 Caves (les), l. 51
22 Caves (les), d. 64
23 Caves (les), d. 156
24 Caves (les), d. 199
25 Caves (les), d. 271
26 Caves (le champ des), d. 305
27 Cayots (les), h. 103
28 Cée, h. 61
29 Celle (la), vge. 45
30 Cellier (le), vig. 99
31 Cellier (le), l. 122
2832 Cellier (le), l. 220
33 Cellière, h. 235
34 Celliers (les), d. 25
35 Celliers (les), h. 39
36 Cerellier (le), ch. et d. 190
37 Céresat, h. et moul. 91
38 Céret, l. 3
39 CÉRILLI, vil. 46
40 Cérilli (le vieux), h. 46
41 Cerisier (le), l. 225
42 Cerisier (le), l. 311
43 Cerisier (le), d. 314
44 Cerisier (le petit), l. 190
45 Cernes (les), d. 82
46 Céron, d. 17
47 Céron, ch. et l. 233
48 Cérons (les), d. 262
49 Certaines (les), d. 176
50 Certilli, d. 83
51 Césat, h. 34
52 Céseau (le), moul. 150
53 Césenne, h. et scierie. 113
54 CESSET, vge. 175
55 Ceugnons (les), d. 175
56 Chabançon, d. 80
57 Chabannat, f. 252
58 CHABANNE (la), vge. 48
59 Chabanne (la), l. 54
60 Chabanne (la), d. 64
61 Chabanne (la), vig. 94
62 Chabanne, h 108
63 Chabanne (la), h. 128
64 Chabannes (les), d. 93
65 Chabannes (les), l. 255

2866 Chabannes basses (les), l. 307

67 Chabannes hautes (les), vge. 307

68 Chabanusse, h. 210

69 Chabeau, l. 205

70 Chablot, l. 113

71 Chabot (le), l. 25

72 Chabots (les), d. 191

73 Chabouis (le), l. 174

74 Chabri (le), m. 139

75 Chabrier, h. 116

76 Chacaton, d. 153

77 Chacombert, d. 97

78 Chacroterie (la), d. 46

79 Chacroterie (la), f. 150

80 Chadelle (le grand), d. 83

81 Chadelle (le petit), l. 83

82 Chadenat, h. 156

83 Chadets (les), d. 260

84 Chadiaux (les), d. 212

85 Chadiots (les), vig. 25

86 Chadoux (les), l. 101

87 Chaffais (la loge des), l. 186

88 Chaffaud (le), f. 117

89 Chaffaude (la), d. 268

90 Chaffets (les), d. 282

91 Chagnade (la), vig. 230

92 Chagnerat, d. 316

93 Chagnon (le), f. 216

94 Chaillat, d. 286

95 Chailleux (le), f. 150

96 Chaillons (les), vig. et d. 25

2897 Chaillons (les), f. 284

98 Chaillot, d. 53

99 Chaillot, l. 231

2900 Chailloux (les), l. 282

1 Chaine (la), h. 56

2 Chaine (la), m. 279

3 Chaines (les), d. 211

4 Chaines (les petites), h. 184

5 Chaise (la), d. 40

6 Chaise (la), h. 67

7 Chaise (la), d. 80

8 Chaise (la), h. 81

9 Chaise (la), f. 108

10 Chaise (la), h. 172

11 Chaise (la), d. 200

12 Chaise (la), d. 227

13 Chaise (la), h. 301

14 Chaises (les), h. 22

15 Chaises (les), m. et h. 102

16 Chaises (les), d. 251

17 Chalais (les), vig. 99

18 Chalée (la), d. 40

19 Chalée (la), l. 132

20 Chalerie (la). 129

21 Chalet (le grand), vig. 106

22 Chalet (le), éc. 165

23 Chalet (le), d. 296

24 Chaleu (chez), f. 91

25 Chalignat, vig. 218

26 Challiat, h. 40

27 Challoche, d. 29

28 Chalmas (le), d. 62

29 Chaloche, d. 303

30 Chalonnière (la), l. 235

2931 Chalonnière d'en haut (la), l. 216
32 Chalonnière (la), l. 216
33 Chalots (les), d. 24
34 Chalots (les), d. 151
35 Chalots (les), d. 231
36 Chalouze, h. 111
37 Chalumeaux (les), d. 34
38 Chalus (les), h. 27
39 Chalus (les), h. 59
40 Chamarande, ch. et d. 287
41 Chamardon, d. 175
42 Chambaraude, d. 219
43 Chambards, h. 91
44 Chambarliaux (les), f. 84
45 Chambeaux (les), d. 101
46 Chambérat, h. 197
47 Chamberon (le), d. 187
48 Chambertin, d. 213
49 Chambets (les), d. 65
50 CHAMBLET, vge. 49
51 Chambolles, l. 89
52 Chambolles (les), f. 239
53 Chambon (le), vge. 49
54 Chambon (le), h. 89
55 Chambon, vge. 93
56 Chambon, d. 100
57 Chambon (le), m. 177
58 Chambon (le), l. 251
59 Chambon, d. 253
60 Chambon, l. 255
61 Chambon, f. 315
62 Chambonnaud, f. 77
63 Chambonnauds (les), d. 69
2964 Chambonneau (le), l. 102
65 Chambonnet, d. 100
66 Chambonnet (le), f. 161
67 Chambonnière, h. 48
68 Chambons (les), d. 76
69 Chambons (les), f. 118
70 Chambons (les), h. 120
71 Chambons (les), vig. 195
72 Chambons (les), h. 307
73 Chambord, d. 77
74 Chambord, d. 94
75 Chambord (grand), ch. 286
76 Chambouli (le grand), h. 154
77 Chambouli (le petit), d. 154
78 Chambriat, d. 113
79 Chameuse, ch. 271
80 Chamiers (les), vig. 179
81 Chamignoux (les), h. 131
82 Chamoiroux (les), h. 43
83 Chamonçai, h. 228
84 Chamoux (les), d. 33
85 Champ (grand), l. 12
86 Champ (le grand), d. 29
87 Champ (grand), l. 129
88 Champ (grand), l. 141
89 Champ (le grand), l. 147
90 Champ (grand) vig. 164
91 Champ (le grand), d. 270
92 Champ (grand), d. 292
93 Champ (le petit), d. 34
94 Champ (le petit), l. 106
95 Champ (le petit), d. 311

2996 Champage, d. 87
97 Champagnat, d. 37
98 Champagnat, ch. et f. 93
99 Champagnat (grand), h. 93
3000 Champagnat (petit), f. 93
1 Champagne, l. 174
2 Champagne, ch. d. et moul. 250
3 Champagne (le grand), d. 254
4 Champagne, d. 300
5 Champaigre, d. 157
6 Champaigre, d. 272
7 Champalais, d. 123
8 Champalier, d. 45
9 Champamant, d. 45
10 Champamier, d. 5
11 Champanier, d. 127
12 Champaudon, d. 225
13 Champ Bacon, h. 295
14 Champ Batailler (le), d. 19
15 Champ Bedon, f. 287
16 Champ Benest, f. 259
17 Champ-Bernard, l. 82
18 Champ-blanc, d. 109
19 Champ-blanc, l. 129
20 Champ-blanc, d. 152
21 Champ Boirat, des. 75
22 Champ Boirat, vge. 105
23 Champ bon, l. 297
24 Champ borgne (le), h. 46
25 Champ Bouchicaut (le), l. 46
26 Champ-Bouchon (le), h. 284
3027 Champ-Bourdier (le), l. 179
28 Champ Boutet (le), l. 146
29 Champ Brelan (le), l. 179
30 Champ Canonier (le), d. 93
31 Champ Catinant (le), l. 233
32 Champ caut, vge. 45
33 Champ Charlat (le), h. 30
34 Champ Charret (le), h. 170
35 Champ Château (le), vig. 179
36 Champ Chaubert, l. 136
37 Champ Bottin (le), vig. 25
38 Champ coup, d. 244
39 Champ courant, vge. 162
40 Champ court, d. 93
41 Champ Coutelard, l 233
42 Champ Dant (ou Cul-de-Sac), l. 129
43 Champ d'Ayant (le), vig. 37
44 Champ de Bicuis (le), l. 122
45 Champ des Chevaux (le), l. 257
46 Champ de Creux (le), h. 180
47 Champ de l'Aronde (le), vig. 127
48 Champ de la Chaine (le), l. 50
49 Champ de la Chapelle (le) 35
50 Champ de la Chèvre, d. 193

3051 Champ de la Croix (le). l. 1
52 Champ de la Croix (le). l. 2
53 Champ de la Croix (le). l. 12
54 Champ de la Croix (le). h. 29
55 Champ de la Croix (le). l. 34
56 Champ de la Croix (le). l. 129
57 Champ de la Croix (le). d. 136
58 Champ de la Cure (le). d. 186
59 Champ de la Grange (le), l. 83
60 Champ de la nouvelle carrière (le), h. 83
61 Champ de la Porte (le). l. 18
62 Champ de la Rivière (le), l. 63
63 Champ de la Vigne (le). h. 46
64 Champ de la Vigne (le). l. 122
65 Champ de la Ville (le). éc. 3
66 Champ de l'Epine (le), l. 34
67 Champ de l'Epine (le), l. 130
68 Champ de l'Humé (le). d. 130
3069 Champ d'en haut (le), l. 179
70 Champ des Cannes (le). l. 23
71 Champ des Charettes (le), l. 214
72 Champ des Jones (le). l. 165
73 Champ des Noyers (le). vig. 23
74 Champ des Ormes (le). vig. 193
75 Champ des Pierres (le). l. 12
76 Champ des Pierres (le). l. 129
77 Champ des Pierres (le). l. 303
78 Champ des Ralets (le). l. 106
79 Champ de Venise (le). l. 93
80 Champ d'Igrande (le). l. 279
81 Champ Dilon (le). d. 224
82 Champ du Bois (le). h. 30
83 Champ du Jat (le). l. 83
84 Champ du Mai (le). l. 83
85 Champ du Montet (le). l. 237
86 Champ du Moulin (le). d. 233
87 Champ du Pontet (le). l. 46
88 Champ du Puits (le). l. 68
89 Champ du Ris (le). l. 30

3090 Champ du Rat (le), h. 255
91 Champ du Ris (le), l. 102
92 Champ du roi (le), d. 112
93 Champ du Sable (le), l. 224
94 Champ du Saule (le), vig. 25
95 Champ du Scieur (le), l. 156
96 Champelle, d. 268
97 Champ-Èmond, d. 70
98 Champ Faynaud (le), vig. 195
99 Champ feu, h. 13
3100 Champ feu, d. 297
1 Champ follet, h. 201
2 Champ foret, d. 94
3 Champ fort, d. 34
4 Champ fort, d. 119
5 Champ fromenteau, h. 80
6 Champ froid, d. 11
7 Champ fumiau (le), l. 109
8 Champ Girard (le), d. 32
9 Champ Govignon (le), vig. 179
10 Champ Grelet, h. 181
11 Champ Grenier, d. 26
12 Champ Guérin, d. 125
13 Champ Guron (le), h. 46
14 Champigni, d. 153
15 Champin (le), d. 176
16 Champin (le), vig. 195
17 Champins (les), h. 180
18 Champions (les). 230
19 Champ Jacquet (le), vig. 25
3120 Champ Junier (le), l. 12
21 Champ Lacour (le), vig. 195
22 Champ Lacroix (le), vig. 195
23 Champ Laurent (le), l. 272
24 Champ long (le), d. 181
25 Champ long (le), d. 202
26 Champ long, tuil. 255
27 Champ long (le), l. 279
28 Champ Lorio (le), d. 295
29 Champ Madame (le), d. 307
30 Champ maigre (le), l. 127
31 Champ Maillot (grand et petit), h. 9
32 Champ Marande (le), l. 237
33 Champ Martel, (le), d. 32
34 Champ Martin (le), h. 293
35 Champ Maurice (le), l. 46
36 Champ Meslon (le), l. 150
37 Champ Meunier (le), d. 177
38 Champ Milan (le), l. 317
39 Champ Moreau (le), l. 93
40 Champ Moulin (le), l. 198
41 Champouret (le), d. 167
42 Champouret (le), d. 172
43 Champoux, h. 302
44 Champ Perdrix (le), l. 20
45 Champ Pisseret (le), l. 12
46 Champ Poirier (le), vig. 130
47 Champ Poirier (le), l. 179
48 Champ puté (le), l. 130
49 Champ Quartier (le), l. 253
50 Champ Quartier (le), l. 272
51 Champ Quin, l. 293

3152 Champ Quinot (le), h. 30
53 Champ Ratier, l. 122
54 Champ Ratier, d. 209
55 Champ Raynaud, h. 289
56 Champ Robert, vig. 195
57 Champ Roland (le), d. 307
58 Champ-rond, l. 207
59 Champ Roset (le), vig. 195
60 Champ-rôti (le), l. 224
61 Champ Roubaud, h. 307
62 Champ Rousseau (le), l. 308
63 Champroux, h. et m. 85
64 Champs (les), l. 69
65 Champs (les), d. 164
66 Champs (les), h. 221
67 Champs (les), d. 280
68 Champs (louage des), l. 280
69 Champs (les), moul. 293
70 Champs (les chetifs), l. 216
71 Champs (les grands), l. 8
72 Champs (les grands), d. 50
73 Champs (les grands), vig. 94
74 Champs (les grands), h. 224
75 Champs Berlaud (les), d. 61
76 Champs Bouquat (les), l. 12
77 Champs de Bost (les), d. 50
78 Champs d'en bas (les), d. 152
79 Champ Seguin (le), l. 46
80 Champs Francon (les), d. 111
81 Champ Signeux (le), h. 46
82 Champs Laires (les), vge. 198
3183 Champs longs (les), d. 242
84 Champ Sorbier (le), l. 83
85 Champs Ronds (les), l. 235
Champ Targier (le), d. 104
voy. Saint-Targier.
86 Champ Toulon (le), vig. 195
87 Champ Tureau (le), l. 181
88 Champvalier, d. 130
89 Champvalier, h. 188
90 Champ Vei (le), vig. 37
91 Champ Verzet, h. 50
92 Champ Villars (le), d. 269
93 Champ Vincelet (le), l. 93
94 Champ Virot (le), d. 90
95 Champ Visier (le), d. 183
96 Champ Vrat (le), l. 308
97 Chanaux (les), d. 275
98 Chancel (le), d. 273
99 Chancel (le), l. 309
3200 Chancelaire, d. 34
1 Chandelle, d. 196
2 Chandets (les), l. 62
3 Chandian, d. 132
4 Chandier, d. 210
5 Chandon, l. 3
6 Chandonnière, l. 3
7 Changi, h. 110
8 Chanier, d. 132
9 Chaniers (les), d. 146
10 Chaniette (la), d. 186
11 Chanivet (loge), l. 262
12 Chanlive, d. 39
13 Chanon (le), d. 127
14 Chanonerie (la), d. 266

3215	Chantagrie, l.	76
16	Chante Alouette, d.	14
17	Chante Alouette, vig.	38
18	Chante Alouette, l.	41
19	Chante Alouette, h.	72
20	Chante Alouette, l.	100
21	Chante Alouette, l.	114
22	Chante Alouette, l.	120
23	Chante Alouette, h.	130
24	Chante Alouette, l.	151
25	Chante Alouette, l.	152
26	Chante Alouette, l.	173
27	Chante Alouette, l.	174
28	Chante Alouette, l.	182
29	Chante Alouette, vig.	195
30	Chante Alouette, l.	205
31	Chante Alouette, l.	225
32	Chante Alouette, l.	229
33	Chante Alouette, d.	239
34	Chante Alouette, l.	242
35	Chante Alouette, vig.	244
36	Chante Alouette, l.	262
37	Chante Alouette, l.	272
38	Chante Alouette, vig.	283
39	Chante Alouette, l.	296
40	Chante Alouette, l.	297
41	Chante Alouette, d.	312
42	Chante Alouette, l.	315
43	Chante gré, m.	174
44	Chante gré, h.	232
45	Chante grelet, l.	93
46	Chantegrelet, l.	272
47	Chantegrelet, h.	310
48	Chanteliers (les), d.	151
3249	Chantelle-la-Vieille, vge.	170
50	CHANTELLE, vil.	50
51	Chantelle (place), h.	28
52	Chantelot, l.	74
53	Chanteloup, f.	284
54	Chantemerle, h.	34
55	Chantemerle, d.	78
56	Chantemerle, f.	190
57	Chantemerle, l.	209
58	Chantemerle, d.	237
59	Chantemerle, d.	298
60	Chantemilan, f.	29
61	Chantemilan, d.	272
62	Chantenai, l	248
63	Chante oiseau, d.	14
64	Chante oiseau, h.	80
65	Chanteoiseau, l.	94
66	Chanteoiseau, d.	230
67	Chanteriau, m.	3
68	CHAPEAU, vge.	51
69	Chapeau, ch.	51
70	Chapeau, l.	174
71	Chapeau, l.	308
72	Chapeau blanc (le), d.	277
73	Chapeix (les), d.	102
74	Chapelat, d.	131
75	CHAPELAUDE (la), vge.	52
76	CHAPELETTE (la), vge.	53
77	Chapelle (la), h.	19
78	Chapelle (la), vig.	25
79	Chapelle (la), h.	46
80	CHAPELLE (la), vge.	54
81	Chapelle (la), d.	97

3479 Chassin (le), l. 207
80 Chassin (le), l. 234
81 Chassincourt, f. 241
82 Chassingros, d. 212
83 Chassinrol, l. 296
84 Chassitas, d. 17
85 Chat (le), d. 218
86 Châtaigneraie (la), l. 223
87 Chatard, d. 64
88 Chatard, m. 192
89 Chatard, d. 220
90 Chatard, d. 247
91 Chatarde (la), l. 260
92 Chatards (les), h. 22
93 Chatards (les), d. 192
94 Château (le), h. 35
95 Château (le), d. 86
96 Château, h. 183
97 Château, d. 283
98 Château (le), d. 290
99 Château, h. 304
3600 Château (le), d. 315
1 Château (quartier du), f. et bourg. 253
2 Château (le vieux), f. 28
3 Château (le vieux), mais. de g. 30
4 Château (le vieux), d. 108
5 Château-Bonnet (le), d. et ch. 268
6 Château-Chinon, h. 136
7 Château de Vaumas (le), d. 297
8 Château-Dollet, l. 27
3609 Château du Guide, l. 72
10 Château Favier, vge. 99
11 Château fort, d. 40
12 Château froid, d. 273
13 Château gai, f. 99
14 Château-Gaillard, vig. 36
15 Château-Gaillard, d. 56
16 Château-Gaillard, h. 73
17 Château-Gaillard, vge. 90
18 Château-Gaillard, d. 101
19 Château-Gaillard, l. 129
20 Château-Gaillard, vig. 139
21 Château-Gaillard. d. 158
22 Château-Gaillard, ch. 211
23 Château-Jaloux, d. 105
24 Château-Renaud, d. 117
25 Châteauroux, d. et m. 132
26 Châteauroux, d. 193
27 CHATEAU-SUR-ALLIER, vge. 62
28 Château-Vert, l. 17
29 Château-Vert, h. 171
30 Château-Vert, d. 201
31 Château-Vert, d. 227
32 Châteauvieux, h. 180
33 Châteigniers, h. 68
34 Châtel, d. 247
35 Châtelain, d. 140
36 Châtelain, l. 180
37 Châtelaines (les), vig. 71
38 Châtelard, h. 79
39 Châtelard (le), h. 96
40 Châtelard (le), f. et ch. 105
41 Châtelard (le), h. 128

3542 Châtelards (les), d. 147
43 Châtelard, vge. 180
44 Châtelard (le), h. 234
45 CHATEL-DENEUVRE, b. 63
46 Châtelet, b. 44
47 Châtelet, d. 83
48 Châtelet (le), d. 182
49 Châtelier, d. 182
50 Châtelier (le), h. 234
51 Châtelier (le), d. 262
52 CHATEL-MONTAGNE, b. 64
53 Châteloi, h. et d. 126
54 Châtel-Panier, b. 47
55 CHATEL-PERRON, vge. 65
56 Châtelus f. 19
57 Châtelus (le), l. 20
58 Châtelus (le grand), h. 37
59 Châtelus (le petit), d. 37
60 Châtelus, l. 43
61 CHATELUS, vge. 66
62 Châtelus, d. 97
63 Châtenai, f. 50
64 Châtet, d. et m. 64
65 Châtet, ch. d. et m. 230
66 Chat-huant (le), l. 222
67 Châtignoux, d. 186
68 CHATILLON, vge. 67
69 Châtillon, l. 311
70 Chat pendu (le), l. 126
71 Châtre (la), h. 303
72 Châtres (les), d. 68
73 Châtres (les), h. 94
74 Châtres (les), l. 102
75 Châtres (les), vge. 162

3576 Châtres (les), h. 240
77 Chattes (les), l. 106
78 Chaubillon, d. 221
79 Chauchards (les), l. 46
80 Chaud (la), h. et m. 45
81 Chaud, ch., vge et m. 162
82 Chaudagne, h. 48
83 Chauffier, l. 296
84 Chaugi, d. 24
85 Chaugne (le), h. 205
86 Chaumas (le), l. 262
87 Chaumas (le), vig. 63
88 Chaumas (le), l. 314
89 Chaumas (les), d. 267
90 Chaume (la), ch. et d. 3
91 Chaume (la), d. 5
92 Chaume (la), l. 16
93 Chaume (la), m. et l. 18
94 Chaume (la), d. 19
95 Chaume (la), h. 20
96 Chaume (la), h. 22
97 Chaume (la), h. 36
98 Chaume (la), h. 65
99 Chaume (la), h. 81
3600 Chaume (la), l. 83
1 Chaume (la), d. 94
2 Chaume (la), h. 96
3 Chaume (la), d. 97
4 Chaume (la), vge. 98
5 Chaume (la), d. 121
6 Chaume (la), m. et l. 133
7 Chaume (la), f. 150
8 Chaume (la), m. et l. 165
9 Chaume (la), d. 183

3610 Chaume (la), h. 201
11 Chaume (la), l. 202
12 Chaume (la), l. 215
13 Chaume (la), ch. et d. 225
14 Chaume (la), mét. 226
15 Chaume (la), l. 248
16 Chaume (la), d. 268
17 Chaume (la), l. 293
18 Chaume (la grande), d. 90
19 Chaume (la grande), h. 94
20 Chaume (la petite), d. 90
21 Chaume Baujon (la), h. 108
22 Chaume Bénite (la), vge. 249
23 Chaume Blanche (la), l. 17
24 Chaume Blanche (la), l. 45
25 Chaume Blanche (la), d. 102
26 Chaume Blanche (la), d. 138
27 Chaume Blanche (la), d. 153
28 Chaume Blanche, l. 262
29 Chaume Chaumontelle (la), d. 235
30 Chaume Colas (la), l. 217
31 Chaume Colin (la), d. 108
32 Chaumeçon, f. 309
33 Chaume Combret (la), d. 197
34 Chaume de Panloue (la), vig. 130
35 Chaume des Bois (la), h. 182
36 Chaume des Bois (la), f. 116
37 Chaume des Pointes (la), vig. 293
38 Chaume du Bois (la), l. 230
3639 Chaume du Bourreau (la), h. 230
40 Chaume du Roi (la). 282
41 Chaume du vent (la), h. 60
42 Chaume Gadon (la), h. 91
43 Chaume Georges (la), h. 61
44 Chaume Gouyon (la), h. 111
45 Chaume Guinard (la), h. 92
46 Chaume-Jean, vig. 305
47 Chaume Pillaud (la). 92
48 Chaume Raca (la), l. 143
49 Chaume Ribot (la), d. 45
50 Chaume Ricoutet (la), d. 249
51 Chaume ronde (la), d. 18
52 Chaume ronde (la), d. 281
53 Chaumes (les), h. et m. 19
54 Chaumes (les), l. 27
55 Chaumes (les), l. 30
56 Chaumes (les), d. 32
57 Chaumes (les), h. 56
58 Chaumes (les), d. et l. 56
59 Chaumes (les), d. 87
60 Chaumes, d. 90
61 Chaumes (les), h. 106
62 Chaumes, d. 114
63 Chaumes (les), vge et d. 146
64 Chaumes (les), d. 170
65 Chaumes (les), d. 190
66 Chaumes (les), vge et d. 217
67 Chaumes (les), d. 232

3668 Chaumes (les), h. 233
69 Chaumes (les), d. 237
70 Chaumes (les), vig. 272
71 Chaumes (les), vge. 275
72 Chaumes (les). 282
73 Chaumes (les), d. 297
74 Chaumes (les), d. 311
75 Chaumes (les grandes et petites), d. et l. 129
76 Chaumes (les petites), d. 25
77 Chaumes de la Croix (les), h. 273
78 Chaumes - Pommier (les), l. 65
79 Chaumes Saint-Gilbert (les), d. 143
80 Chaumet (le), d. 11
81 Chaumet (le), h. 256
82 Chaume Telon (la), vge et d. 249
83 Chaumette (la), d. 45
84 Chaumette (la), vge. 135
85 Chaumette (la), d. 194
86 Chaumette (la), h. 274
87 Chaumettes (les), vig. 195
88 Chaume Vieille (la), d. 92
89 Chaume Vilaine (la), l. 124
90 Chaumier, h. 80
91 Chaumier, vge. 104
92 Chaumière (la), l. 212
93 Chaumiers (les), l. 33
94 Chaumilles (les), sc. 113
95 Chaumont, h. 198
3696 Chaumont, h. et f. 253
97 Chaumont, h. 258
98 Chaumorin, l. 133
99 Chausseboire, d. 220
3700 Chausse Courte, d. 41
1 Chausse Courte, vge et ch. 249
2 Chaussée (la), l. 62
3 Chaussée (la), d. 153
4 Chaussée (la), d. 269
5 Chaussière (la), f. 39
6 Chaussière (la), d. 112
7 Chaussière (la), d. 311
8 Chaussin (le), ch. et d. 1
9 Chauvet, m. 14
10 Chauvet, d. 83
11 Chauvet, h. 293
12 Chauvets (les), d. 176
13 Chauvets (les), vge. 184
14 Chauvière, h. et d. 70
15 Chauvignière, f. 34
16 Chauvine (la), l. 32
17 Chauvins (les grands), d. 74
18 Chauvins (les petits), l. 74
19 Chauvissards (les), d. 126
20 Chaux (la), vge. 94
21 Chaux (la), l. 223
22 Chaux (la), f. 243
23 Chaux (la), f. 283
24 Chaux (les), h. 170
25 Chaux (les), d. 221
26 Chavagnat, h. 105
27 Chavais (les), h. 80

3728 Chavan, m. 8
29 Chavance, d. et l. 11
30 Chavanne, h. 61
31 Chavanne, h. 168
32 Chavannes (les), h. 219
33 Chavanon, d. 93
34 Chavant, m. 53
35 Chavard, d. 77
36 Chavards (les), h. 202
37 Chavennes (les), f. 13
38 CHAVENON, vge. 68
39 Chaventière (la), d. 80
40 Chaveroche, h. 49
41 CHAVEROCHE, vge. 69
42 Chaveroche, h. 6
43 Chaveroche (la rivière de), l. 6
44 Chaverot, moul. 165
45 Chavi, h. 150
46 Chavignon, d. 40
47 Chavigni, f. 179
48 Chaville, h. 49
49 Chavogner, d. 260
50 Chavonnerie, d. 294
51 Cheberne, d. 190
52 Chedeaux (les), h. 312
53 Cheffaud (le), l. 253
54 Chelmin, l. 251
55 Chemelle (la), d. 56
56 Chemillet, h. 126
57 CHEMILLI, vge. 71
58 Cheminat, m. 310
59 Chemin de fer, éc. 83
60 Chemin de Mesdames, h. 93
3761 Chemin ferré (le), d. 183
62 Cheminé, d. 74
63 Chenal (la), ch. 111
64 Cheminots (les), d. 299
65 Chenal (la), vig. 144
66 Chenal (la), h. 250
67 Chenal d'en bas (le), d. 262
68 Chenal d'en haut (le), d. 262
69 Chenardières (les), l. 12
70 Chenau (la), m. 27
71 Chenau (la), l. 33
72 Chenau (le), l. 232
73 Chenaut (la), d. 263
74 Chenaux (les), d. 69
75 Chenaux (les), f. 205
76 Chêne (le), vig. 63
77 Chêne (le), d. 114
78 Chêne (le), l. 117
79 Chêne (le), d. 130
80 Chêne (le), d. 202
81 Chêne (le), d. 233
82 Chêne (le gros), d. 293
83 Cheneau (le), d. 251
84 Cheneaux (les), d. 280
85 Chenebras, h. 45
86 Chêne du loup (le), vig. 63
87 Chêne du loup (le), h. 199
88 Chêne-fait (le), d. 250
89 Chêne-fer (le), d. 225
90 Chêne-menteur (le), l. 272
91 Chêne-rond (le), h. 150
92 Chêne-rond (le), d. 164
93 Chêne-sec (le), l. 22

3794 Chênes (les), d. 11
95 Chêne-vert (le), d. 155
96 Chenevière, vge. 22
97 Chenillat, h. 47
98 Chenillat (le), h. 102
99 Chenillet, l. 220
3800 Chenille, vig. 52
1 Chênon (le), f. et l. 226
2 Chenu (le), d. 312
3 Chèpre, d. 113
4 Chérats (les), l. 61
5 Cherbeix, h. 214
6 Chéret (le), b. 170
7 Chéreux, h. 25
8 Chéreux, m. 71
9 Chéreux, l. 122
10 Chéreux, d. 216
11 Chéreux, d. 284
12 Chéreux, d. 311
13 Chéri, m. 19
14 Chéri, ch. et d. 272
15 Chermont, d. 91
16 Chérons (les), d. 317
17 Chérots (les), d. 86
18 Chéroux (le petit), h. et d. 49
19 Chers (les), h. 160
20 Chervais (les), d. et m. 23
21 Chervais, d. 138
22 Chervais (les), f. 169
23 Chervin, d. 160
24 Chervin, m. 263
25 Chervins (les), h. 109
26 Chesau (le), vge. 52
3827 Chesau (le), d. 104
28 Chesau (le), l. 129
29 Chesau (le), h. 148
30 Chesau (le), l. 203
31 Chesau (le), h. 246
32 Chesau (le), h. et d. 256
33 Chesau (le), d. 313
34 Chesau-Robin (le), d. 256
35 Chesau-Vert, d. 46
36 Chesaux (les), h. 10
37 Chesaux (les), h. 102
38 Chesaux (les), f. 212
39 Chétif Bois (le), l. 255
40 Chétif moulin, l. 150
41 Chétif Moulin (le), d. 219
42 Chétifs bois (les), d. 4
43 Cheuzat, d. 217
44 CHEVAGNES, vge. 72
45 Chevagnes, d. 100
46 Chevaise (la), d. 169
47 Cheval (le), d. 2
48 Cheval-blanc (le), f. 163
49 Chevalier (le), d. 2
50 Chevalier (le), d. 263
51 Chevalière (la), f. 195
52 Chevalière, h. 220
53 Chevalière (la Brande), d. 220
54 Chevaliers (les), d. 32
55 Chevaliers (les), f. 38
56 Chevaliers (les), d. 175
57 Chevaliers (les), h. 204
58 Chevaliers (les), d. 283
59 Cheval rigon, vge. 113

3860 Chevarriers (les), d. 118
61 Chevennes (les), ch. et h. 51
62 Cheviaux (les), d. 100
63 Cheviche (la), d. 303
64 Cheville (la), l. 46
65 Cheville (la), h. 226
66 Chevrai, d. 74
67 Chèvre (la), h. 69
68 Chèvre (la), d. 132
69 Chèvre (la), l. 150
70 Chèvre (la), m. 162
71 Chevreaux, d. 23
72 Chevrelle (la), d. 117
73 Chèvre noire (la), d. 182
74 Chèvres (les), l. 231
75 Chevretière, h. 150
76 Chevrier (le), d. et m. 209
77 Chevris (les), d. 128
78 Chevron (le), l. 269
79 Chevrons (les), l. 74
80 Chevrot, h. 66
81 Chevrotière, f. 289
82 Chez (les), d. 90
83 Chez (les), d. 97
84 Chez (les), d. 186
85 Chez (les), h. 236
86 Chez (les), d. 312
87 Chez Beraud, d. 279
88 Chez Bouesse, l. 230
89 Chez Brieut, h. 102
90 Chez Busseret, l. 184
91 Chez Caque, d. 7
92 Chez d'Aval (le), d. 184
3893 Chez Decote, d. 32
94 Chez Dieu, l. 150
95 Chez du Bœuf, d. 18
96 Chézelle, d. 18
97 Chézelle (la loge), d. 18
98 Chézelle, vge. 59
99 Chezelle Bassignat, h. 59
3900 Chézelle, vge. 73
1 Chézelles, vge. 96
2 Chézelles, d. 153
3 Chézelles, d. et h. 179
4 Chézelles, d. 186
5 Chézelles, d. 278
6 Chez Ferré, d. 158
7 Chez Gallemard, d. 131
8 Chez Giolat, d. 45
9 Chez Gourbaix, h. 7
10 Chez Guilletoux, h. 156
11 Chez Heuilhard, h. 279
12 Chez Joseph, l. 23
13 Chez Laurent, l. 156
14 Chez Le Berche, h. 89
15 Chez Lebot, d. 18
16 Chez Leproux, d. 100
17 Chez Leproux, f. 280
18 Chez Lotte, f. 226
19 Chez Mallet, d. 150
20 Chez Marzy, d. 214
21 Chez Moye, f. 102
22 Chezotte (la), d. 5
23 Chez Paulat, d. 150
24 Chez Robert, d. 156
25 Chez Rouer, l. 150
26 Chez Taravaux, d. 214

3927 Chez Tronche, l. 150
28 Chez Verzet, h. 50
29 Chez Vincent, l. 89
30 Chézi, vge. 74
31 Chi, h. 278
32 Chiaude, d. 82
33 Chicaud (le), l. 201
34 Chicots (les), l. 260
Chien cita, d. 17
voy. Chassitas.
35 Chier (le), h. 156
36 Chier (le), h. 160
37 Chier (le), vge. 276
38 Chier (le), vge. 309
39 Chier Blanc, h. 209
40 Chierloux, h. 79
41 Chier Martin (le), l. 146
42 Chiers (les), l. 22
43 Chiers (les), h. 104
44 Chiers (les), l. 129
45 Chiers (les), d. 146
46 Chiers (les), h. 197
47 Chiers (les), d. 243
48 Chignat (le), d. 10
49 Chignaux (les), d. 74
50 Chilins (les), d. 118
51 Chillot (le), f. 264
52 Chillot (le), f. 305
53 Chinaud (la), d. 246
54 Chinevelles (les), l. 145
55 Chinière, h. 264
56 Chinières (les), d. 145
57 Chiniers (les), d. 33
58 Chiolle, vge. 78
3959 Chipoterie (la), l. 248
60 Chirat, d. 6
61 Chirat-Guérin. 318
62 Chirat-l'Église, vge. 75
63 Chiret, h. 253
64 Chirol, h. 227
65 Chiroux (le), d. 36
66 Chiroux (les), l. 56
67 Chiroux, f. 118
68 Chiroux, h. 164
69 Chiroux, h. 257
70 Chitaing, d. 221
71 Chivat, h. 132
72 Chiverie, d. 191
73 Chocroins, f. 24
74 Chole (la), l. 175
75 Cholet (le), d. 186
76 Chollet, d. 262
77 Chollet (bruyères de), l. 262
78 Cholets (les), vig. 272
79 Cholli, h. 247
80 Chonier, moul. 8
81 Chonier, moul. et h. 113
82 Chonière (la), l. 6
83 Chorles (les), f. 190
84 Chouardes (les), h. 96
85 Choulton, l. 11
86 Chou plat (le), m. i. 226
87 Chou vert (le), l. 272
3988 Chouvigni, vge. 76
89 Chouvigni, h. 123
90 Choux, h. 199
91 Chovos (les), l. 237
92 Chuvant, h. 184

3993 Ciernat, l. 174
94 Cigogne, d. 122
95 Cigogne, d. 237
96 Cimardots (les), d. 224
97 Cimetière (le), h. 46
98 Cimetière (le grand), vge. 124
99 Cimetière (le), h. 201
4000 Cimetière (le), d. 225
1 Cinardière (la), d. 85
2 Cinardière, h. 150
3 Cindré, vge, ch. et d. 77
4 Cinq chemins (les), d. 211
5 Cinq chênes (les), l. 17
6 Cinq chênes (les), d. 311
7 Cinq Noyers, l. 100
8 Cinquin (le), l. 174
9 Cintrat, vge. 57
10 Cirque (le), l. 138
11 Ciseau Margot (le), l. 85
12 Ciseaux (les), l. 8
13 Citadelle (la), d. 58
14 Citlons (les), d. 45
15 Civette (la), h. et m. 173
16 Civière (la), l. 150
17 Civière, m. 227
18 Civrai, ch. et vge. 148
19 Cladets (les), vig. 130
20 Claire (la), l. 158
21 Clairembois, vig. 99
22 Clairs (les), vge. 273
23 Clapier (le), d. 235
24 Claudat (le), d. 85
25 Claude (la), l. 279
4026 Claudis (les), d. 134
27 Claudures (les), h. 256
28 Claustre (chez), l. 91
29 Clavegri, m. et l. 14
30 Clavel (chez), h. 17
31 Claveliers (les), d. 130
32 Clavière, f. 10
33 Clavière (la), d. 82
34 Clavière (la), h. 78
35 Clavière, f. 235
36 Clavillon, l. 216
37 Clayeux (les), d. 72
38 Clayeux (les grands), d. 281
39 Clayeux (les petits), d. 281
40 Clayolles (les), f. 303
41 Clèle (la), d. 64
42 Clémagnet, h. 301
43 Clémançons (les), d. 214
44 Clémençons (les), d. 301
45 Clément (le), m. 45
46 Clément d. 169
47 Clément, l. 247
48 Clémentière (le grand), f. 189
49 Clémentière (le petit), h. 189
50 Clermorin (le grand), d. 129
51 Clermorin (le petit), l. 129
52 Clioles (les), f. 184
53 Clique (la), l. 269
54 Clodis (le), d. 112
55 Clodis (le), d. 116
56 Clodis (le), d. 153

4057 Clodis (le), l. 254
58 Clos (le), d. 118
59 Clos (le), h. 162
60 Clos (le), h. 240
61 Clos d'en haut (le), vig. 23
62 Clos du Mai (le), f. 120
63 Closeaux (les), d. 278
64 Closel (le), d. 113
65 Clos long (le), l. 272
66 Clos Richard (le), d. 295
67 Clos Tissier (le), d. 36
68 Clotrons (les), f. 235
69 Clous (le), f. 34
70 Clous (le), d. 34
71 Clous (les), h. 80
72 Clous (les), d. 102
73 Clous (les grands), d. 46
74 Clous (les petits), d. 46
75 Cluseau (le grand), d. 10
76 Cluseau (le petit). d. 10
77 Cluseau, (le), h. 45
78 Cluseau (le), d. 86
79 Cluseau (le), d. 98
80 Cluseau (le), l. 100
81 Cluseau, ch. d. et h. 109
82 Cluseau (le), d. 180
83 Cluseau (le), l. 184
84 Cluseau (le), vge. 294
85 Cluseaux (les), vge. 28
86 Clusel (le), vge. 6
87 Clusel, d. 160
88 Clusel (le), d. 234
89 Clusier (le), h. 95
90 Clusor, d. 75
4091 Clusor, ch. et t. 244
92 Cochards (les), d. 115
93 Cocon, l. 4
94 Cocu (le), d. 202
95 Cocu (le), h. 221
96 Cocu (le), l. 222
97 Cocu (le), h. 269
98 Côdre (la), d. 18
99 Cœuri (le), l. 303
4100 Coffins (les), d. 101
1 Cognat, l. 64
2 COGNAT, vge. 78
3 Cogne (la), vig. 263
4 Cognerue, l. 192
5 Cognet (le), h. 54
6 Cognet (le), d. 93
7 Cognet (le), d. 101
8 Cognet (le), m. 125
9 Cognet (le), d. 184
10 Cognet (le), h. 249
11 Cognet (le), l. 257
12 Cognet (le), vig. 264
13 Cognet (le), d. 275
14 Cognet (le), h. 291
15 Cogniers (les), d. 189
16 Coillards (les), d. 191
17 Coin (le), l. 54
18 Coin (le), l. 78
19 Coin (le), h. 150
20 Coin (le), l. 262
21 Coins (les), d. 42
22 Coins (les), d. 206
23 Colas, m. 156
24 Colas, d. 247

4125 Colas (le grand), d. 72
26 Colas (le petit), d. 72
27 Colassons (les), d. 129
28 Colets (les), m. 150
29 Coligni, d. 200
30 Colin, m. 50
31 Colin (la grange), h. 16
32 Colins (les), h. 140
33 Colins (les), d. 251
34 Collas (les), d. 124
35 Colles (les), d. 280
36 Collets (les), l. 149
37 Collettes (les), l. 106
38 Collins (les), d. 61
39 Collins (les), h. 184
40 Collins (les), d. 101
41 Colonges (les), d. 227
42 Colombaroux, h. 95
43 Colombaroux, h. 184
44 Colombier, l. 9
45 Colombier, vig. 25
46 Colombier (le), d. 33
47 Colombier, l. 46
48 Colombier (le), d. 56
49 Colombier, d. 65
50 Colombier, h. 73
51 COLOMBIER, vge. 79
52 Colombier (le), f. 82
53 Colombier (le), f. 85
54 Colombier (le), f. 91
55 Colombier, ch. 115
56 Colombier (le), h. 116
57 Colombier (le), f. 118
58 Colombier (le), d. 126

4159 Colombier, l. 149
60 Colombier, d. 160
61 Colombier, h. 183
62 Colombier (le), d. 226
63 Colombier, h. 234
64 Colombier (le), d. 250
65 Colombier, l. 263
66 Colombier, h. 268
67 Colombier, f. 272
68 Colombier (le), d. 283
69 Colombier, h. 307
70 Colombière, d. 216
71 Colombières (les), h. 293
72 Colon, l. 89
73 Colons (les), d. 43
74 Colza, d. 40
75 Colza (le), d. 132
76 Combaret, h. 6
77 Combas, d. 301
78 Combe (la), l. 22
79 Combe (la), d. 45
80 Combe (la), l. 56
81 Combe (la), l. 99
82 Combe (la), h. 105
83 Combé, vge. 291
84 Combeau, l. 234
85 Combeaux (les), m. 170
86 Combéaux (les), l. 222
87 Combebarres (les), d. 208
88 Combemorel, h. 187
89 Combes (les), vge. 41
90 Combes (les), vge. 91
91 Combes (les), h. 104
92 Combes (les), t. 130

4323 Cosses (les), m. des mines et h. 178
24 Cosses (les), l. 241
25 Cossonnat, h. 108
26 Cossonniers (les), d. 4
27 Coste (la), d. 10
28 Costière, ch. et d. 202
29 Côte (la), h. 6
30 Côte (la), d. 31
31 Côte (la), d. 43
32 Côte (la), l. 79
33 Côte (la), h. 80
34 Côte (la), d. 99
35 Côte (la), ch. 152
36 Côte (la), h. 156
37 Côte (la), d. 176
38 Côte (la), ec. 180
39 Côte (la), h. 186
40 Côte (la), m. et h. 209
41 Côte (la), f. 233
42 Côte (la), h. 234
43 Côte (la), d. 244
44 Côte (la), d. 306
45 Côte (la), l. 306
46 Côte (la grande), l. 147
47 Côte (la petite), d. 147
48 Côteaux (les), l. 49
49 Côteaux (les), d. 317
50 Côte Bordet (la), l. 45
51 Côte Brière (la), l. 6
52 Côte brulée (la), l. 253
53 Côte Buisson (la), d. 30
54 Côte Camuse (la), d. 22
55 Côte-courbe, vge. 276
4356 Côte de boin, h. 30
57 Côte du lac (la), d. 128
58 Côte Mine (la), h. 102
59 Côte Minon (la), l. 253
60 Côte Nérée (la), d. 299
61 Côte Poulain (la), l. 22
62 Cotereau, d. 85
63 Côterelle (la petite), l. 110
64 Côte Rotie, h. 41
65 Côte rouge (la), l. 20
66 Côte rouge (la), vig. 99
67 Côtes (les), d. 32
68 Côtes (les), d. 44
69 Côtes (les), d. 81
70 Côtes (les), h. 108
71 Côtes (les), l. 136
72 Côtes (les), f. 212
73 Côtes (les), d. 303
74 Côtes (les), m. 303
75 Côtes (la rue des), h. 239
76 Côtes Rousses (les), d. 190
77 Cotignat (le), ch. et h. 163
78 Cotignon, m. 279
79 Cotillon, l. 143
80 Cots (les), d. 261
81 Couagnon, f. 62
82 Couarde (la), l. 34
83 Couarde (la), h. 36
84 Couardes (les), l. 49
85 Couardes (les), d. 184
86 Couardes (les), d. 314
87 Couarle, h. 160
88 Couchon (le), f. 262
89 Coucoule (la), d. et l. 126

4390 Coudar (le), vig. 239
91 Coude (le), ch. et d. 142
92 Coude (le), d. 173
93 Coude (le), h. 202
94 Coudrais (le), l. 25
95 Coudrais (le), m. 191
96 Coudrais (le), d. 272
97 Coudrais (le), h. 279
98 Coudrais (le grand), d. 56
99 Coudrais (le petit), d. 56
4400 Coudrais (le), f. 308
1 Coudre (la), d. 29
2 Coudre (la), h. 79
3 Coudres (les), l. 183
4 Coudrier (le), d. 149
5 Coudriers (les), d. 168
6 Coudriers (les), d. et m. 191
7 Coudure, d. 221
8 Couer, l. 165
9 Couères (les), h. 46
10 Couët (le), d. 196
11 Couffranges, d. 20
12 Cougnet, l. 212
13 Cougour (grand), h. 138
14 Cougour (petit), h. 138
15 Cougour (petit), vge. 298
16 Couhérats (les), d. 10
17 Couillots (les), d. 251
18 COULANDON, vge. 83
19 Coulangeard, h. 77
20 Coulangerie (la), d. 46
21 COULANGES, vge. 84
22 Coulanges, d. 145
23 Coulanges, h. 222
4424 Coulanges, l. 311
25 Coulardie (la), f. 283
26 Coulardiers (les), d. 100
27 Coulaud, h. 8
28 Coulède (la), d. 2
29 Coulette, l. 42
30 COULEUVRE, b. 85
31 Coulon, m. 139
32 Coulon, ch. et m. 237
33 Coulongeat, d. 318
34 Coulons (les), d. 33
35 Coulons (les), f. 309
36 Counillons (les), d. 272
37 Coupe (la), h. 245
38 Coupe à Demai (la), l. 53
39 Coupe Guiton (la), d. 297
40 Coupet (le), h. 103
41 Coupet (le), m. et f. 234
42 Coupet (le), m. et f. 234
43 Coupied, m. 129
44 Coupier (le), m. 192
45 Cour (la), d. 11
46 Cour (la), vig. 24
47 Cour (la), d. 28
48 Cour (la), d. 47
49 Cour (la), d. 51
50 Cour (la), vig. 99
51 Cour (la), ch. 230
52 Cour (la), d. 285
53 Couraud, vge. 99
54 Couraud (le), d. 165
55 Courbes (les), h. 211
56 Cour blanche (la), d. 168
57 COURÇAIS, vge. 86

4458 Courcelle (la), l. 50
59 Courcelle (la), d. 170
60 Courcelle (la), vge. 305
61 Courcelles, d. 77
62 Courcier, d. 210
63 Cour d'enchère (la), h. 246
64 Courdin (le), d. 272
65 Coureaux (les), d. 233
66 Courelle, l. 122
67 Couret, (le), l. 104
68 Courgenai, f. 193
69 Courgenai (le petit), f. 193
70 Couri, vge. 227
71 Courie (la), vge. 42
72 Courie (la), h. 304
73 Courlaudière, d. 34
74 Courolle (la), vge. 44
75 Courolles (les), h. 134
76 Couronne (la), h. 80
77 Couronne (la), l. 174
78 Cou Rouge (le), l. 269
79 Courret (le), d. 45
80 Courret (le), d. 167
81 Courret (le), vge. 210
82 Courrier, h. 227
83 Courriers (les), vig. 63
84 Cours (les), l. 116
85 Cours (les), d. 125
86 Cours, d. 149
87 Coursadet, vge. 316
88 Coursaget, vge. 210
89 Coursat, h. 316
90 Cours Morins (les), h. 36
91 Courtais, m. 201
4492 Courtais (les), d. 272
93 Courtais (les), d. 318
94 Courtant, l. 281
95 Courtas (la), vge. 52
96 Courtauds (les), d. 46
97 Courtauds (les), d. 179
98 Courtauds (les), f. 315
99 Courte, h. 254
4500 Courtil (le), d. 17
1 Courtille, d. 198
2 Courtille (la), f. 259
3 Courtine, vig. 63
4 Courtine, h. 160
5 Courtins (les), f. 231
6 Courtins (les), d. 306
7 Courtioux, h. 127
8 Courtioux (les), h. 144
9 Courtioux (les), h. 198
10 Courtioux (les), f. 249
11 Courtonge, d. 45
12 Cousei, f. 175
13 Cousenots (les), d. 281
14 Cousenotte (la), h. 133
15 Cousins (les). 72
16 Couson, vge. 88
17 Couson (la grande), d. 272
18 Coussaudre, l. 74
19 Coussière (la), f. 129
20 Coût (le), h. 30
21 Coût (le), f. 257
22 Coût (la), h. et m. 274
23 Coutant, d. 31
24 Coutant, vge. 286
25 Coutapoux, l. 105

4653 Croix Anier (la), l. 64
54 Croix Banchet (la), l. 160
55 Croix Bardet (la), l. 118
56 Croix Bertrand (la), l. 132
57 Croix Blanche (la), l. 85
58 Croix Blanche (la), h. 250
59 Croix-Blanche (la), d. 256
60 Croix-Blanches (les), d. 56
61 Croix Blanchet (la), d. 169
62 Croix Bleue (la), l. 186
63 Croix Bouquet (la), l. 14
64 Croix Boutet (la), l. 40
65 Croix Boutin (la), d. 247
66 Croix Brière (la), l. 6
67 Croix Brillon (la), h. 44
68 Croix Brulée (la), h. 107
69 Croix Carie (la), l. 113
70 Croix Chandian (la), l. 132
71 Croix Charnai (la), l. 85
72 Croix Charnaud (la), l. 6
73 Croix Chasau (la), l. 43
74 Croix Communale (la), l. 142
75 Croix Coq (la), d. 190
76 Croix de Brides (la), l. 138
77 Croix de fer (la), l. 196
78 Croix de Jaille (la), l. 127
79 Croix de la Bourrique (la), d. 85
80 Croix de la Dixmerie (la), l. 235
81 Croix de la Fée (la), d. 137
82 Croix de la Forge (la), l. 169
83 Croix de la Forêt (la), l. 241
4684 Croix de la Graule (la), l. 75
85 Croix de l'Allier (la), l. 6
86 Croix de Loriot (la), l. 20
87 Croix de l'Orme (la), d. 54
88 Croix de Pâques (la), d. 102
89 Croix de Périasse (la), l. 245
90 Croix de Sainte-Anne (la), d. 56
91 Croix de Saint-Fiacre (la), d. 58
92 Croix de Saint-Fiacre (la), h. 302
93 Croix des Bergers (la), d. 135
94 Croix des Bois (la), m. f. 87
95 Croix des Bois (la), l. 141
96 Croix des Clairs (la), h. 273
97 Croix des Fées (la), l. 191
98 Croix des Graves (la), l. 63
99 Croix des Justices (la), d. 93
4700 Croix des Rameaux (la), d. 161
1 Croix des Rameaux (la), h. 169
2 Croix des Rameaux (la), h. 234
3 Croix des Rameaux (la), d. 247
4 Croix des Renards (la), h. 310
5 Croix des Sapins (la), d. 210
6 Croix des Trêves (la), l. 247

4772 Croix Vérillon (la), l. 118
73 Croix Vérillon (la), d. 161
74 Croix Verte (la), l. 46
75 Croix Verte (la), h. 136
76 Croix Verte (la), l. 149
77 Croix Verte (la), f. 152
78 Croix Verte (la), l. 165
79 Croix Verte (la), d. 199
80 Croix Vorze (la), l. 158
81 Croizette (la), f. 291
82 Croiziers (les), d. 198
83 Crolai, d. 271
84 Cromarias (les), d. 155
85 Cromarias (les), d. 240
86 Cronets (les loges), h. 280
87 Croper, l. 50
88 Cropte (la), m. et d. 262
89 Croptin (le), l. 34
90 Cropusson, d. 362
91 Croque Mouton, l. 132
92 Croque Raves, d. 182
93 Crosardais, h. 299
94 Crosards (les), h. 202
95 Crosat, d. 230
96 Crose (la), d. 106
97 Crose (la), vge. 127
98 Crose (la), h. 256
99 Crose (la), d. 270
4800 Croses (les), l. 230
1 Croses (les), m. 258
2 Croset (le), d. 54
3 Croset (le), d. 116
4 Croset (le), d. 213
5 Croset (le), d. 204

4806 Crot (le), h. 7
7 Crot (le), l. 34
8 Crot (le), l. 40
9 Crot (le), h. 79
10 Crot (le), d. 99
11 Crot, l. 113
12 Crot (le), h. 215
13 Crot (le), h. 228
14 Crot (le grand), f. 100
15 Crot (le grand), d. 248
16 Crot (maillerie du), d. 174
17 Crot (le petit), d. 100
18 Crot à l'âne (le), l. 119
19 Crot Bayot (le), l. 119
20 Crot Boénat (le), l. 141
21 Crot-Chavant (le), d. 215
22 Crotet (le), l. 315
23 Crotet (le grand), d. 117
24 Crotet de la Chapelle (le petit), l. 117
25 Crotet du Pontet (le petit), l. 117
26 Crot Pinsard (le), l. 121
27 Crot Potier (le), d. 160
28 Crots (les), l. 45
29 Crots (les), l. 205
30 Crots (les grands), l. 85
31 Crotte (la), d. 179
32 Crotte (la), h. 255
33 Crotte (la), h. 271
34 Crotte, h. 310
35 Crousat, h. 22
36 Croutet (le), h. 253
37 Croux (la), h. 129

4838 Croux (la), h. 184
39 Croux (la), l. 216
40 Croux (le), d. 262
41 Croux (la), l. 312
42 Crovalas, vig. 99
43 Croyer (le gros), l. 46
44 Cruçais, d. 301
45 Crupets (les), d. 149
46 Cueilhat, vge. 111
47 Cuisse blanche (la), a. 307
48 Cuisse blanche (la), l. 199
49 Cul de la Vigne (le), l. 205
50 Cul de Sac (le), h. 36
51 Cul de Sac (le), l. 201
52 Curat (la), d. 222
53 Curades (les), d. 258
54 Cure (la), l. 16
55 Cure (la), d. 33
56 Cure (la), l. 35
57 Cure (la), l. 51
58 Cure (la), éc. 58
59 Cure (la), d. 71
60 Cure (la), l. 114
4861 Cure (la), m. et h. 144
62 Cure (la), l. 235
63 Cure (la), d. 263
64 Cure (la), l. 281
65 Cure (l'ancienne), l. 2
66 Cure (l'ancienne), d. 32
67 Cure (l'ancienne), f. 32
68 Cure (l'ancienne), l. 83
69 Cure (l'ancienne), vig. 195
70 Cure (l'ancienne), d. 283
71 Cure (la vieille), l. 23
72 Cure (la vieille), d. 241
73 Cures (les), d. 160
74 Curesse (la), d. 18
75 Curie (la), d. 236
76 Curon (le), d. 102
77 Cusins (les), d. 283
78 Cusséjat, h. 215
79 Cusset, l. 64
80 CUSSET, ville. 93
81 Cussets (les), d. 102
82 Cuvage (le), l. 103

D

4883 Dachard, d. 152
84 Dachers (les), f. 43
85 Dachers de Sichon (les), d. 8, 43
86 Dacros (les), d. 42
87 Dacs (les), vge. 41
4888 Dacs (la montée des), d. 41
89 Dafour (les), l. 1
90 Dafour (les), d. 160
91 Dagnants (les), d. 142
92 Dagnauds (les), l. 24
93 Dagnerie (la), f. 85

4894 Dagouret, d. 215
95 Dagouret, d. 314
96 Dagourets (les), h. 163
97 Daguenets (les), d. 182
98 Daguenets (les), d. 295
99 Dailhut, l. 93
4900 Daillans (les), d. 119
1 Dains (les), h. 108
2 Dalbost (les), l. 31
3 Dalbost (les), d. 307
4 Dalins (les), h. 288
5 Dallias (les), d. 70
6 Damariats (les), f. 11
7 Damayaux (les), d. 175
8 Dames (les), d. 121
9 Dames (les), d. 231
10 Damets (les), d. 179
11 Damignan, h. 144
12 Danguis (les), mét. 226
13 Dannériaux (les), d. 117
14 Danni, m. 201
15 Daranlot, d. 316
16 Darban, h. 25
17 Darbelets (les), d. 262
18 Darbot, l. 113
19 Darlat, l. 263
20 Dar d'en bas, f. 212
21 Dar d'en haut, h. 212
22 Darrots (les), d. 64
23 Daubois (les), f. 225
24 Daufort (le), h. 230
25 Daumas, d. 141
26 Daurier, vge. 92
27 Davaux (les), h. 118

4928 Davayat, f. 255
29 Dayalau, h. 27
30 David, h. et m. 6
31 David, d. 74
32 Davids (les), d. 130
33 Davière (la), h. 186
34 Davots (les), d. 124
35 Davouet, d. 294
36 Debost (les), d. 18
37 Debost (les), d. et m. 54
38 Debost (les), d. 168
39 Debottes (les), l. 261
40 Debris, f. 24
41 Decamp, l. 288
42 Décousu (le), l. 221
43 Deffend (le), d. 19
44 Deffend (le), f. 120
45 Deffend (le), d. 224
46 Degands (les), d. 204
47 Deguets (les), d. et l. 101
48 Deliles (les), l. 239
49 Delons (les), f. 164
50 Delots (les), d. 38
51 Delots (les grands), f. 114
52 Delots (les petits), d. 114
53 Delots (les), d. 281
54 Demas, d. 8
55 Démercière, l. 193
56 Demeri, vge. 234
57 Demeuriers (les), d. 260
58 Démissiers (les), d. 263
59 Demoiselle (la), vge. 232
60 Demon, d. 160
61 Demonts (les), d. 138

4962 Demoret, ch. et d. 287
63 Demorets (les), vig. 75
64 Demoux, d. 287
65 Deneuille, vge. 94
66 Deneuille, vge. 95
67 Denidauds (les), l. 239
68 Denis (les), l. 20
69 Denisons (les), d. 231
70 Denisons (les), d. 282
71 Dennerons (les), d. 204
72 Denoux (les), h. 236
73 Derbisés (les), h. 3
74 Déret, d. 263
Dérimais, h. 85
75 Derrier, d. 196
76 Desaix (le), d. 70
77 Désert (le), l. 12
78 Désert (le), vgne. 34
79 Désert (le), l. 101
80 Désert (la garderie du), l. 188
81 Désert (le grand), vge. 38
82 Désert (le petit), vge. 38
83 Désertines, d. et tuil. 3
84 Désertines, vge. 96
85 Déserts (les), h. 17
86 Déserts (les), h. 65
87 Dessents (les), l. 299
88 Deux-aigues, d. 75
89 Deux-Chaises, vge. 97
90 Deux-Chaises, d. 193
91 Deux-Ponts, d. 77
92 Deux-Villes (les), d. et l. 281
93 Devaudière (la), d. 288
4994 Devaux (les), d. 77
95 Devaux (les), vig. 288
96 Devers, l. 168
97 Desvignes (les), d. 61
98 Devines (les), f. 237
99 Devinet, l. 113
5000 Diagots (les), d. et b. 265
1 Diannière, h. 4
2 Diats (les), l. 146
3 Diéna (le), d. 180
4 Dièzes (les), h. 8
5 Dillons (les), d. 179
6 Dîmes (les), d. 16
7 Dinets (les), vge. 78
8 Dinots (les), h. 217
9 Dionnet, d. 169
10 Dionnets (les), d. 91
11 Dionnets (les), d. 283
12 Diots (les), d. 113
13 Diots (les), h. 163
Diots (les), l. 176
14 Diots (les), l. 199
Diots (les grands), f. 118
Diots (les petits), f. 118
15 Diou, vge. 98
16 Dioux, d. 175
17 Direts (les), d. 166
18 Distillerie (la), l. 16
19 Dispute (la), l. 83
20 Ditière (la), f. 44
21 Doigts (les), d. 220
22 Dointe (la), d. 204
23 Dolats (les), h. 1
24 Dolats (les), h. 163

5023 Domaine (le), l. 41
26 Domaine bâti (le), d. 227
27 Domaine (le grand), d. 2
28 Domaine (le grand), d. 77
29 Domaine (le grand), d. 101
30 Domaine (le grand), d. 102
31 Domaine (le grand), d. 105
32 Domaine (le grand), d. 106
33 Domaine (le grand), d. 107
34 Domaine (le grand), h. 113
35 Domaine (le grand), d. 125
36 Domaine (le grand), d. 131
37 Domaine (le grand), d. 133
38 Domaine (le grand), d. 235
39 Domaine (le petit), l. 16
40 Domaine neuf (le), d. 32
41 Domaine neuf, d. 114
42 Domaine neuf (le), d. 132
43 Domaine neuf, l. 166
44 Domaine neuf, d. 192
45 Domaine neuf, d. 199
46 Domaine neuf (le), d. 202
47 Domaine neuf (le), d. 227
48 Domaine neuf (le), d. 232
49 Domaine neuf (le), d. 250
50 Domaine neuf (le), d. 262
51 Domaine neuf (le), d. 279
52 Domaine neuf, d. 288
53 Domaine neuf de chez Liado, d. 221
54 DOMÉRAT, vge. 99
55 Dômes (les), d. 280
56 Domiers (les), d. 280
57 DOMPIERRE, b. 100
5058 DONJON (LE), ville. 101
59 Donjon (le), d. 267
60 Dorards (les), d. 237
61 Dorards (les), d. 291
62 Dorier (le), d. 232
63 Dorne, d. 250
64 Douaire (la), d. 172
65 Douaire (la), f. 237
66 Douanan, h. 6
67 Douat (le), d. 46
68 Doucet, m. 127
69 Douelle (la), l. 74
70 Douets (les), d. 83
71 Doulouvre, h. 318
72 Doumière, d. 246
73 Doumiers (les), h. 167
74 Doure (la), vge. 312
75 Doux (la), h. 20
76 Douzon, h. 111
77 Doyards (les), h. 148
78 Doyat, vge et m. 8
79 Doyat, l. 93
80 Doyatins (les), d. 231
81 Doyats (les), l. 24
82 DOYET, b. 102
83 Doyet (le petit), f. 102
84 Dragonne (la), m. 87
85 Dragonne (la), l. 147
86 Drenlots (les), d. 72
87 Dreuille, f. 90
88 Drevaux (les), d. 74
89 Driats (les), d. 121
90 Drifford, d. 222
91 Drigeard (le), h. 160

N°	Nom	
3092	Dris (les), h.	242
93	Droiturier, vge.	123
94	Droyers (les), h.	18
95	Drugnaux, h.	117
96	Druts (les), l.	311
97	Druts du bas (les), d.	166
98	Dubel, d. et l.	79
99	Duclaux, d.	81
3100	Ducoin, l.	109
1	Duets (les), d.	138
2	Dugand, d.	40
3	Dugourd, l.	22
4	Dugourd, d.	205
5	Dujon, h.	57
6	Dumet, d.	236
7	Dumi, d.	85
8	Duptière, d.	301
9	Dupuits (les), d.	149
10	Durand (le), d.	4
11	Durand, f.	288
12	Durandons (les), d.	153
13	Durands (les), d.	11
14	Durands (les), f.	68
15	Durands (les), h.	248
3116	Durante (la), l.	288
17	Durantins (les), l.	185
18	Duratte (la).	129
19	Durdat, vge.	104
20	Dure (la), d.	162
21	Dure (la), d.	239
22	Dureaux (les), d.	205
23	Dures (les), d.	133
24	Duret, d.	234
25	Durets (les), f.	124
26	Durets (les), d.	138
27	Durets (les), d.	153
28	Durets (les), d.	199
29	Durias (les), h.	36
30	Duriers (les), f.	91
31	Duriers (les), f.	118
32	Duriers (les), d.	251
33	Durif, l.	166
34	Duriot, d.	74
35	Duroires (les), l.	137
36	Durots (les), f.	124
37	Dustrie (la), h.	216
38	Duts (les), d.	74
39	Duvets (les), d.	74

E

N°	Nom	
3140	Eaux (les), h.	205
41	Eaux (les), l.	289
42	Eaux Blanches (les), h.	54
43	Eaux Blanches (les), l.	150
44	Eaux minérales (les), éc.	1
3145	Eaux Salées (les), d. et l.	50
46	Ebaudis (les), d.	90
47	Ebaupin (l'), vig.	144
48	Ebaupin (l'), l.	244
49	Ebaupins (les), d.	231

5150	EBREUIL, ville.	103
51	Ecalis (les), d.	12
52	Echardons (les), l.	83
53	Echardons (les), l.	271
54	Echards (les), d.	272
55	ECHASSIÈRES, vge.	106
56	Echaudés (les), d.	287
57	Echaux (les), d.	160
58	Echelets (les), l.	282
59	Echelettes (les), ch. et d.	182
60	Echeloux (les), d.	19
61	Echerolles (les), ch.	114
62	Echiat, d.	275
63	Echos (les), d.	160
64	Eclaine, h.	95
65	Ecloitre, d.	6
66	Ecluse (l'), éc.	61
67	Ecluse (l'), éc.	100
68	Ecluse (l'), ch. et h.	192
69	Ecluse (l'), l.	209
70	Ecluse (l'), d.	215
71	Ecluseaux (les), d.	314
72	Ecoins (les), h.	41
73	Ecole, h.	41
74	Ecossais (les), d.	37
75	Ecossats (les) h.	131
76	Ecouérattes (les), l.	6
77	Ecouteron, vge.	52
78	Ecrevisse (l'), l.	288
79	Ecu (l'), d.	174
80	Ecuelle (l'), l.	150
81	Ecures (les), ch. et d.	65
82	Ecures (les), d.	224
83	Ecurieux (les), h.	279
5184	Edelins (les), d.	114
85	Edelins (les), d.	202
86	Effayes (les), h.	160
87	Effiat, d.	261
88	Efloux, h.	303
89	Egaleries (les), h.	94
90	Egaux (les), m.	6
91	Egaux (les), d.	295
92	Eglantier (l'), d.	272
93	Eglise (l'), vge.	28
94	Eglise (l'), l.	63
95	Eglise (l'), vge	265
96	Eglise (la place de l'), h.	184
97	Egris (les), l.	235
98	Ejagous (les), l.	186
99	Embarras (l'), mét.	226
5200	Embrasses (les), d.	181
1	Embrasses (les), d.	241
2	Emerins (les), h.	311
3	Emeris (les), l.	96
4	Emeris (les), ch. et h.	227
5	Emondons (les), d.	251
6	Emonets (les), d.	237
7	En bas, l.	74
8	Enchaume (le moulin d'), f.	299
9	Enfer (l'), d.	90
10	Enfer (l'), l.	199
11	Enfer (la rue de l'), l.	151
12	Enfer (l'), f.	195
13	Enfer (l'), h.	204
14	En haut, l.	74
15	En haut (domaine d'), d.	231
16	Enregées (les), l.	165

5217 Entremiolle (moulin d'). 19
18 Epalle, h. 6
19 Epalle, m. 64
20 Epalais (les), h. 103
21 Epalais, h. 188
22 Epalais (le grand), d. 148
23 Epalais (le petit), d. 148
24 Eperon (l'), vig. 130
25 Epierres (les), l. 262
26 Epierres (les), d. 297
27 Epigeards (les), h. 234
28 Epignes (les), d. 244
29 Epinasse (l'), d. 61
30 Epinassières (les), h. 56
31 Epinaux (les), d. 227
32 Epine (l'), ch. et d. 2
33 Epine (l'), m. 101
34 Epine (l'), d. 168
35 Epine (l'), l. 216
36 Epinettes (les), l. 130
37 Epinettes (les), l. 179
38 Epineuil, m. 192
39 Epineuls (les), vig. 283
40 Epinglier (l'), l. 160
41 Epinglier (l'), d. 281
42 Epingliers (les), d. 126
43 Epinoux, m. 279
44 Equaloux (les), h. 303
45 Erable (l'), l. 167
46 Erisies, l. 216
47 Ermitage (l'), vig. 208
48 Ermitage (l'), l. 288
49 Eronde (l'), l. 235
50 Erondières (les), l. 83
51 Errier (l'), h. 20
5252 Esbaupins (les), d. 19
53 Escure (l'), h. 278
54 ESCUROLLES, b. 107
55 Espérance (l'), l. 83
56 ESPINASSE, vge. 108
57 Espinasse, l. 148
58 Espinasses (les), l. 149
59 Essart (les), d. 262
60 Essus (les), l. 32
61 ESTIVAREILLES, vge. 109
62 Estrade (l'), m. 228
63 Estrat (l'), d. 174
64 Estrées, d. 168
65 Etaix, l. 169
66 Etang (l'), h. 41
67 Etang (l'), h. 42
68 Etang (l'), l. 49
69 Etang (l'), d. 61
70 Etang (l'), m. et l. 65
71 Etang (l'), d. 87
72 Etang (l'), d. 101
73 Etang (l'), vge. 102
74 Etang (l'), h. 135
75 Etang (l'), l. 174
76 Etang (l'), l. 183
77 Etang (l'), l. 189
78 Etang (l'), d. 215
79 Etang (l'), h. et m. 218
80 Etang (l'), d. 219
81 Etang (l'), l. 232
82 Etang (l'), d. 255
83 Etang (l'), l. 289
84 Etang (le grand), l. 88
85 Etang (le grand), l. 285
86 Etang (le petit), h. 85

5287 Etang aux bés (l'), l. 190
88 Etang bas (l'), d. 119
89 Etang Bonnet (l'), l. 255
90 Etang Boudres (l'), l. 179
91 Etang Chaveau (l'), h. 130
92 Etang Clori (l'), l. 24
93 Etang Cornu (l'), l. 266
94 Etang de la Dame (l'), l. 130
95 Etang de la Planche (l'), l. 132
96 Etang de la Vau (l'), l. 72
97 Etang de l'Éperon (l'), h. 130
98 Etang de Meillers (moulin de l'). 165
99 Etang des Chaumes (l'), l. 191
5300 Etang des Couteaux (l'), l. 216
1 Etang des Fosses (l'), vig. 272
2 Etang des Lis (l'), l. 82
3 Etang des Mares (l'), l. 272
4 Etang du Lac (l'), h. 46
5 Etang Foucher (l'), d. 200
6 Etang Girard (l'), l. 31
7 Etang Jendelin (l'), m. i. 226
8 Etang Magnier (l'), d. 280
9 Etang Margouse (l'), d. 41
10 Etang Martel (l'), d. 295
11 Etang Michelet (l'), vig. 283
12 Etang Nabot (l'), l. 218
13 Etang neuf (l'), l. 33
14 Etang neuf (l'), l. 85
15 Etang neuf (l'), l. 119
16 Etang neuf (l'), f. 150
5317 Etang neuf (l'), ec. 126
18 Etang neuf (l'), l. 279
19 Etang neuf (l'), d. 205
20 Etang Patagon (l'), l. 295
21 Etang Pidoux (l'), l. 64
22 Etang Pontet (l'), l. 262
23 Etang Renet (l'), l. 294
24 Etang Roi (l'), l. 40
25 Etang-Roi (l'), l. 121
26 Etang Roux (l'), l. 90
27 Etang Roux (l'), moul. 141
28 Etangs (les), h. 8
29 Etangs (les), d. 224
30 Etangs Cocus (les), m. for. 46
31 Etangs Colas (les), d. 129
32 Etang Simon (l'), l. 308
33 Etanières (les), l. 12
34 Etelon (l'), vge. 110
35 Etiennes (les), d. 55
36 Etoile (l'), d. 33
37 Etoile (l'), vig. 105
38 Etourneau (l'), l. 3
39 Etourneaux (les), h. 180
40 Etourneaux (les), i. 208
41 Etourneaux (les), h. 232
42 Etroussat, vge. 111
43 Etrangle Loups, d. 83
44 Etrelins (les), d. 132
45 Etroussière, d. 138
46 Euvi, d. 150
47 Euvi, d. 203
48 Evade, l. 32
49 Eveillon. 206

F

5350	Fabrique (la) l.	64
51	Fabrique (la).	85
52	Fagots (les), l.	176
53	Fairon (le), l.	311
54	Falconnière, h.	26
55	Falliers (les), d.	68
56	Faloterie (la), h.	130
57	Fan (le), d.	100
58	Fantaisie (la), l.	34
59	Fanges (les), l.	28
60	Farat (la), h. et m.	246
61	Fardière, (la), h.	56
62	Fareilles, vge.	127
63	Farge, (la), h.	20
64	Fargeat, l.	62
65	Farges (les), d.	248
66	Farges (les bruyères des), l.	248
67	Fariaux, d.	8
68	Farillats (les), vge et t.	127
69	Farinvilliers, d.	182
70	Farnais, d.	160
71	Fat (la), d.	44
72	Fat (la), l.	44
73	Fatet (le), l.	138
74	Fau (le), l.	113
75	Fau (le grand), d.	303
76	Fau (le petit), d.	303
77	Faubretière (la), d.	129
78	Fauchère (la), l.	272
79	Fauconnière (la), ch.	118

5380	Faugeat, d.	5[illegible]
81	Fauquetière (la), d.	19[illegible]
82	Faure (le), h.	[illegible]
83	Faure, l.	11[illegible]
84	Fauvre, m.	3[illegible]
85	Favards (les), f.	12[illegible]
86	Favards (les), h.	23[illegible]
87	Faverot, l.	8[illegible]
88	Favier, d.	[illegible]
89	Favier, d.	[illegible]
90	Favier, d.	10[illegible]
91	Favière, f.	30[illegible]
92	Faviers (les), d. et tuil.	13[illegible]
93	Favre, d.	6[illegible]
94	Favrot, l.	9[illegible]
95	Favri, l. et moul.	31[illegible]
96	Favrotière, d.	12[illegible]
97	Fay (le), h.	
98	Fay (la), d.	3[illegible]
99	Fay, d.	4[illegible]
5400	Fay (la), d.	4[illegible]
1	Fay (la), d.	13[illegible]
2	Fay (moulin de la), d.	13[illegible]
3	Fay (la), d.	14[illegible]
4	Fay (la), f.	14[illegible]
5	Fay (la), d.	10[illegible]
6	Fay (le), d.	214[illegible]
7	Fay (la), h.	248[illegible]
8	Fay, vge.	317[illegible]
9	Fayard (le), m.	156[illegible]
10	Fayards (les), h.	8[illegible]

5111	Fayards (les), d.	138
12	Fayards (les), d.	280
13	Fayauds (les), d.	104
14	Faye (la), h.	20
15	Faye (la), h.	54
16	Faye (la), f.	68
17	Faye (la), d.	70
18	Faye (la), l.	101
19	Faye (la), d.	113
20	Faye (la), d.	128
21	Faye (la), h.	137
22	Faye (la), l.	154
23	Faye (la), d.	175
24	Faye (la), d.	198
25	Faye (la), l.	222
26	Faye (la), d.	223
27	Faye (la), d.	237
28	Faye (la), l.	245
29	Faye (la), ch. et h.	279
30	Faye (la), d.	289
31	Faye, h.	203
32	Faye (la), d.	306
33	Faye Arnaud (la), h.	46
34	Faye Godet (la).	316
35	Faye (la loge de), l.	223
36	Fayère (la), d.	215
37	Fayes (les), h.	87
38	Fayes (les), l.	156
39	Fayes (les), vge.	203
40	Fayes (les), d.	230
41	Fayet, h.	9
42	Fayet, h.	205
43	Fayet, l.	256
44	Fayet (les Rocs), d.	6
5145	Fayette (la), d.	142
46	Fayette (la), l.	169
47	Fayettes (les), d.	101
48	Fayettes (les), f.	225
49	Fayettes (les), d.	260
50	Fayolle (la), h.	80
51	Fayolle (la), h.	243
52	Fayolle (le bas), d.	126
53	Fayolle (le haut), d.	126
54	Fayonnère, l.	294
55	Fayot, l.	129
56	Fayot, vge.	215
57	Fée (la), d.	294
58	Fégeard, h.	103
59	Felge (la), ch. et f.	247
60	Feignoux (le), d.	311
61	Félin, d. et m.	314
62	FELINE (LA), vge.	112
63	Félix, h. et m.	107
64	Femmes (les), l.	202
65	Fénauderie, d.	46
66	Fénote (la), l.	237
67	Fenouillière (la), l.	314
68	Féraude (la), vig.	193
69	Ferdière (la), d.	68
70	Férié, l.	14
71	Ferme (la), h.	80
72	Ferme (la), d.	114
73	Ferme (la), d.	187
74	Fermiers (les), l.	222
75	Fernauds (les), vge.	36
76	Fernins (les), f.	279
77	Ferrand (le), h.	256
78	Ferré, d.	129

5279 Ferrier, m. 8
80 Ferrière, h. 44
81 Ferrière, d. 85
82 Ferrière, d. 180
83 Ferrière (la), d. 173
84 FERRIÈRES, vge. 113
85 Ferrières (les), vge. 190
86 Ferrières de Chamblet (les), l. 49
87 Ferrons (les), f. 129
88 Fers (les), d. 84
89 FERTÉ-HAUTERIVE (LA), vge. 114
90 Fertille (la), l. 279
91 Fessebois, f. 308
92 Fessière (la), l. 131
93 Fêtré (le), h. 142
94 Feu (le), f. 130
95 Feuilhouse (la), d. 164
96 Feuillant (le), l. 307
97 Feuillas (le), d. 86
98 Feuille (la), d. 46
99 Feuille (la), h. 73
5300 Feuille (la), d. 120
1 Feuille (la), h. 180
2 Feuillée d'en bas (la), h. 186
3 Feuillée d'en haut (la), d. 186
4 Feuillée (la), f. 193
5 Feuillée (la), d. 314
6 Feuillée (la petite), d. 314
7 Feuillerouse, d. 31
8 Feuilles (les), l. 175
9 Feuillis (les), d. 11
5310 Feuillon, l. 199
11 Feuillouse (la), l. 23
12 Feuillouse (la), l. 41
13 Feuillouse (la), d. 53
14 Feuillouse (la), d. 89
15 Feuillouse (la petite), f. 89
16 Feuillouse (la), d. 176
17 Feuillouse (la), l. 213
18 Feuillouse (la), l. 295
19 Feuillouses (les), l. 90
20 Feuillouses (les), vig. 179
21 Feuilloux (le), d. 217
22 Feurterie (la), d. 129
23 Feurtil, d. 119
24 Fèvres (les), d. 71
25 Fèvres (les), d. 192
26 Fiats (les), vig. 25
27 Fidèle, m. 84
28 Fief (le), h. 239
29 Fiez (le), h. 58
30 Figouraine, d. 199
31 Fils (le), d. 151
32 Fimorin, d. 151
33 Fin (le), d. 93
34 Fin (la), ch. d. et m. 280
35 Final, l. 131
36 Fin Baron (la), d. 280
37 Finet, d. 269
38 Fins, d. 67
39 Fitodière (la), d. 279
40 Flanderie (la), d. 46
41 Flanderie (la), d. 85
42 Flate, l. 32
43 Fleuret (le), h. 290

5544 Fleuri, l. 284
45 Fleuriel, vge. 115
46 Fleuriel, vge. 127
47 Floquets (les), d. 145
48 Floret, vge. 288
49 Florêts (les), d. 281
50 Flori, l. 152
51 Flori, l. 202
52 Flotte (la), d. 275
53 Flotte (la), h. 291
54 Flotte (la), d. 312
55 Flous (les), l. 183
56 Flous (le), d. 250
57 Fognat, h. 22
58 Foix, l. 138
59 Fol, d. 231
60 Fol Blanc (le), l. 150
61 Folie (la), l. 34
62 Folie (la), l. 85
63 Folie (la), l. 130
64 Folie (la), f. 190
65 Folie (la), l. 260
66 Folie (la), vig. et l. 283
67 Folie (la), l. 290
68 Folins (les), l. 46
69 Fombertaud, f. 108
70 Foncelles (les), d. 306
71 Foncelots (les), vig. 63
72 Fondard, vge. et d. 279
73 Fondeau (le), d. 127
74 Fondellat... (les), d. 62
75 Fondus (les), f. 38
76 Fonglaterie (la), d. 214
77 Font (la), d. 2
5578 Font (la), l. 24
79 Font (la), d. et ch. 32
80 Font (la), h. 70
81 Font (la), f. 117
82 Font (la), d. 122
83 Font (la), f. 136
84 Font (la), h. 173
85 Font (la), h. 240
86 Font (la), d. 267
87 Font (la), d. 275
88 Font (la), l. 279
89 Font (la), l. 296
90 Font (la grand), d. 129
91 Font (grand), l. 183
92 Font (le marais de la), l. 291
93 Font (la vieille), d. 237
94 Fontaine (la), h. 66
95 Fontaine, vge. 77
96 Fontaine (la), l. 167
97 Fontaine des Oeillets (la), h. 234
98 Fontaine du Dard (la), l. 263
99 Fontaines (les), d. 27
5600 Fontaines (les), d. 161
1 Fontaines (les), d. 237
2 Fontaine Saint-Martin (la), l. 168
3 Fontandrauds (les), f. 130
4 Fontarabie, h. 39
5 Fontarbin, d. 136
6 Fontariol, h. 278
7 Fontaubin, f. 150
8 Fontaubin (le petit), l. 150
9 Font aux Loup (la), l. 40

5610 Font Balleirat (la), h. 78
11 Font Baudon (la), l. 133
12 Fontbelle, d. 106
13 Fontbenant, h. 262
14 Font Betard, h. 270
15 Font Betons (les), d. 157
16 Font Bigon (la), l. 182
17 Font Blanche, l. 22
18 Font Blanche, l. 74
19 Font Blanche (la), d. 113
20 Font Bonnat (la), l. 215
21 Font Bonne, h. 128
22 Font Borne (la), d. 22
23 Font bouillant, h. 80
24 Font bouillant, d. 180
25 Font bouillant, d. et vig. 208
26 Font Bourrache (la). 203
27 Font-Brigaud (la), mét. 226
28 Font Camus (la). l. 213
29 Font Carré (la), l. 113
30 Font Chambert (la), d. 189
31 Font Chaussière (la), d. 201
32 Font Claire (la), l. 4
33 Font Claude (la), vig. 99
34 Font Corne, h. 50
35 Font Cornet (la), h. 261
36 Font couverte (la), l. 106
37 Font couverte (la), d. 281
38 Font d'Ambérieux (la), h. 41
39 Font de Chassignol (la), h. 93
40 Font de l'Auge (la), l. 165
5641 Font de la Grange (la), d. 300
42 Font de la Varenne (la), l. 235
43 Font de l'eau, d. 196
44 Font Delin (la), l. 94
45 Font de l'ôme, d. 115
46 Font de Reine (la), l. 168
47 Font de Riau, l. 129
48 Font des Crus (la), l. 237
49 Font des Larrons (la), d. 108
50 Font des Pots (la), l. 94
51 Font Dillon (la), vig. 263
52 Font du Cassiot (la), l. 4
53 Font du Coust (la), l. 45
54 Font du Port (la), f. 58
55 Font du Sureau (la), h. 177
56 Fontenai, d. 2
57 Fontenais (les), d. 22
58 Fontenais, d. 308
59 Fontenelles (les), vig. 233
60 Fontenelles (les), f. 234
61 Fonteuil, ch. et d. 22
62 Fontenille, h. 169
63 Fontenille, d. 208
64 Fontenilles (les), h. 199
65 Font Fable, l. 176
66 Fontfréquent, l. 168
67 Font Frobert, f. 25
68 Fongarnand, d. 176
69 Font Georges, l. 130
70 Font Girard (la), h. 152
71 Fontiau, d. 2
72 Fontibières, f. 90

5673 Fontibiers (les), d. 272
74 Fontignoux, d. 122
75 Fontignoux, l. 105
76 Fontis, d. 128
77 Font Juillot (la), d. 263
78 Font-Lion, l. 56
79 Font Macon, l. 85
80 Font noble, d. et ch. 28
81 Font Parot, h. et bourg. 28
82 Fontpau, d. 118
83 Font Picard (la), l. 120
84 Font-Pigeon (la), h. 28
85 Font-Pilain (la), l. 281
86 Font-Pinot (la), l. 117
87 Font pourrie (la), d. 46
88 Font Pute (la). 270
89 Font Queudre, h. 311
90 Font Rabot (la), d. 102
91 Font Remi, l. 262
92 Font rose, l. 27
93 Font Saint-Clément, d. 108
94 Font Saint-Huile (la), h. 184
95 Font Saint-Jean (la), l. 119
96 Font St-Julien (la), l. 264
97 Font St-Martin (la), d. 168
98 Font St-Maure (la), vig. 99
99 Font Salive, d. et l. 125
5700 Font Sarrasin (la), l. 46
1 Fonts (les), d. 149
2 Fonts chaudes (les), h. 113
3 Font Thomier (la), d. 293
4 Font torte, ch. 177
5 Fonturier, h. 104
6 Font Verne, d. 72
5707 Font Vidèle (la), l. 17
8 Font vieille (la), l. 92
9 Font vieille (la), l. 117
10 Font vieille (la), d. 109
11 Font Vignaud, (la), d. 42
12 Font Violant, d. 233
13 Forestiaux (les), ch. 51
14 Forestière, d. 212
15 Forestière (la), d. 218
16 Forestiers (les), f. 58
17 Forêt (la), h. 6
18 Forêt (la), d. 11
19 Forêt (la), h. 20
20 Forêt (la), l. 42
21 Forêt (la), d. 52
22 Forêt (la), d. 70
23 Forêt (la), h. 73
24 Forêt (la), l. 77
25 Forêt (la), h. 80
26 Forêt (la), m. 86
27 Forêt (la), f. 100
28 Forêt (la), h. 101
29 Forêt (la), h. 113
30 Forêt (la), d. 121
31 Forêt (la), d. 129
32 Forêt (la), d. 131
33 Forêt (la), ch. et t. 138
34 Forêt (la), d. 150
35 Forêt (la), d. 186
36 Forêt (la), d. 191
37 Forêt (la), d. 216
38 Forêt (la), d. 214
39 Forêt (la), h. 216
40 Forêt (la), d. 218

5741 Forêt (la), f. 250
42 Forêt (la), h. et l. 262
43 Forêt (la), d. 262
44 Forêt (la), vge. 277
45 Forêt (la), d. 283
46 Forêt (la), f. 284
47 Forêt (la), d. 296
48 Forêt (la), d. 318
49 Forêt (la petite), f. 155
50 Forêt (la petite), l. 186
51 Forêt Bouer (la), f. 84
52 Forêtille, d. 172
53 Forêts (les), h. 4
54 Forêts (les), d. 17
55 Forêts (les), d. 63
56 Forêts (les), d. 255
57 Forêts (les), f. 257
58 Forettes (les), d. 190
59 Forge (la), l. 23
60 Forge (la), d. 34
61 Forge (la), l. 40
62 Forge (la), l. 165
63 Forge (la), h. 169
64 Forge (la), l. 260
65 Forge (la), f. 266
66 Forge (la), d. 289
67 Forge (la), l. 311
68 Forge (la grande), d. 2
69 Forge (la petite), l. 2
70 Forgeat, d. 199
71 Forges des Joncs (la), l. 308
72 Forgères (les), d. 33
73 Forges (les), d. 45
74 Forges (les), d. 68
5775 Forges (les), ch. et vge. 80
76 Forges (les), d. 88
77 Forges (les), h. 107
78 Forges (les), l. 138
79 Forges (les), vge. 156
80 Forges (les), d. 169
81 Forges (les), d. 172
82 Forges (les), vge. 188
83 Forges (les), l. 190
84 Forges (les), éc. 217
85 Forges (les), h. 254
86 Forges (les), d. 270
87 Forges (les), d. 272
88 Forges (les), h. et l. 275
89 Forges (les), m. et d. 287
90 Forges (les), h. 297
91 Forges (les grandes), d. 88
92 Forges (les petites), d. 88
93 Forges (les petites), d. 117
94 Forges (le Bois des), d. 82
95 Forgette (la), h. 86
96 Forgette (la), d. 274
97 Forme (le grand), d. 129
98 Forme (le petit), d. 129
99 Forme laie, d. 297
5800 Forons (les), d. 309
1 Fort (le), l. 222
2 Forte-Terre (la), l. 179
3 Forte-Terre (la), d. 280
4 Forte-Terre Monnin (la), d. 179
5 Fortes-Terres (les), f. 182
6 Fortiers (les), d. 175
7 Fortourau, l. 166

5876 Four à chaux (le), l. 37
77 Four à chaux (le), l. 84
78 Four à chaux (le), l. 72
79 Four à chaux (le), l. 83
80 Four à chaux (le), d. 129
81 Four à chaux (le), vig. 130
82 Four à chaux (le), l. 170
83 Four à chaux (le), f. 181
84 Four à chaux (le), m. i. 183
85 Four à chaux (le), l. 234
86 Four à chaux (le), l. 237
87 Four à chaux (le), l. 272
88 Four à chaux (le), l. 300
89 Four à chaux (le), l. 304
90 Four à chaux (le), l. 305
91 Four à chaux (le), l. 311
92 Fouranges, h. 44
93 Fouranges, h. 159
94 Fouraton, l. 131
95 Fourchaud, ch. et d. 25
96 Fourchaud, f. 192
97 Fourchaud, d. 193
98 Fourches (les), d. 2
99 Four du Renard (le), d. 10
5900 Fourillat, d. 116
1 Fourreaux, d. 30
2 Fourreaux (les petits), d. 217
3 FOURILLES, vge. 116
4 Fourilles (le château de), h. et ch. 116
5 Fourillette, h. 115
6 Fourillon, l. 40
7 Fourmières (les), vge. 162
5908 Fourneaux (les), vge et ch. 42
9 Fourneaux (les), l. 83
10 Fourneaux (les), d. 219
11 Fourneaux (les), d. 284
12 Fourneaux (les quatre), d. 155
13 Fournet, d. 122
14 Fournet, d. 235
15 Fournier, h. 113
16 Fournier, d. 132
17 Fournier, m. 173
18 Fournières (les), l. 243
19 Fourniers (les), d. 24
20 Fourniers (les), f. 37
21 Fourniers (les), d. 101
22 Fourniers (les), d. 179
23 Fourniers (les), d. 191
24 Fournil (le), h. 148
25 Fours, l. 2
26 Fours (les), h. 8
27 Fours (le champ des), h. 28
28 Fours Bonnets (les), l. 2
29 Fou[illegible], m. 248
30 Fradins (les), d. 113
31 Fradonnière, vge. 44
32 Fragne, ch. 303
33 Fragne (la croix de), h. 303
34 Fragne (la plante de), h. 109
35 Fragni, d. 262
36 Fragni (le grand), vge. 195
37 Fragni (le petit), l. 195
38 Fragnons (les). 189

5939 Fraisonnerie (la), l. 129
40 Franchaise (le grand), d. 212
41 Franchaise (le petit), d. 212
42 FRANCHESSE, vge. 117
43 Franchises (les), vge. 10
44 Francillons (les), l. 172
45 Francs (les), l. 14
46 Franière (la), h. 170
47 Frati, h. 209
48 Frayots (les), h. 14
49 Frechets (les), f. 23
50 Fréchets (les), h. 262
51 Fréchets (les), d. 271
52 Frédemont, d. 75
53 Frédefont, vge. 162
54 Frédeville, d. 208
55 Frédor, l. 54
56 Frédor, l. 169
57 Fregontat, f. 129
58 Frelets (les), l. 126
59 Frelines, vge. 164
60 Frelingants (les), l. 272
61 Frémagnet, d. 120
62 Fréminet, h. 174
63 Frémont (le grand), l. 204
64 Frémont (le petit), d. 204
65 Frêne (le), d. 56
66 Frêne (le), l. 90
67 Frêne (le), l. 114
68 Frêne (le), d. 104
69 Frêne (le), l. 174
70 Frêne (le), d. 184
71 Frêne (le), f. 192
5972 Frêne (le), d. 275
73 Frêne (le), l. 296
74 Frênes (les), d. 312
75 Frenières (les), d. 198
76 Frenière (le grand), f. u. l. 311
77 Frenière (le petit), l. 311
78 Frérets (les), d. 192
79 Fretaise, d. 214
80 Fréti, h. 158
81 Frétière, f. et l. 248
82 Frétille (la), f. 277
83 Friand, l. 32
84 Fribourg (le), d. 201
85 Frilles (les), m. 127
86 Frimbaude (la), l. 192
87 Fringalon, f. 91
88 Frin Galon (Croix). 234
89 Frobert, h. 64
90 Frobert (les bruyères), d. 64
91 Froid (le), d. 132
92 Froid (le), h. 234
93 Froidefont, l. 83
94 Froidequeue, d. 97
95 Fromental, l. 16
96 Fromentalais, d. 107
97 Fromenteau (le), l. 12
98 Fromenteau (le), f. 41
99 Fromenteau, d. 145
6000 Fromenteau, l. 216
1 Fromenteau (le), d. 246
2 Fromenteau (le), d. 248
3 Fromenteau ch. d. et m. 283

6004 Frontenat, vge. 5
5 Frontenot, vge. 214
6 Froumesat, d. 309
7 Froux, m. 9
8 Fublène, d. 140
9 Fublène, l. 308
10 Fugeasse (la), f. 52
11 Fugerins (les), d. 136
12 Fulminais (les), d. 10
6013 Fumat (le), d. 150
14 Fumerelle (la), l. 18
15 Fumerelles (les), vig. 195
16 Fumets (les), d. 163
17 Fumouse (la), h. 160
18 Fumoux (le), vge. 113
19 Furgère, l. 152
20 Furot, d. 203
21 Fusonnière, l. 56

G

6022 Gabelle (la), f. 217
23 Gabets (les), d. 39
24 Gabets (les), h. 278
25 Gabias (les), d. 97
26 Gabisse (la), m. et d. 56
27 Gabisse (la), h. 82
28 Gabliers (les), f. 289
29 Gaboterie (la), d. 248
30 Gabouillat (le), d. 69
31 Gabouillat (le), l. 199
32 Gabouillat (le), l. 288
33 Gabrat, m. 305
34 Gabriats (les), d. 279
35 Gâchat (le), h. 219
36 Gâchons (les), d. 236
37 Gâcon, l. 138
38 Gâcons (les), d. 33
39 Gâcons (les), l. 166
40 Gâcons (les), vge. 169
41 Gadeau (le champ), l. 244
6042 Gadet, h. 132
43 Gadet, d. 227
44 Gadet (loge), d. 132
45 Gadin, ch. 209
46 Gadodière, d. 117
47 Gadon, d. 117
48 Gadon (loge), l. 193
49 Gadot, l. 105
50 Gagères (les), d. 39
51 Gagle (la), l. 31
52 Gagne (la), l. 215
53 Gagne-pain, d. 230
54 Gagnères (les), d. 155
55 Gagneux, d. 99
56 Gagnol, d. 54
57 Gagnolle, l. 129
58 Gagnon, h. 6
59 Gagot, d. 132
60 Gaillante (la), l. 209
61 Gaillard, ch. et f. 27

6062 Gaillard, h. 10
63 Gaillard, h. 106
64 Gaillardin, d. 236
65 Gaillards (les), d. 100
66 Gaillards (les), d. 231
67 Gaillards (les), d. 262
68 Gaillauds (les), l. 299
69 Gaille (la), h. 6
70 Gaille (la), h. 17
71 Gaillots (les), d. 41
72 Gaillots (les), d. 224
73 Gailloux, d. 119
74 Gailloux, m. d'écl. 119
75 Gaise (la), d. 36
76 Gaise (la), d. 46
77 Gaise (la), l. 97
78 Gaisier (le), d. 24
79 Gaises (les), d. 192
80 Gaissiers (les), l. 273
81 Gaitalon, m. et l, 217
82 Gaité (la), l. 126
83 Galais (les), d. 11
84 Galais, d. 25
85 Galanderie (la), l. 216
86 Galandière (la), h. 112
87 Galands (les), l. 61
88 Galands (les), f. 90
89 Galands (les), h. 225
90 Galards (les), d. 129
91 Galerie (la), l. 129
92 Galerauds (les), h. 35
93 Galetas (le), l. 266
94 Galette (la), l. 110
95 Gallet (le), m. 70
6096 Gallet, d. 103
97 Gallets (les), d. 90
98 Galloire, d. 122
99 Gallot, l. 77
6100 Galmins (les), h. 226
1 Galop, d. 2
2 Galop, l. 174
3 Galopier, f. 38
4 Gamachons (les), d. 50
5 Gamins (les), d. 173
6 Gances (les), l. 18
7 Gance Sabot, d. 18
8 Ganches de Vivant (les), d. 61
9 Gandebœuf, m. 294
10 Gandins (les), d. 98
11 Gandins (les), f. 233
12 Gandoings (les), d. 93
13 Gandoux, vgne. 99
14 Gâne (la), l. 104
15 Gâne (la), d. 221
16 Gâne (la), d. 267
17 Gâne (la), d. 276
18 Gâne Battereau (la), l. 104
19 Gannat-sur-Loire, vge. 119
20 Gannat (le grand), d. 119
21 **GANNAT**, ville. 118
22 Ganne (la), h. 60
23 Ganne (la), h. 73
24 Ganne (la), l. 273
25 Ganne (la), f. 275
26 Gannes (les), d. 105
27 Gannes (les), l. 112
28 Ganon, l. 212

6261	Gaulmins (les, d.	174
62	Gaumas (les), d.	90
63	Gaumat (le), d.	212
64	Gaunats (les), l.	129
65	Gaupie (la), l.	34
66	Gausses (les), h.	207
67	Gaut, l.	22
68	Gautiers (les), l.	61
69	Gautiers (les), l.	121
70	Gautiers (les), d.	166
71	Gauthier (loge), l.	262
72	Gauthière (la), d.	46
73	Gauthiers (les), h.	80
74	Gauthiers (les), d.	175
75	Gautrinière, h.	34
76	Gauvin, h.	93
77	Gauvins, (les)	241
78	Gavot, h. d. et m.	220
79	Gavots, (les), d.	3
80	Gayauds (les), d.	192
81	Gayère, d.	196
82	Gayet (l'arbre), h.	102
83	Gayette, h. et hosp.	182
84	Gayot, l.	202
85	Gayots (les), d.	81
86	Gayots (les), h.	171
87	Gayotte, l.	280
88	Gayottes (les), d.	2
89	Geai (le), d.	137
90	Geai (le), d.	217
91	Geais (les), m.	6
92	Geais (les grands), d.	271
93	Geais (les petits), d.	271
94	Gelé (lieu), l.	150
6295	Gelines (les), l.	232
96	Gelinière, d.	129
97	Genat, ch. ruiné.	93
98	Gençai, l.	46
99	Gençai, vge.	279
6300	Gençai (vieux), f.	279
1	Gendards (les), d.	202
2	Gendelins (les), d.	280
3	Gendins (les), d.	55
4	Gendrats (les), vig.	127
5	Gendumet (les), mét.	226
6	Génebrière (la), f.	5
7	Génebrière (la), h.	99
8	Génebrière (la), h.	127
9	Génépicochon, d.	293
10	Génerie (la), l.	61
11	Genéron, d.	31
12	Geneste (la), d.	128
13	Genestes (les), l.	8
14	Genestrolles (les), d.	305
15	Genet, d.	314
16	Génetais (les), l.	94
17	Génetais, l.	120
18	Génetais (les), ch. et h.	150
19	Génetaux, (les), l.	197
20	Genête (la), l.	6
21	Genétrion, d.	168
22	Genets (les), d.	102
23	Genets (les), vge.	285
24	Genettes (les), d.	108
25	Genetu, l.	6
26	Genève (la rue), h.	14
27	Genève, h.	116
28	Genévrier (le), h.	199

6329 Genévriers (les), vge. 115
30 Genévriers (les), d. 157
31 Genévriers (les), d. 217
32 Genévriers (les), f. 278
33 Genévriers (les loges), h. 120
34 Géni, l. 74
35 Génicots (les), l. 4
36 Genièvre, l. 42
37 Génins (les), h. 69
38 Genivres (les), l. 34
39 Genivres (les), d. 117
40 Genivres (les), l. 272
41 GENNETINES, vge. 121
42 Gennetines, vge. 248
43 Génois (les), l. 219
44 Genroux de la Prée (les) d. 110
45 Genroux du Regon (les), d. 110
GENZAT, vge, *voy.* JENZAT. 134
46 Gens du pou (les), h. 200
47 Gent (la), d. 10
48 Gentes (les), d 262
49 Gentets (les), d. 231
50 Genthiaux (les), vge. 203
51 Genthomas (les), d. 237
52 Gentil, h. 160
53 Geoffroy, d. 230
54 Georgeons (les), d. 148
55 Georges (les), d. 176
56 Georges (les), l. 225
57 Georges (les), l. 237
6358 Georges (les), h. 262
59 Georges (les), d. 282
60 Georges (les), h. 309
61 Géranton, h. 6
62 Géranton, h. 40
63 Gérauds (les), d. 61
64 Gerbaud, d. et l. 17
65 Gerbaud, d. 202
66 Gerbes (les), h. 255
67 Gerbille, d. 202
68 Gerbillers (les), d. 32
69 Gerbillers (les), d. 286
70 Gerbon, h. 152
71 Gerbottes (les), h. 90
72 Gerboulon, h. 256
73 Germains (les), d. 56
74 Germains (les), f. 242
75 Germains (les), d. 207
76 Germini, d. 216
77 Gervais (les), d. 23
78 Gibbe (grand), d. 138
79 Gibbe (petit), l. 138
80 Gibbes, d. 101
81 Gibias (pré), vge. 28
82 Gibon (moulin), l. 309
83 Gibons (les), vig. 25
84 Gibourets (les), d. 223
85 Gibourets (les), d. 243
86 Gidon, l. 47
87 Gièse (basse), d. 113
88 Gièse (haute), d. 113
89 Gigauts (les), d. 267
90 Gigonges, d. 180
91 Gilberton, d. 174

6392	Gilberts (les), f.	124
93	Gillardière, d.	284
94	Gillants (les), h.	254
95	Gilets (les), d.	157
96	Gilets (les), d.	180
97	Gillians (les), d.	173
98	Gimberts (les), l.	141
99	Gimel, d.	160
6400	Ginché (le), vge.	283
1	Gipci, vge.	122
2	Gipcière, h.	37
3	Gipciers (les), t.	25
4	Giranton, h.	199
5	Girard, d.	74
6	Girard, d.	221
7	Girardière, d.	6
8	Girardière, d.	220
9	Girards (les), d.	6
10	Girards (les), d.	119
11	Girards (les), d.	191
12	Giraud (le), d.	4
13	Giraud, d.	113
14	Giraud (le ris), l.	209
15	Giraud de la Garde, d.	206
16	Giraudeaux (les), d.	71
17	Giraudelie (la), vge.	219
18	Giraudes (les), h.	269
19	Giraudet (chez), d.	76
20	Giraudière, d.	282
21	Giraudins (les), d.	179
22	Girauds (les), h.	26
23	Girauds (les), d.	32
24	Girauds (les), d.	51
25	Girauds (les), d.	53
6426	Girauds (les), h.	69
27	Girauds (les), h.	153
28	Girauds (les), d.	222
29	Girauds (les), d.	262
30	Girets (les), vge.	134
31	Gironne, vge.	208
32	Girouette (la), l.	138
33	Gisat, h.	50
34	Gissière, vge.	97
35	Gitemus, d.	216
36	Gitenai, d. et m.	209
37	Givardon, d.	149
38	Givarlais, vge.	123
39	Giversat, m. f.	170
40	Givredi, h.	131
41	Givrette, vge.	99
42	Givreuil, d.	25
43	Givri, ch.	37
44	Givrillots (les), d.	114
45	Glabots (les), ch. et d.	14
46	Glacerie (la), fabrique et vge.	180
47	Glacière (la), h.	48
48	Glacière (la), éc.	205
49	Glacis (le), l.	182
50	Glafier, l.	160
51	Glauderie (la), l.	34
52	Glauds (les), d.	46
53	Glauds (les), d.	149
54	Glayeux (le), d.	128
55	Gléné, ch. d. et m.	4
56	Gléné, ch. et d.	269
57	Gobert, d.	316
58	Gobertière (la), d. et m.	263

6459 Godeloup, d. 170
60 Goderie (la), h. 123
61 Godet, moul. 103
62 Godet, h. 130
63 Godet, l. 200
64 Godets (les), d. 172
65 Godets (les), l. 304
66 Godignons (les), h. 123
67 Godignons (les), f. 163
68 Godignons (les), d. 301
69 Godillons (les), d. 18
70 Godin, d. 315
71 Godinière (la), d. 40
72 Godion, l. 62
73 Godronne (la), f. 130
74 Goffinerie (la), d. 220
75 Gognards (les), d. 191
76 Gognauds (les), d. 203
77 Gogris (les), d. 34
78 Goguette, l. 281
79 Goguin (place), l. 288
80 Gomberte, h. 67
81 Gomots (les), vig. 90
82 Gonard (loge), l. 262
83 Gondailli, h. ch. et m. 232
84 Gondeaux (les), ch. et vge. 65
85 Gondoux (les), d. 85
86 Gondoux, h. 248
87 Gonellis (les), d. 168
88 Gonge (le), d. 11
89 Gonge (le), ch. et d. 26
90 Gonge (le), d. et moul. 64
91 Goninet, d. 103
6492 Gonnards (les), l. 14
93 Gonneau, d. 103
94 Gonnets (les), d. 138
95 Gonnot, h. 40
96 Gonons (les), d. 61
97 Gontière, l. 129
98 Gontière (la place de), l. 129
99 Gorbat, d. 27
6500 Goriots (les), l. 34
1 Gorgeon (loge), l. 262
2 Gormins (les), l. 68
3 Gorses (les), l. 12
4 Gosinerie, l. 248
5 Gosinière, ch. et d. 279
6 Gosis (les), f. et ch. 99
7 Gosis (les), d. 215
8 Gosse (la), d. 213
9 Gothes (les), d. 151
10 Gothière, f. 129
11 Gots (les), h. 108
12 Gouard, f. 117
13 Gouats (les), d. 124
14 Gouats (les), vig. 233
15 Gouats (les), h. 295
16 Goubelets (les ouches). 4
17 Goubi, d. 236
18 Goubis (les grands), d. 136
19 Goubis (les petits), l. 136
20 Goudonne (la), d. 205
21 Gouëlat, h. 223
22 Gouérands (les), h. 104
23 Gouet, h. et moul. 160
24 Gouets (les), d. 78
25 Gouets (les), d. 108

6326	Gouffats (les), d.	11
27	Gougeasse (la), l.	40
28	Gougnaux (les), d.	212
29	Gougnaux (les), l.	260
30	Gougnons (les), d.	289
31	Gouillard, vge.	48
32	Gouillat (le), h.	94
33	Gouillat (le), d.	112
34	Gouillat (le), l.	144
35	Gouillat (le), d.	318
36	Gouillat Godin (le), vge.	209
37	Gouillon, l.	64
38	Gouillonnière (la), l.	33
39	Gouillons (les), d.	281
40	Gouise, vge.	124
41	Goujat (le), h.	76
42	Goujonnat, l.	2
43	Goulatiers (les), d.	114
44	Goulenard, l.	221
45	Goulfroid, f.	166
46	Goulonnes (les), d.	148
47	Goumards (les), d.	200
48	Gounaux (les), h.	107
49	Gourands (les), d.	72
50	Gourdonne (la), f.	187
51	Gourgueil, d.	87
52	Gourgueil d'en haut, h.	87
53	Gourinats (les), d.	160
54	Gourjardière, l.	202
55	Gourlier, m.	172
56	Gourliers (les), h.	172
57	Gourlines (les), d.	13
58	Gournaire, l.	6
59	Gournais (les), h.	45
6360	Gournaudes (les), f.	182
61	Gournière (la), d.	173
62	Gournillat, m.	107
63	Gournillon, d.	17
64	Gours, d.	18
65	Gours (louage de), l.	18
66	Gousolle, d.	19
67	Gousolle, d.	36
68	Gousolle, d.	144
69	Gousolle, l.	318
70	Goût (le), h.	95
71	Goutai (le), éc.	217
72	Goutat (le), d.	279
73	Goutaudier, h. et moul.	245
74	Goutelle (la), vge.	313
75	Goutelles (les), d.	102
76	Goutet (le), l.	54
77	Goutet (le), l.	113
78	Goutet (le), d.	169
79	Goutet (le), ch.	214
80	Gouts (les), h.	39
81	Goutte (la), l.	1
82	Goutte (la), h.	6
83	Goutte (la), d.	24
84	Goutte (la), d.	25
85	Goutte (la), h.	79
86	Goutte (la), d.	103
87	Goutte (la), l.	132
88	Goutte (la), l.	137
89	Goutte (la), l.	152
90	Goutte (la), h.	184
91	Goutte (la), h.	196
92	Goutte (la), d.	250
93	Goutte (la), f.	255

6594 Goutte (la), f. 237
95 Goutte (la), l. 269
96 Goutte (la), f. 278
97 Goutte, d. 303
98 Goutte (la grand), l. 222
99 Goutte (la petite), l. 56
6600 Goutte (la petite), l. 68
1 Goutte au Bé (la), l. 254
2 Goutte Barnier (la), l. 160
3 Goutte Birat (la), l. 222
4 Goutte Bornat (la), l. 236
5 Goutte Bouyet (la), l. 23
6 Goutte Bréda (la), l. 160
7 Goutte Brune (la), d. 253
8 Goutte Chassin, (la), l. 209
9 Goutte de Bord, (la). d. 154
10 Goutte d'Enfer ou du Four (la), h. 48
11 Goutte des Bois (la), l. 205
12 Goutte du Bé (la), l. 113
13 Goutte du Brillet (la), l. 70
14 Goutte du Plex (la), d. 302
15 Goutte du Roc (la), h. 30
16 Goutte Etienne (la), l. 6
17 Goutte Georges (la), h. 200
18 Goutteix (les), h. 301
19 Goutte Jean Surot (la), l. 197
20 Goutte Lambert (la), l. 24
21 Goutte Longue (la), h. 247
22 Goutte Lurot (la), vge. 102
23 Goutte More, h. et d. 184
24 Goutte Morte (la), l. 65
25 Goutte Naisin (la), d. 204
26 Goutte Noire (la), l. 48
6627 Goutte Pion (la), l. 64
28 Goutteraux (les), h. 138
29 Goutte Ruet (la), d. 137
30 Gouttes (les), l. 14
31 Gouttes (les), d. 43
32 Gouttes, d. 100
33 Gouttes (les), d. 108
34 Gouttes (les), d. 216
35 Gouttes (les), d. 280
36 Gouttes (les), h. 281
37 Gouttes (les), h. 289
38 Gouttes (les), h. 295
39 Gouttes (les grandes), h. 199
40 Gouttes Bouillots (les), d. 23
41 Gouttes Chavées (les), h. 102
42 Goutte Sous (la), d. 142
43 Gouttes Pommier (les), h. 262
44 Gouttière, d. 230
45 Gouttière, d. 318
46 Gouyet, m. 223
47 Gouyets (les), f. 100
48 Govignons (les), l. 2
49 Govignons (les), d. 179
50 Govignons (les), d. 244
51 Govignons (les grands), d. 272
52 Govignons (les petits), d. 272
53 Goyard, h. 247
54 Goyards (les), d. 47
55 Graçai, h. 248
56 Graillère, d. et f. 145

6657 Grammont, d. 91
58 Grand Bois, vig. 117
59 Grand Champ, h. 22
60 Grand Champ, l. 30
61 Grand Champ, l. 75
62 Grand Champ, (le), d. 186
63 Grand Champ (le petit), l. 272
64 Grand Chemin (loc. du). 182
65 Grand Chemin, l. 205
66 Grand Chemin (la maison du), vig. 283
67 Grand Chemin (le), vge. 318
68 Grand Cosse (la), l. 167
69 Grand Croix (la), l. 204
70 Grand Domaine (le), d. 17
71 Grand Domaine (le), d. 91
72 Grand Domaine (le), d. 269
73 Grand Domaine (le), d. 315
74 Grande Maison (la), d. 149
75 Grand Etang (le), l. 225
76 Grandets (les), d. 260
77 Grand Fi, d. 279
78 Grand Font, d. 117
79 Grand Font (la), f. 233
80 Grand Four (le), d. 305
81 Grand Gour (le), m. 113
82 Grand Grenail, d. 284
83 Grand Jau, vig. 99
84 Grand Jean, h. 132
85 Grand Lieu, h. 193
86 Grand Louis, d. 114
87 Grand Maître (le), l. 64
6688 Grand Maison (la), d. 314
89 Grand Montet (le), d. 77
90 Grand Pièce (la), l. 281
91 Grand Pré (le poteau du), l. 49
92 Grand Puyet (le), d. 260
93 Grand Roche, vge. 285
94 Grand Route (la), h. 227
95 Grand Route (la), h. 206
96 Grand Rue (la), h. 144
97 Grand Ruelle (la), d. 270
98 Grands Barras (les), d. 286
99 Grands Bois (les), d. 247
6700 Grands Bosts (les), l. 33
1 Grands Bouchons (les), l. 137
2 Grands Champs, h. 198
3 Grands Champs, l. 284
4 Grands Pieds (les), h. 205
5 Grands Prés (les), d. 49
6 Grands Prés (les), d. 205
7 Grand Val, f. 43
8 Grand Val (le), f. 177
9 Grand Valet, moul. 245
10 Grand Vau, d. 3
11 Grand Vau, d. 55
12 Grand Vau, moul. 72
13 Grand Vau, d. 127
14 Grand Vau, h. 150
15 Grand Vau, l. 281
16 Grand Vent, d. 127
17 Grand Village (le), 2 h. 232
18 Grand Village (le), h. 234
19 Grand Village (le), h. 270
20 Grange (la), l. 8

6721 Grange (la), d. 39
22 Grange (la), l. 46
23 Grange (la), d. 80
24 Grange (la), f. 95
25 Grange (la), h. 156
26 Grange (la), l. 212
27 Grange (la), h. 280
28 Grange (la), d. 283
29 Grange (la), d. 301
30 Grange (la), f. et m. 315
31 Grange (la basse), h. 76
32 Grange (la grande), h. 163
33 Grange (la haute), d. 76
34 Grange au grain (la), d. 307
35 Grange aux Moines (la), d. 272
36 Grange au Prieur (la), d. 156
37 Grange aux Rats (la), d. 180
38 Grange Auroux (la), l. 169
39 Grange Bardin (la), d. 161
40 Grange Bernard (la), d. 6
41 Grange Bourat (la), f. 264
42 Grange Coupée (la), f. 19
43 Grange Dieu (la), d. 272
44 Grange du Bois (la), d. 244
45 Grange du Pré (la), h. 217
46 Grange du Roi (la), d. 208
47 Grange du Theil (la), d. 217
48 Grange Garaud (la), d. 239
49 Grange Girard (la), h. 93
50 Grange Herbin (la), d. 6
51 Grange Neuve (la), d. 16
52 Grange Neuve (la), h. 52
6753 Grange Perrot (la), d. 185
54 Grange Taillarde (la), d. 207
55 Grange Vernet (la), l. 7
56 Grangeons (les), h. 54
57 Grangeons (les), d. 158
58 Grangère (la), d. 102
59 Grangers (les), vig. 25
60 Grangers Monpertuis (les), f. 25
61 Granges (les), d. 18
62 Granges (les), d. et vig. 25
63 Granges (les), d. 70
64 Granges (les), h. 81
65 Granges (les), d. 82
66 Granges (les), d. 86
67 Granges (les), d. 107
68 Granges (les), d. 123
69 Granges (les), h. 128
70 Granges (les), d. 149
71 Granges (les), d. 190
72 Granges (les), d. 250
73 Granges (les), d. et ch. 275
74 Granges (les), d. 279
75 Granges (les), d. 311
76 Granges Gaudions (les), l. 141
77 Granvillier, d. 262
78 Grapperons (les), l. 219
79 Gras (les), d. 231
80 Grasse-Vache, d. 281
81 Grassots (les), h. 260
82 Grataloux, vge. 281
83 Grateau, d. 235

6784 Gratelet (le), l. 49
85 Gratier, l. 9
86 Gratte bine, h. 234
87 Gratte bine, l. 269
88 Gratte Loup, h. 170
89 Gratte Loup (les), d. 203
90 Gravarre, l. 13
91 Gravats (les), d. 170
92 Grave (la), l. 103
93 Grave (la), ch. et d. 105
94 Grave (la), h. 238
95 Grave (la), ch. et d. 270
96 Grave (la), h. 294
97 Gravelle (la), d. 10
98 Gravelle (la). h. 186
99 Graveron (le), h. 23
6800 Graveron (le), h. 881
1 Graveron (le), d. et m. 269
2 Graveron (le), h. 271
3 Graverons (les), d. 22
4 Graves (les), f. 38
5 Graves (les), d. et l. 43
6 Graves (les), l. 63
7 Graves (les), d. et l. 93
8 Graves (les), h. 123
9 Graves (les), f. 124
10 Graves (les), h. 200
11 Graves (les), d. 204
12 Graves (les), l. 223
13 Graves (les), d. 262
14 Graves de Fontbenant (les), d. 262
15 Graves de Saint-Denis (les), d. 262

6816 Gravette (la), l. 227
17 Gravettes (les), l. 150
18 Gravier (le), h. 93
19 Gravier, l. 137
20 Gravière (la), d. 36
21 Gravière (la), d. 43
22 Gravière (la), d. 84
23 Gravière (la), h. 147
24 Gravière (la), vge. 253
25 Gravière, h. 309
26 Gravières (les), m. et l. 295
27 Graviers (les), d. 204
28 Gravichons (les), d. 135
29 Gravoches (les), vig. 63
30 Gravoches de Saint-Denis (les), l. 262
31 Gravoins (les), l. 41
32 Gravoins (les), d. 169
33 Gré (le), d. 164
34 Gregoulles (les), h. 4
35 Greffier, m. 113
36 Grelat, l. 264
37 Grelet, l. 156
38 Grelets (les), d. 143
39 Grelets (les), f. 235
40 Grelière (la), h. 148
41 Grelière (la), h. 199
42 Grelière (la), f. 247
43 Greliers (les), d. 262
44 Grelins (les), h. 243
45 Grelliers (les), d. 297
46 Grenardière (la), d. 299
47 Grenaud, m. 309
48 Grenaude (la), t. 168

6849 Grenetière (la), d. 46
50 Grenets (les), f. 28
51 Grenets (les petits), l. 28
52 Grenette (la), h. 36
53 Grenier (le grand), d. 154
54 Grenier (le petit), d. 154
55 Grenier, d. 280
56 Greniettes (les), l. 262
57 Grenipille, (la), h. 34
58 Grenons (les), l. 67
59 Grenouillat (le), l. 148
60 Grenouillat (le), l. 174
61 Grenouillat (le), d. 190
62 Grenouille (la), l. 138
63 Grenouillère (la), vig. 109
64 Grenouillères (les), l. 85
65 Grenouilles (les), l. 225
66 Grésat, l. 97
67 Grèses (les), l. 82
68 Greures (les), d. 129
69 Greval, d. 40
70 Grèves (les), l. 83
71 Grèves (les), l. 168
72 Grèves de Corgenai (les), vig. 195
73 Grèves d'en bas (les), l. 83
74 Grèves d'en haut (les), l. 83
75 Gribori, h. 66
76 Gribourittes (les), d. 70
77 Griffé, l. 229
78 Griffet, l. 27
79 Grillats (les), l. 315
80 Grille (la), vig. 94
81 Grille (la), l. 195
6882 Grillère (la), h. 171
83 Grillets (les), d. 11
84 Grillets (les), d. 288
85 Grimaud, h. 6
86 Grimauds (les), d. 296
87 Griotte (la), l. 281
88 Grippet (le), d. 268
89 Gripillons (les), l. 68
90 Gris, m. 190
91 Gris (les), f. 192
92 Gris (les), d. 283
93 Grisiauds d'en bas (les), d. 176
94 Grisiauds d'en haut (les), d. 176
95 Grivats (les), vge. 93
96 Grivaud, d. 172
97 Grivauds (les), d. 204
98 Grivière (la), d. 145
99 Grivière (la), d. 185
6900 Grivolée (la basse), l. 126
1 Grivolée (la haute), vig. 126
2 Grodus, d. et t. 166
3 Groitiers (les), h. 13
4 Grolière (la), d. 129
5 Grolière (la), l. 176
6 Groliers (les), f. 185
7 Gronge, d. 77
8 Grosbois, h. 101
9 Grosbois (le), d. 128
10 Grosbost, l. 168
11 Grosbost, ch. et d. 285
12 Gros Breu (le), l. 232
13 Groseilliers (les), h. 265

6914 Gros Jean, f. 90
15 Gros Jean, d. 296
16 Gros Loup, l. 237
17 Grosse Pierre (la), l. 109
18 Grosse Pierre, l. 248
19 Grosse Tête (la), d. 305
20 Grottes (les), m. 19
21 Groule (le), d. 173
22 Groumeniers (les), d. 78
23 Grousons (les), l. 105
24 Grove (le), l. 160
25 Grullai, l. 237
26 Gué (sur le), h. 46
27 Gué Chervet (le), d. 54
28 Gué de St-Blaise (le), d. 49
29 Gué de Sault (le), d. 20
30 Gué de Sellat (le), h. 162
31 Gué de Sioule (le), d. 81
32 Guédol, d. 127
33 Guédonnière (la), h. 202
34 Guédonnière (la), d. 232
35 Gué du Ponceau (le), l. 293
36 Guégue (le), d. 93
37 Guélaud, l. 232
38 Guéle (la), d. 78
39 Guélerier, d. h. et m. 184
40 Guénanne (la), d. 218
41 Guénaudins (les), f. 38
42 Guénégauds (les), d. 250
43 Guérande, h. 6
44 Guérat (la rue), h. 264
45 Guérats (les), d. 205
46 Guérauds (les), d. 55
47 Guérauds (les), d. et ch. 712
6948 Guérauds (les), d. 225
49 Guéreanne (la), l. 3
50 Guérenne (la), h. 163
51 Guéret (le), d. 54
52 Guéret (le), l. 187
53 Guéret (le), d. et l. 296
54 Guérets (les), l. 20
55 Guérets (les), d. 70
56 Guérichat, l. 77
57 Guérignons (les), f. 309
58 Guérinauds (les), d. 269
59 Guérinot, d. 103
60 Guérins (les), d. 223
61 Guériot, d. 218
62 Guérite (la), l. 111
63 Guerne, l. 296
64 Guernes (les), l. 237
65 Guerrier, h. 160
66 Gués (les), f. 43
67 Gués (les), d. 206
68 Guet (maison du), l. 231
69 Guet (le grand), d. 233
70 Guet (le petit), vig. 233
71 Guette (la), l. 91
72 Gueules (les), d. 272
73 Gueullet (lieu), d. 2
74 Guibœufs (les), vge. 216
75 Guichardots (les), d. 231
76 Guichards (les), d. 173
77 Guichards (les), f. 231
78 Guiche, l. 113
79 Guierche (la), ch. 188
80 Guignardière (la), h. 102
81 Guigne-Chien, d. 232

6982 Guillards (les), d. 157
83 Guillards (les), 2 d. 288
84 Guillaud, l. 231
85 Guillauderie (la), d. 88
86 Guillaudon, d. 238
87 Guillaudons (les), f. 2
88 Guillaumats (les), éc. 207
89 Guillaume (la maison), l. 281
90 Guillaumes (les), vig. 90
91 Guillaumets (les), h. 20
92 Guillaumets (les), d. 266
93 Guillaumière (la), d. 97
94 Guillaumiers (les), h. 115
95 Guillebauderie (la), d. 282
96 Guillemin, l. 113
97 Guilleminats (les), f. 24
98 Guilleminets (les), d. 237
99 Guilleminots (les), d. 114
7000 Guilleminots (les), d. 157
1 Guilleminotte (la), l. 114
2 Guillemins (les), d. 192
3 Guillemins (les), d. 280
4 Guillemots (les), d. 237
5 Guillermie (la), h. 113
6 Guillermière (la), d. 169
7 Guillermins (les), d. 202
8 Guillerots (les), d. 231
9 Guillets (les), d. 260
10 Guillets (les), d. 281
11 Guillins (les), h. 76
12 Guillon, d. 151
13 Guillon, m. 160
14 Guillons (les), l. 23
7015 Guillons (les), d. 231
16 Guillot, h. et m. 48
17 Guillotière (la), vge. 105
18 Guillotière (la), l. 129
19 Guillots (les), d. 44
20 Guillots (les), h. 84
21 Guillots (les), d. 101
22 Guillots (les), l. 149
23 Guillots (les), d. 172
24 Guillots (les), d. 260
25 Guillots (les), d. 280
26 Guilloux (les), m. et h. 168
27 Guinames (les), d. 307
28 Guinard, h. 234
29 Guinards (les), vge 92
30 Guinchoux (le), d. 202
31 Guineberts (les), d. 180
32 Guinetaux (les), l. 203
33 Guinguette (la), d. 64
34 Guinier l. 54
35 Guirodan, l. 40
36 Guiorce (la), d. 23
37 Guis (les), d. 182
38 Guis (les), d. 260
39 Guise (la), h. 227
40 Guitte (la), d. 285
41 Guittonnière, d. 82
42 Guittonnière, d. 216
43 Guittons (les), vge. 31
44 Guittons (les), d. 69
45 Guittons (les), l. 91
46 Guittons (les), d. 237
47 Gutelière (la), h. 247
48 Gutelles (les), d. 160

7049 Guyonnière (la), d. 212
50 Guyonnière (la), d. 257
51 Guyonnins (les), f. 212
52 Guyots (les), l. 170
7053 Guyots (les), d. 170
54 Guyots (les grands), d. 118
55 Guyots (les petits), d. 118

H

7056 Habits (les), d. 34
57 Haies (les), d. 153
58 Haies (les petites), h. 264
59 Haie vive (la), l. 4
60 Halle (la), vge. 79
61 Herbin, m. 64
62 Harpe (l'), h. 7
63 Hasard (le), h. 280
64 Hâte (l'), d. 74
65 Hâtes (les), h. 34
66 Haubois (l'), d. 100
67 Haubrenat (l'), h. 120
68 Haut (l'), h. 106
69 Haut (l'), d. 237
70 Haut Barrieux (le), h. 130
71 Haut des Pierres (le), l. 96
72 Hauterive, d. 100
73 Hauterive, d. 114
74 HAUTERIVE, vge. 128
75 Hauterive, d. 149
76 Hauterive, ch. 231
77 Haute Serre, d. 104
78 Hauteville, f. 293
79 Hay Galart (le), l. 222
80 Haye (l'), l. 14
7081 Hémines (les), d. 267
82 Henri, h. 17
83 Henri, vge. 172
84 Hérards (les), d. 170
85 Hérault (l'), l. 54
86 Héraults (les), d. 112
87 Héraux, d. 132
88 Herbeuf, d. 70
Herculat, vge et moul. *voy.* Reculat. 285
89 HÉRISSON, vge. 126
90 Hermitage (l'), d. et l. 101
91 Hermitage (l'), l. 234
92 Hermitage (l'), d. 270
93 Héronde (l'), l. 216
94 Herviers (les grands), f. 202
95 Herviers (les petits), d. 202
96 Houle, d. 282
97 Hirondelles (les), l. 212
98 Hirondelles (les), l. 289
99 Histoire (l'), l. 83
7100 Hôpital (l'), d. 18
1 Hôpital (l'), d. 34
2 Hôpital (l'), vig. 37
3 Hôpital (l'). 206

I

J

N°	Nom	Page
7159	Jabonnière (la), l.	296
60	Jabots (les), l.	130
61	Jacob, h.	40
62	Jacobs (les), d.	51
63	Jacot, l.	231
64	Jacotte (la), l.	137
65	Jacquards (les), d.	137
66	Jacquelin (la loge), l.	251
67	Jacquelins (les), vig.	63
68	Jacquelins (les), f.	225
69	Jacquelot, m.	127
70	Jacquelots (les), l.	126
71	Jacqueminière (la), l.	34
72	Jacquenerie (la), d.	88
73	Jacques Martin, d.	218
74	Jacquet, l.	6
75	Jacquets (les), vge.	1
76	Jacquets (les), d.	72
77	Jacquets (les), l.	103
78	Jacquets (les), d.	123
79	Jacquets (les), d.	193
80	Jacquets (les), d.	288
81	Jacquinet, d.	313
82	Jacquots (les), d.	191
83	Jacquots (les), d.	225
84	Jactas, vig.	52
85	Jaffière, l.	216
86	Jagat, l.	216
87	Jailles (les), vge.	127
88	Jaillon, d.	40
89	Jaillots (les), d.	72
7190	Jaillots (les), d.	172
91	Jaillots (les), d.	236
92	Jalfretes (les), d.	250
93	Jalet (le), d.	130
94	JALIGNI.	133
95	Jallards (les), h.	73
96	Jalletières (les), d.	254
97	Jallière, d.	12
98	Jallots (les), d.	270
99	Jallus (les), d.	53
7200	Jamais (les), d.	10
1	Jamais (les), d.	86
2	Jambons (les), d.	221
3	Jamet (le), f.	83
4	Jametrie (la), l.	83
5	Jamets (les), d.	239
6	Jandiaux (les), d.	119
7	Jandiaux (les grands), d.	157
8	Jandiaux (les petits), d.	157
9	Jandiots (les), d.	242
10	Jandins (les), f.	283
11	Jandons (les), h.	224
12	Janigons (les), d.	37
13	Jappe Chien, h.	80
14	Jappe Loup, l.	85
15	Jappe Loup, l.	279
16	Jappe Renard, l.	77
17	Jaquelettes (les), l.	32
18	Jaquins (les), h.	301
19	Jarassons (les), h.	5

7220 Jarassons (les), h. 299
21 Jardet, f. 182
22 Jardet, d. 296
23 Jardiers (les), d. 121
24 Jardillais (les), d. 25
25 Jardillat, f. 286
26 Jardilliers (les), vig. 33
27 Jardinats (les), d. 37
28 Jardins (les), l. 82
29 Jardins (les), m. et vig. 126
30 Jardins (les), d. 176
31 Jardins (les), l. 222
32 Jarge, h. 241
33 Jarras (le), d. 215
Jarraux (les), h. 85
35 Jarrets (les), d. 105
36 Jarri, d. 67
37 Jarri, d. 114
38 Jarri, m. 222
39 Jarri, d. 244
40 Jarrie (la), d. 65
41 Jarrie (la), h. 213
42 Jarrie (la), l. 232
43 Jarrie (la), d. 269
44 Jarrie (la), d. 279
45 Jarrie (la grande), d. 289
46 Jarrie (la petite), d. 289
47 Jarrie (la), d. 312
48 Jarries (les), d. 286
49 Jarronnière (la), f. 82
50 Jarrots (les), h. 14
51 Jarrots (les), d. 149
52 Jarrots (les), d. 261
53 Jarrousse (la), r. 174
7254 Jasons (les), d. 33
55 Jassassières, l. 279
56 Jast, l. 113
57 Jauberts (les), d. 20
58 Jauberts (les), h. 256
59 Jaud, l. 114
60 Jauduns (les), l. 279
61 Jaujonnière, d. 82
62 Jaumiers (les), d. 70
63 Jaumiers (les), d. 175
64 Jaunais (le), d. 112
65 Jaunards (les), vge. 78
66 Jauneras (les), d. 128
67 Jaunerie (la), d. 68
68 Jaunet (le), h. 224
69 Jaunet (le), vge. 268
70 Jauni, l. 223
71 Jaunières (les), l. 145
72 Jauninin (chez), h. 221
73 Jaux (les), d. 197
74 Jay (lieu), l. 140
75 Jayère, d. 129
76 Jayots de Barrais (les), d. 17
77 Jayots de Bois (les), h. 17
78 Jean (chez), ch. 40
79 Jeanbruns (les), d. 20
80 Jean Chaud, l. 160
81 Jean Chaume, m. 295
82 Jean de Neure, f. 150
83 Jeandinet, h. 131
84 Jeandoing, m. 318
85 Jeandot, d. 296
86 Jean Durand (les), h. 71
87 Jean Duret (les), h. 297

7288 Jean Mallet (chez), h. 221
89 Jean Martin, d. 24
90 Jean Martin, d. 251
91 Jean Martins (les), h. 146
92 Jeannettes (les), d. 64
93 Jeanrai, d. 237
94 Jeanraquin, l. 188
95 Jean Roi, d. 254
96 Jean Simon, f. 85
97 Jeu, vge. 34
98 Jeu, d. 126
99 Jeu (le), h. 154
7300 Jeu (le), l. et d. 296
1 Jeudi, vig. 195
2 Jeux, d. 266
3 Jiboterie (la), d. 293
4 Jigard, h. 77
5 Jingeon, m. 139
6 Jobelins (les), d. 188
7 Jobergère (le grand), d. 168
8 Jobergère (le petit), d. 168
9 Jobier, d. 2
10 Jobignauds, d. 198
11 Jobins (les), l. 244
12 Jofarderie (la), l. 293
13 Joigneaux (les), f. 85
14 Joigneaux (les), vig. 299
15 Joinier, l. 12
16 Jolan, vge. 93
17 Jolard (les), f. 191
18 Jolis (les), l. 16
19 Jolis (les), h. 191
20 Jolis gars (les), l. 281
21 Jolivet, d. 308
7322 Jolivette, d. et vg. 74
23 Jolivette (la), d. 115
24 Jollets (les grands), h. 138
25 Jollets (les petits), d. 138
26 Jomarie (les), l. 49
27 Jomiers (les), d. 130
28 Jommesson, h. 34
29 Jonard, h. 6
30 Jonard, l. 152
31 Jonat, l. 195
32 Jonc (le), l. 32
33 Jonc (le), l. 296
34 Jonchard, l. 311
35 Jonchat (le), d. 85
36 Jonchats (les), d. 82
37 Jonchère (le), h.
38 Jonchère (la grande), f. 37
39 Jonchère (la petite), vig. 37
40 Jonchère (la), vge. 111
41 Jonchère (la), l. 137
42 Jonchère (la), d. 149
43 Jonchères (les), h. 54
44 Jonchères (les), f. 118
45 Jonchères (les), l. 288
46 Joncs (les), h. 4
47 Joncs (les), d. 61
48 Joncs (les), l. 93
49 Joncs (les), h. 108
50 Joncs (les), l. 115
51 Joncs (les), d. 116
52 Joncs (les), h. 152
53 Joncs (les), d. et m. 199
54 Joncs (les), l. 225
55 Joncs (les), d. 255

7356 Jones (les), d. 297
57 Jones de Brai (les), l. 212
58 Jonet, l. 288
59 Jonin, d. 6
60 Jonin, h. 227
61 Jonon, h. 160
62 Jonon, h. 222
63 Jonzais, d. 314
64 Jordonnats (les). 284
65 Jots (les), h. 260
66 Jouanins (les), l. 272
67 Jouannets (les), d. 251
68 Jouanon (le), d. 209
69 Jouards (les), d. 51
70 Jouards (les), d. 192
71 Jouards (les), d. 278
72 Joubard, l. 11
73 Joubert, h. 6
74 Joudriers (les), m. 257
75 Joules (les), h. 133
76 Jourdain, l. 121
77 Jourdioux, d. 220
78 Jouvidoux, l. 313
79 Jovidoux (les), h. 298
80 Joux, d. et m. 244
81 Joyats (les), d. 166
7382 Joyeux (les), f. 233
83 Juche (la), ch. 318
84 Juche Milan, l. 216
85 Judas, d. 221
86 Judée, d. 119
87 Judets (les), f. 130
88 Juge (le), l. 222
89 Juillat, d. 106
90 Juillet, d. et étang. 4
91 Juillet, l. 32
92 Juin, d. 4
93 Juliard, l. 263
94 Juliat, h. et moul. 87
95 Julien (la loge), l. 262
96 Julienjais (les), l. 203
97 Juliens (les), l. 173
98 Juniais (les), f. 312
99 Juniet, vge. 232
7400 Juniet, m. 232
1 Jurie (la), t. et m. 222
2 Jussat, l. 136
3 Justice (la), h. 85
4 Justices (les), l. 27
5 Justices (les), h. 44
6 Justices (les). 93
7 Justices (les), h. 307

K

7408 Kiriat, m. 118

L

7409 Labourie (le), d. 149
10 Labouriers (les), d. 137
11 Labrie, m. 160
12 Lac (le), h. 30
13 Lac (le), l. 56
14 Lac (le), h. 99
15 Lac (le), l. 117
16 Lac (le), f. 126
17 Lac (le), l. 129
18 Lac (le), f. 150
19 Lac (le), d. 266
20 Lac (le), d. 312
21 Lacets (les), h. 205
22 Lachamp, l. 45
23 Lachamp, h. 187
24 Lachat, l. 199
25 Lachets (les), f. 168
26 Ladoux, h. 309
27 Ladrée, l. 48
28 Lallias, d. 6
29 Lallias, h. 48
30 Lallias, l. 247
31 Lallias, f. 249
32 Lamais, vge. 135
33 Lamens, h. 311
34 Lançais, h. 148
35 Lancelotte, h. 96
36 Lanceron, l. 69
37 Lanceron, d. 288
38 Landas (les), l. 283
39 Landats (les), l. 46
7440 Lande (la), l. 4
41 Lande (la), h. 85
42 Lande (la), d. 164
43 Lande (la), l. 166
44 Lande (la), ch. 212
45 Lande (la), d. 294
46 Landes (les), l. 31
47 Landes (les), vig. 52
48 Landes (les), vge. 302
49 Landes (les basses), h. 302
50 Landes (étang des). 82
51 Landes (les), f. 85
52 Landes (les), l. 145
53 Landes (les), l. 202
54 Landes (les), d. 216
55 Landes (les), d. 217
56 Landes (les), m. forest. 219
57 Landes (les), h. 227
58 Landes (les), m. 253
59 Landes (les), d. 266
60 Landes (les), vge. 293
61 Landes (les), d. 307
62 Landes blanches (les), m. forest. 35
63 Landier, l. 132
64 Landier, d. 190
65 Landois (l'étang), h. 281
66 Landonnière, d. 122
67 Langaudière, f. 241
68 Langean, l. 223
69 Langeron, d. 131

7470 Langeron (le grand), d. 2
71 Langeron (le petit), d. 2
72 LANCI, vge. 136
73 Lanlier, l. 213
74 Larbi, l. 152
75 Lard, d. 227
76 Lardi, m. 223
77 Lares (les), d. 23
78 Larges (les), d. 172
79 Larges (les), h. 205
80 Lari (le), d. 283
81 Larmiers (les), d. 262
82 Lartousat, h. 6
83 Larue (le grand), d. 85
84 Larue (le petit), d. 85
85 Larzat, d. 75
86 Laspière, f. 266
87 Lasset, h. 32
88 Latailles (les), d. et l. 14
89 Latte (la), l. 309
90 Laudemarière, vge. 92
91 Laurent, h. 23
92 Laurent, l. 121
93 Laurent, d. 151
94 Laurents (les), d. et m. 124
95 Laurents (les), h. et m. 209
96 Laurin, d. 88
97 Laurus (les), d. 43
98 Laveaux (les), d. 204
99 Lavin, h. 1
7500 Lavoin, ch. et d. 244
1 Lavoir, l. 62
2 Lazare, h. 289
3 Léchère (la), l. 20
7504 Léchère (la), h. 253
5 Leché, h. 76
6 Léchelle (la), ch. 219
7 Lédi, scierie. 113
8 Léger (la), d. 22
9 Legros (chez), d. 247
10 Leige, f. 62
11 Leige (le grand), d. 150
12 Leige (le petit), d. 150
13 Lenais (les), d. 182
14 LENAX, vge. 137
15 Lenon (les de), l. 137
16 Léon, d. 237
17 Lépaud, ch. et d. 214
18 Lérets (les), h. 69
19 Lérets (les), d. 129
20 Lérets (le grand champ des), d. 179
21 Léri (le), h. 307
22 Lérier, h. 170
23 Leu, vge. 291
24 Leurieux (les), d. 279
25 Leusiau (le), l. 43
26 Lévi, ch. 150
27 Levrault, l. 233
28 Levrette (la), tuil. 126
29 Liabot (le), d. 160
30 Liadot, d. 221
31 Liage, h. 43
32 Liaminerie (la), l. 113
33 Liandais (les), h. 163
34 Liat (le), f. 5
35 Libertrand, h. 106
36 Lichi, d. 119

7537 Licolles (les), d. 46
38 Liencourt (les), l. 32
39 Lière (la), l. 194
40 Lière (la), d. 314
41 LIERNOLLES, vge. 138
42 Lieutenance (la), h. 36
43 Lièvre (le), h. 221
44 Lièvre (le), h. 283
45 Lièvres (les), d. 64
46 Lièvres (les), l. 221
47 Ligne (la), h. 53
48 Ligne (la), l. 129
49 LIGNEROLLES, vge. 139
50 Lignier, d. 113
51 Lignier, l. 227
52 Lignière, d. 32
53 Lignière (le grand), d. 285
54 Lignière (le petit), d. 182
55 Lignières, l. 239
56 Lignières, f. 302
57 Lignières, h. 316
58 Ligondais, vig. 52
59 Ligonnet, d. 64
60 Limace (la), d. 236
61 LIMOISE, vge. 140
62 Limonerie (la), d. 35
63 Linard, d. 164
64 Linard, h. 218
65 Linards (les), f. 38
66 Lingendes, l. 166
67 Lion (le), d. 196
68 Lion d'Or (le), l. 272
69 Lionne (la), l. 94
70 Lions (les), h. 149
7571 Lirots (les), d. 2
72 Lisards (les), d. 176
73 LISOLLE (LA), vge. 141
74 Lissants (les), f. 84
75 Litoux (le village), h. 11
76 Litre (la), h. 94
77 Litres (les), h. 48
78 Litta, l. 113
79 Livernais, l. 200
80 Livrat, d. et ch. 250
81 Livrot (le), d. 165
82 Lizat, l. 74
83 Locaterie neuve (la), l. 47
84 Lodde, d. 204
85 Lodde (Bec de), l. 204
86 LODDES, vge. 142
87 Loddes (les petits), l. 149
88 Lodu, d. 269
89 Loëre (la), d. 2
90 Loëre (la), f. 312
91 Loëre (la grande), l. 311
92 Loëre (la petite), l. 311
93 Loir (le), l. 225
94 Loge (la), l. 12
95 Loge (la), l. 37
96 Loge (la), h. 46
97 Loge (la), l. 101
98 Loge (la), l. 129
99 Loge (la), l. 140
7600 Loge (la), d. 142
1 Loge (la), l. 153
2 Loge (la), l. 160
3 Loge (la), l. 237
4 Loge (la), l. 293

7603 Loge (la), l. 296
6 Loge (la), l. 299
7 Loge (la), h. 303
8 Loge (la), mais. is. 318
9 Loge (le champ de la), l. 279
10 Loge (la grande), d. et vig. 65
11 Loge (la petite), d. 237
12 Loge à Maulat (la), l. 316
13 Loge Baillon (la), l. 138
14 Loge Brunet (la), l. 280
15 Loge Corbet (la), l. 205
16 Loge de Mars (la), l. 137
17 Loge du Garde (la), m. forest. 272
18 Loge Forestier, l. 262
19 Loge Gaucher (la), l. 237
20 Loge Gourdon (la), l. 237
21 Loge Laborde (la), l. 280
22 Loge Laurier (la), l. 237
23 Loge Mauvernai (la), d. 237
24 Loge Mazier (la), l. 237
25 Loge Meilheurat (la), l. 237
26 Loge neuve (la), l. 124
27 Logeons (les), h. 73
28 Loge Prunier (la), d. 297
29 Logère, tuil. et d. 63
30 Logère, h. et ch. 179
31 Logère, l. 247
32 Loges (les), h. 4
33 Loges (les), h. 23
34 Loges (les), l. 32
7635 Loges (les), l. 52
36 Loges (les), l. 61
37 Loges (les), h. 82
38 Loges (les), l. 84
39 Loges (les), d. 86
40 Loges (les), vge. 98
41 Loges (les), l. 100
42 Loges (les), d. 124
43 Loges (les), l. 132
44 Loges (les), h. 178
45 Loges (les), h. 191
46 Loges (les), h. 215
47 Loges (les), l. 237
48 Loges (les), h. 251
49 Loges (les), d. 274
50 Loges (les), h. 281
51 Loges (les), l. 282
52 Loges (les), d. 288
53 Loges (les), d. 290
54 Loges (les), d. 294
55 Loges (les), d. 297
56 Loges (les), l. 308
57 Loges (les grandes), d. 317
58 Loges (les petites), l. 317
59 Loges Boudeaux (les), l. 205
60 Loges Boutier (les), h. 237
61 Loges Coutant (les) h. 237
62 Loge verte (la), l. 117
63 Logis (le), ch. et d. 22
64 Logis (les petits), h. 283
65 Lombet, l. 55
66 Lomet, l. 89
67 Longbost (le), d. 5
68 Longe (la), vge. 145

7669 Longe, l. 221
70 Longeais (les), d. 25
71 Longe du Bois (la), l. 301
72 Longe Prée, d. 192
73 Longeron, l. 229
74 Longeron, l. 270
75 Longerons (les), l. 67
76 Longerons (les), f. 80
77 Longevergne, h. 5
78 Longeville, d. 36
79 Longeville, d. 97
80 Longeville, d, 165
81 Longlaigue, h. 68
82 Longnon, d. 210
83 Longris (les), d. 49
84 Longues Aires, l. 179
85 Longueville, d. 260
86 Longuichard, vig. 179
87 Longuyon, d. 232
88 Longré, h. 38
89 Lonière, l. 6
90 Lonzai, d. 29
91 Lonzat (le), d. 133
92 Lonzat (le), vge et ch. 155
93 Lonzat, l. 263
94 Lorbert, d. 290
95 Lorotte, l. 308
96 Lorigeons (les), d. 212
97 LORIGES, vge. 143
98 Lorinats (les), f. 253
99 Lormont, d. 166
7700 Lorraine, d. 20
1 Lorrains (les), d. 237
2 Lot, f, 29
7703 Lothier (la), d. 103
4 Lotte, l. 223
5 Louage, l. 72
6 Louage blanc (le), l. 204
7 Louage brulé (le), l. 226
8 Louage de Mesle (le), mét. 226
9 Louageries (les), h. 143
10 Louatière, l. 34
11 Loubatière, d. 250
12 Loubière, h. 251
13 Loubières (les), l. 108
14 LOUCHI-MONTFAN, vge. 144
15 Loue (la), d. 180
16 Loue (la), d. 304
17 Louis, d. 15
18 Louisards (les). 211
19 Louisot (lieu), d. 34
20 Loulier, d. 132
21 Loulière, l. 6
22 Loup (le), vig. 283
23 Loup (le petit), l. 175
24 Loup Pendu (le), l. 14
25 Lourdine, l. 27
26 Lourdi, vge. 302
27 LOUROUX-BOURBONNAIS, vge. 145
28 LOUROUX DE BEAUNE, vge. 146
29 LOUROUX DE BOUBLE, vge. 147
30 LOUROUX HODEMENT, vge. 148
31 Lourtioux, f. 314

7732 Louteaux (les), d. 16
33 Louteaux (les), ch. et d. 74
34 Louteaux (les), h. 295
35 Louviers (les), d. 205
36 Loyons (les), l. 236
37 Loyons (les). 262
38 Loze, d. 70
39 Lozets (les), d. 36
40 Lubiat, d. 296
41 Lubié, h. 199
42 Luçai, ch. 2
43 Luçai (le petit), d. 2
44 Luçai, moul. 214
45 Lucenai-en-Vallée, d. 121
46 Lucenat, d. et moul. 314
47 Lucots (les), d. 24
48 Lucque (la), d. 241
49 Ludin, d. 106
50 Luminaire (la), l. 129
51 Luminaire (la), l. 216
52 Luminet, h. 6
7753 Luminet (les loges), h. 6
54 Lune (la), d. 32
55 Lune (la), d. 74
56 Luneau, vge. 149
57 Lunette, d. 78
58 Lurat, d. 39
59 Luratière, d. 311
60 Lurci, vge. 149
61 LURCI-LÉVI, b. 150
62 Lurons (les), d. 39
63 Lusigni, vge. 151
64 Lustière, d. 142
65 Luth (le), anc. ch. 309
66 Lutras (les), h. 224
67 Luzet, h. 128
68 Luzet, d. 147
69 Lyon, moul. et d. 127
70 Lyonnais, l. 150
71 Lyonne, ch. 78
72 Lys (le), d. 38
73 Lys (les), vig. 130

M

7774 Mâchelon (le), h. 187
75 Machuré (loge), l. 262
76 Machuron, l. 90
77 Maçon, d. 152
78 Maçon, h. 227
79 Madard, d. 40
80 Madeleine (louage de), l. 18
81 Madeleine (la), chap. 93
7782 Madeleine (la), h. 100
83 Madeleine (la), vig. 127
84 Madeleine (la), d. 129
85 Madeleine (la), h. 215
86 Madeleine (la), m. f. 282
87 Madets (les), l. 278
88 Ma foi, l. 90
89 Mageons (les), l. 16

7854 Maison Blanche (la), l. 16
55 Maison Blanche (la), h. 158
56 Maison Blanche (la), d. 166
57 Maison Blanche, l. 179
58 Maison Bleue (la), m. i 226
59 Maison Brûlée (la), l. 90
60 Maison Brûlée (la), d. 186
61 Maison Brûlée (la), vig. 195
62 Maison Brûlée (la), d. 205
63 Maison Brûlée (la), l. 209
64 Maison Brûlée (la), l. 279
65 Maison Brûlée (la), d. 307
66 Maisonde Plaisance, r. 60
67 Maison du Bois (la), m. is. 155
68 Maison Dubois, quartier. 184
69 Maison du Chemin de fer (la), éc. 314
70 Maison du Roc, l. 23
71 Maison Forest, éc. 235
72 Maison Forestière, hab. de garde, éc. 15
73 Maison Giraud (la), h. 184
74 Maison Jeune (la), l. 2
75 Maison Mathieu (la), d. 166
76 Maisonnette (la), l. 66
77 Maisonnette de la route (la), m. is. 283
78 Maisonnette de la Souche (la), l. 314
79 Maisonnette du Moutier (la), éc. 24
80 Maison Neuve, h. 8
7881 Maison Neuve (la), d. 9
82 Maison Neuve (la), d. 12
83 Maison Neuve (la), l. 13
84 Maison Neuve, l. 15
85 Maison Neuve, l. 17
86 Maison Neuve (la), d. 18
87 Maison Neuve (la), d. 30
88 Maison Neuve (la), l. 34
89 Maison Neuve (la), d. 38
90 Maison Neuve, d. 40
91 Maison Neuve (la), d. 43
92 Maison Neuve (la), l. 46
93 Maison Neuve (la), l. 51
94 Maison Neuve, d. 52
95 Maison Neuve, d. 65
96 Maison Neuve (la), d. 69
97 Maison Neuve (la), d. 74
98 Maison Neuve (la), d. 77
99 Maison Neuve (la), d. 83
7900 Maison Neuve (la), d. 85
1 Maison Neuve (la), l. 97
2 Maison Neuve (la), d. 103
3 Maison Neuve (la), h. 104
4 Maison Neuve (la), l. 114
5 Maison Neuve (la), f. 118
6 Maison Neuve (la), d. 130
7 Maison Neuve, d. 132
8 Maison Neuve, l. 138
9 Maison Neuve, l. 150
10 Maison Neuve (la), l. 160
11 Maison Neuve (la), l. 163
12 Maison Neuve (la), d. 168
13 Maison Neuve (la), h. 171
14 Maison Neuve (la), d. 172

7915 Maison Neuve (la), ch. et d. 173
16 Maison Neuve, l. 176
17 Maison Neuve (la), l. 179
18 Maison Neuve (la), d. 202
19 Maison Neuve (la), d. 209
20 Maison-Neuve, l. 211
21 Maison-Neuve, d. 221
22 Maison Neuve, h. 222
23 Maison Neuve (la), mét. 226
24 Maison Neuve (la), l. 231
25 Maison Neuve (la), l. 233
26 Maison Neuve (la), ch. 246
27 Maison Neuve (la), l. 247
28 Maison Neuve, l. 248
29 Maison Neuve (la), d. 254
30 Maison Neuve (la), l. 262
31 Maison Neuve (la), d. 262
32 Maison Neuve, l. 269
33 Maison Neuve, l. 270
34 Maison Neuve (la), l. 272
35 Maison Neuve (la), d 281
36 Maison Neuve (la), vig. 283
37 Maison Neuve, l. 294
38 Maison Neuve (la), l. 296
39 Maison Neuve (la), f. 312
40 Maison Ronde (la), l. 231
41 Maison Rosière (la), l. 166
42 Maison Rouge (la), d. 16
43 Maison Rouge (la), vig. 37
44 Maison Rouge (la), d. 43
45 Maison Rouge (la), l. 50
46 Maison Rouge (la), l. 60
7947 Maison Rouge (la), d. 70
48 Maison Rouge, l. 85
49 Maison Rouge, ec. 93
50 Maison Rouge (la), d. 108
51 Maison Rouge (la), d. 110
52 Maison Rouge (la), vig. 126
53 Maison Rouge (la), d. 151
54 Maison Rouge (la), h. 153
55 Maison Rouge (la), d. 155
56 Maison Rouge, l. 179
57 Maison Rouge, d. 181
58 Maison Rouge, vig. 195
59 Maison Rouge, l. 202
60 Maison Rouge, l. 229
61 Maison Rouge (la), l. 231
62 Maison Rouge (la), d. 235
63 Maison Rouge (la), d. 263
64 Maison Rouge (la), l. 272
65 Maison Rouge, h. 276
66 Maison Rouge (la), l. 288
67 Maison Rouge (la), l. 306
68 Maisons (les), h. 10
69 Maisons (les), d. 104
70 Maisons (les), d. 237
71 Maisons (les), h. 285
72 Maisons brûlées (les), h. 114
73 Maisons Neuves (les), f. 16
74 Maisons Neuves (les), l. 41
75 Maisons Neuves (les), l. 111
76 Maisons Rouges (les), d. 199
77 Maisons Rouges (les), d. 208
78 Maître, ch. et d. 165
79 Maître Jean (le), d. 119

7980 Maîtres (les), d. 115

81 Maladerie (la), vig. 264

82 Maladrerie (la), h. 250

83 Malakoff, d. 227

84 Malards (les), vig. 90

85 Malassis, d. 18

86 Malatrait, d. 250

87 Malatret, h. 222

88 Malavaux (les), l. 93

89 Malavaux (les Bas), d. 168

90 Malavaux (les Hauts), d. 168

91 Mal-bâtie (la), l. 11

92 Maleforêt, m. 8

93 Malefosse, d. 164

94 Malemouche, f. 59

95 Malenau (grand), d. 74

96 Malenau (petit), d. 74

97 Malenauts (les), d. 283

98 Malengoux, h. 106

99 Malentrée (la), d. 104

8000 Malerai, d. 12

1 Malerée (la), d. 230

2 Maleret, d. 5

3 Malet (loge), l. 9

4 Malet, l. 150

5 Maletaverne, h. 135

6 Malette, l. 27

7 Malettes (les), d. 190

8 Malfait, l. 90

9 Malférat, d. 112

10 Mal garnie (la), h. 47

11 Mal garnis (les), h. 101

12 Malechère, d. 82

13 Malicorne, l. 63

8014 Malicorne, d. 99

15 MALICORNE, vge. 154

16 Malicorne, d. 282

17 Maline (la), l. 264

18 Malissats (les), d. 148

19 Malivain, l. 174

20 Mallet, l. 311

21 Mallets (les grands), d. 129

22 Mallets (les petits), d. 129

23 Mallets (les), d. 266

24 Mallochets (les), l. 82

25 Mallochets (les), d. 148

26 Mallot, h. 160

27 Malonière, d. 27

28 Malouez, d. 280

29 Maltière, d. 122

30 Maltière, h. 169

31 Maltrier, d. 102

32 Malvas, h. 212

33 Malvau, d. 53

34 Malvau (louage), l. 100

35 Malvau (la tuilerie de). 127

36 Malvau, d. 151

37 Malvegniés (les), d. 293

38 Manche (la), h. 150

39 Mandais (les), h. 3

40 Mandets (les), h. 218

41 Mandot, d. 132

42 Mandran, h. 127

43 Mandron (la), l. 60

44 Manherbe (le petit), d. 256

45 Mangonnette (la), d. 275

46 Manillière (la), h. 209

47 Mans (le), d. 22

8110 Marcoing, d. 190
11 Marcons (les), d. 121
12 Marcots (les), d. 23
13 Marcu, f. 263
14 Mardelle (la), moul. 240
15 Mardons (les), d. 151
16 Mardoux, d. 32
17 Mare (le grand), d. 32
18 Mare (le vieux), d. 32
19 Mare (la), l. 209
20 Maréchaude (la), h. 108
21 Maréchauds (les), h. 33
22 Maréchauds (les), h. 101
23 Maréchauds (les), d. 132
24 Maréchauds (les), h. 187
25 Maréchauds (les), l. 192
26 Maréchauds Neufs (les), f. 192
27 Marées (les), d. 153
28 Margeat, f. 117
29 Margeat, moul. 248
30 Margots (les), h. 105
31 Margougneaux (les), d. 195
32 Marguilliers (les), h. 149
33 Marguillons (les), f. 25
34 Mariancard, d. 213
35 Marias (les), d. 117
36 Mariatte (la), h. 293
37 Maridet (chez), h. et m. 6
38 Maries (les), f. 38
39 Marigny, vge. 157
40 Marignon, d. 180
41 Marignon, l. 190
42 Marin, h. et m. 199
8143 Marin, moul. 316
44 Maringots (les), d. 71
45 Mariniers (les), d. 237
46 Marionnats (les), h. 70
47 Mariol, vge. 158
48 Marioles (les), h. 302
49 Mariots (les), l. 102
50 Maris (les), d. 117
51 Marlières (les), h. 80
52 Marlinat, vge. 298
53 Marmagne, d. 41
54 Marmagne, d. 97
55 Marmenaille, d. 311
56 Marmenaille (petit), d. 311
57 Marmettes (les), l. 161
58 Marmes (les), d. 287
59 Marmignolles, vge. 96
60 Marmin, d. 234
61 Marminières, l. 12
62 Marminotte, l. 114
63 Marmont, l. 22
64 Marmot, moul. 30
65 Marnat, h. 270
66 Maron, l. 117
67 Marondière, d. 97
68 Maronniers (les), h. 183
69 Marquet, d. 199
70 Marqueterre, étang. 4
71 Marquetous (les), ch. et d. 133
72 Marquisat (le), d. 16
73 Marquisat (le), d. 200
8174 Marquisat (le), h. 213
75 Mars, d. 121

8176 Marseigne, vge. 133
77 Marsin, h. 46
78 Marsin, d. 66
79 Marsolle (la), d. 73
80 Marsolle (la), d. 300
81 Marsolles (les), l. 275
82 Martel, d. 6
83 Martellière (la), f. 155
84 Martilli, h. 19
85 Martilli, d. 311
86 Martin, h. 6
87 Martin, d. 11
88 Martin, h. 152
89 Martin, l. 202
90 Martin, d. 222
91 Martinans (les), h. 106
92 Martinant, d. 138
93 Martinat, d. 90
94 Martinat, l. 115
95 Martinatière (la), d. 145
96 Martinet, h. 222
97 Martinets (les), l. 164
98 Martinets (les). 315
99 Martinets Carriaux (les) h. 24
8200 Martinges, vge. 23
1 Martinière (la), d. 35
2 Martinière, t. 137
3 Martinière, d. 160
4 Martinière (la), d. et m. 199
5 Martinière (la), h. 219
6 Martinière, h. 279
7 Martins (les), l. 16
8 Martins (les), l. 101
8209 Martins Blancs (les), f. 84
10 Martis (les), vge. 276
11 Martot, h. 217
12 Martouret, vig. 123
13 Martrai (le), d. 18
14 Martrai (le), l. 213
15 Martraud, l. 271
16 Marzat, vge et ch. 318
17 Mas (le), m. et d. 6
18 Mas (le), d. 22
19 Mas (le), d. 63
20 Mas (le), d. 64
21 Mas (le), d. 70
22 Mas (le), l. 141
23 Mas (le), h. 156
24 Mas (le), m. 156
25 Mas (le), ch. 208
26 Mas (le), h. 228
27 Mas (le), ch. et d. 276
28 Mas (le), h. 278
29 Mas (le), d. 285
30 Mas (le grand), d. 215
31 Mas (le petit), l. 215
32 Mas (le petit), d. 278
33 Mas (les), d. 146
34 Mas (les), h. 217
35 Masan, m. 307
36 Masardière, d. 222
37 Masbillon (le), d. 117
38 Maseau (le), h. 20
39 Maseau (le), d. 253
40 Maseau (le grand), d. 29
41 Maseau (le grand), f. 82
42 Maseau (le petit), d. 29

8243 Maseau (le petit), d. 82
44 Maseau (le petit), d. 148
45 Maseliers (les), f. 281
46 Maselle, d. 132
47 Masellers (les), l. 80
48 Maserat, vge. 223
49 Masère, vge. 162
50 Masère, l. 218
51 Maserie (la), f. 312
52 MASERIÉ, vge. 161
53 Maserolle (la), d. 210
54 Mases (les), d. 112
55 Maset (le), h. 106
56 Masières, ch. et f. 39
57 Masières (les), d. 190
58 Masioux, h. 113
59 Masioux (scierie de), m. 245
60 MASIRAT, vge. 162
61 Masotin, l. 40
62 Masou, l. 6
63 Massant, l. 76
64 Massats (les), d. 237
65 Masse, h. 167
66 Masseret, l. 130
67 Masseton, d. 26
68 Massin, l. 216
69 Masson, l. 247
70 Massonnats (les), vge. 279
71 Massonnet, h. 113
72 Massue (la), d. 173
73 Matagot (le), d. 103
74 Matelot (chez), h. 6
75 Matelots (les), vig. 23
76 Matelots (les), d. 264

8277 Matère, d. 193
78 Materée (la), ch. 272
79 Materée (la grande), d. 272
80 Materée (la petite), d. 272
81 Mathé, d. 9
82 Mathés (les), d. 18
83 Mathés (les), l. 33
84 Mathés (les), d. 121
85 Mathiaux (les), d. 260
86 Mathonats (les), d. 194
87 Mathonats (les), d. 266
88 Mathonnière, f. 145
89 Mathurins (les), d. 297
90 Matichard, h. 113
91 Matilots (les), f. 312
92 Matinats (les), h. 203
93 Matissant, d. 280
94 Mativin, l. 199
95 Matonnière, h. 220
96 Matras (les), d. 133
97 Matras, d. 239
98 Matrats (les), h. 142
99 Mâtres (les), d. 17
8300 Maubette (la), l. 111
1 Mauchalon, h. 187
2 Mauchamp, d. 118
3 Maugaret, d. 8
4 Maugaret, m. et l. 54
5 Maugarnie (la), d. 4
6 Maugenest, d. 132
7 Mauguins (les), d. 71
8 Mauguins (les), d. 192
9 Maumegnots (les), l. 137
10 Maupas (le), d. 81

8377 Melleret, h. 101
78 Mellier (le), d. 150
79 Mellière, d. 276
80 Ménade (la), h. 156
81 Ménager, l. 62
82 Ménards (les), d. 72
83 Ménat, d. 190
84 Ménerolle, f. 273
85 Ménevaux, d. 190
86 Méniau (le), h. 156
87 Ménichamps (les), d. 305
88 Ménières (les grandes), d. 101
89 Meniers (les), ch. et f. 247
90 Menitroux (les), d. 127
91 Menus (les), d. 33
92 Menutons (les), h. 201
93 Mérats (les), d. 316
94 Mercier, l. 51
95 Merciers (les), h. 43
96 Merciers (les grands), d. 114
97 Mercurol, vge. 105
98 Merci, vig. 24
99 Merci, vig. 130
8100 Merci, vge. 166
1 Méri (le), h. 67
2 Méri (le), h. 76
3 Méri (le), h. 99
4 Méri (le), l. 162
5 Méri (le), d. 210
6 Méri (le), d. 215
7 Méri (le), d. 266
8 Méri (le), l. 282
9 Mérigat (le), d. 309

8410 Mérin (le), d. 64
11 Méris (les), d. 112
12 Méris (les), d. 115
13 Mérite (le), l. 114
14 Merlande (la), d. 39
15 Merlande (la), d. 46
16 Merlassière (la), l. 274
17 Merlatière (la), d. 46
18 Merlatière, d. 117
19 Merlaude (la), h. 125
20 Merlauds (les), h. 278
21 Merle (le), d. 6
22 Merle (le), f. 234
23 Merlerie (la), vge. 79
24 Merlerie (la), d. 128
25 Merles (les), l. 55
26 Merles (les), 192
27 Merlière (la), d. 205
28 Merlières (les), f. 149
29 Merlin, l. 152
30 Merlin, d. 199
31 Merlins (les), d. 175
32 Merlon, h. 45
33 Merlon, h. 79
34 Merlon, l. 80
35 Merlot, h. 247
36 Mérolle, l. 122
37 Merviel (le), h. 156
38 Mésamblin, h. 150
39 Mésangi, vge. 207
40 Meschatin (le grand), d. 272
41 Meschatin (le petit), d. 272
42 Mescles, d. 282
43 Mesilles, d. 239

8444 Mesle, f. et moul. 226
45 Meslier (le), d. 129
46 Mesples, vge. 167
47 Messagon, d. 151
48 Messarges, éc. 165
49 Messarges, h. 272
50 Métairie (la), f. 247
51 Métairie (la), d. 254
52 Métairie basse (la), m. d'éclusier. 188
53 Métairie basse (la), l. 294
54 Métairie haute (la), h. 183
55 Métairie Neuve (la), d. 239
56 Métairies (les), d. 82
57 Métairies (les), d. 167
58 Méténerie (la), h. 191
59 Méténerie (la), l. 141
60 Méteneries (les), f. 49
61 Météneries (les), l. 237
62 Météneries (les), l. 289
63 Méténier, l. 129
64 Métiers (les), d. 237
65 Meuble (le), ch. 18
66 Meulières (les), l. 233
67 Meunier (le), d. 64
68 Meunier (le), l. 176
69 Meunier (le), d. 227
70 Meunière, h. 93
71 Meuniers (les), d. 154
72 Meuniers (les), d. 260
73 Meuniers (les), l. 297
74 Meusi (le), l. 245
75 Miallet, l. 105
76 Miards (les), h. 204
8477 Miarte (la), l. 77
78 Mi-Bonnet, d. 283
79 Mic, f. 302
80 Micand, d. 155
81 Micaudière, d. 168
82 Micauds (les), l. 18
83 Michalet, d. 232
84 Michards (les), d. 201
85 Michauds (les), d. 6
86 Miche (la), vig. 38
87 Michées (les), d. 192
88 Michel Duret, d. 34
89 Michelins (les), d. 53
90 Michet (les), h. 146
91 Michet, f. 247
92 Michon (le moulin), d. 177
93 Michon (le), moul. 203
94 Michonnats (les), d. 52
95 Midi (le), l. 129
96 Midi (le), l. 216
97 Midi (le), d. 247
98 Miez (les), d. 262
99 Mignance (la), d. et ch. 168
8500 Mignance (la), d. 288
1 Mignard, v. 113
2 Mignauds (les), d. 192
3 Mignonnets (les), d. 149
4 Mignons (les), d. 297
5 Mijarnier, d. 175
6 Milandeaux (les), l. 234
7 Milandeux, h. 3
8 Milandrant, d. 235
9 Milatière, tuil. 101
10 Mille hommes, d. 32

8311 Millepertuis, d. 130
12 Milles (les), d. 12
13 Millets (les), h. 36
14 Millets (les), d. 72
15 Millets (les), d. 100
16 Millets (les), d. 121
17 Millets (les), l. 121
18 Millets (les), tuil. 205
19 Millets (les), d. 224
20 Millets d'en bas (les), d. 250
21 Millets d'en haut (les), d. 250
22 Millets (les), d. et f. 234
23 Milliard, h. 264
24 Milliens (les), d. 297
25 Milliers (les), d. 280
26 Millottes (les), l. 34
27 Mimis (les), h. 236
Mimonerie (la), d. 35
voy. Limonerie (la).
28 Mimorins (les), d. 150
29 Mimorins (les), d. 192
30 Minarde (la), l. 288
31 Minards (les), d. 15
32 Minards (les), d. 25
33 Minards (les), d. 51
34 Minards (les), h. 69
35 Mindot (lieu), d. 308
36 Mine (la), vig. 37
37 Mine (la), h. 102
38 Mine (la), h. 176
39 Mine (la), m. is. 187
40 Minerai (le), loc. 262
41 Minères, vge. 254
42 Miners, h. 199
8343 Minesert, f. 140
44 Minets (les), d. 69
45 Mineurs (les), d. 133
46 Mingot, f. 122
47 Mingues (les), l. 55
48 Minier, h. 64
49 Minière (la), d. 122
50 Minière (la), l. 311
51 Miniers (les), ch. d. et m. 247
52 Minoderie (la), l. 131
53 Minons (les), d. 150
54 Miquels (les), d. 90
55 Mirabeau h. 41
56 Mirabel, d. 255
57 Mirabelles (les), d. 58
58 Mirambelle, h. 50
59 Miraude, l. 121
60 Micomps, h. 278
61 Mire (le), d. 43
62 Mirebeau, l. 120
63 Mirebeau, ch. et f. 287
64 Mirebeau, ch. et vge. 303
65 Mirgois, d. 191
66 Mirolet, d. 27
67 Misère (la), l. 57
68 Miseris (les), d. 100
69 Miserolle (la), h. 213
70 Mistadins (les), l. 69
71 Mistolles (les), d. 34
72 Mitier, l. 296
73 Mitiers (les), d. 119
74 Mitiers (les), d. 138
75 Mitonnière (la), d. 126

8576 Mitrat, d. 131
77 Mits (les), h. 196
78 Mitte (la), d. 211
79 Mivoie (la), d. 116
80 Mivoie (la), d. 250
81 Modé, h. 64
82 Modère, d. 97
83 Moelières (les), d. 313
84 Moinards (les), d. 45
85 Moineau, l, 288
86 Moine (le), l. 23
87 Moine (le), l. 262
88 Moine (le), l. 296
89 Moinerie d'en bas (la), d. 267
90 Moinerie d'en haut (la), l. 267
91 Moines (les), h. 137
92 Moines (les), d. 151
93 Moines (les), d. 159
94 Moirat (le), d. 275
95 Moladier, f. 25
96 Molanchats (les), d. 61
97 Molanchats (le tureau des), d. 236
98 Molard, moul. 27
99 Molet, d. 119
8600 Molets (les), l. 272
1 Molifet, d. 316
2 MOLINET, vge. 168
3 Molissards (les), d. 309
4 Mollard, d. 232
5 Molle, l. 60
6 Molle (la rue), h. 61
7 Molles (les), d. 10
8608 Molles, l. 113
9 MOLLES, vge. 169
10 Molles (les), d. 201
11 Molles (les), l. et tuil. 225
12 Mollets (les), f. 29
13 Momiers (loges), l. 230
14 Momins (les), d. 106
15 Monat, l. 113
16 Monbraux, l. 163
17 Monceau (le), l. 248
18 Monceau (le grand), d. 2
19 Monceau (le petit), d. 2
20 Monceaux, d. 45
21 Moncelat, d. 170
22 Moncelet, l. 46
23 Monchoix, h. 41
24 Monciant, h. 40
25 Monciant, l. 103
26 Monciau (le), l. 191
27 Monciau (le), h. 225
28 Monciau (le grand), d. 34
29 Monciau (le petit), l. 34
30 Mondadon, d. 262
31 Mondelet (le), d. 5
32 Mondet, d. 4
33 Mondins (les), d. 23
34 Mondois, h. 214
35 Mondri, vge. 97
36 Mondrugeon, d. 194
37 MONESTIER, vge. 170
38 MONÉTAI-SUR-ALLIER, vge. 171
39 MONÉTAI-SUR-LOIRE, vge. 172

8640 Mongadon, l. 88
41 Mon Gardin, d. 36
42 Mon Gardin, h. 247
43 Mongon, h. 22
44 Mongon, ch. et d. 218
45 Mongoux, d. 72
46 Monicaud, d. 152
47 Monimes (les), vig. 195
48 Monins (les), d. 197
49 Monins (les), d. 203
50 Monjai, d. 191
51 Monjournal, h. 264
52 Monnaie (la), d. 224
53 Monnerie (la), d. 237
54 Monnet (le), d. 58
55 Monnet, l. 270
56 Monnet (le), d. 288
57 Monnets (les), d. 168
58 Monnets (les), d. 296
59 Monniers (les), d. 113
60 Monnins (les), h. 80
61 Monnins (les), d. 114
62 Monnot, l. 40
63 Monots (les), d. 69
64 Monouses (les), h. 1
65 Monoux (le), h. 76
66 Monoyeux (les), d. 137
67 Mon Plaisir, vig. 37
68 Mon Plaisir, d. 53
69 Mon Plaisir, h. 96
70 Mon Plaisir, l. 100
71 Mon Plaisir, l. 199
72 Mon Plaisir, d. 200
73 Mon Plaisir, l. 230
8674 Mon Plaisir, d. 262
75 Mon Plaisir, l. 288
76 Monpré, l. 18
77 Monrevoir, l. 299
78 Mont (le), d. 46
79 Mont (le), vge. 79
80 Mont (le), h. 117
81 Mont (le), h. 120
82 Mont (le), d. et ch. 129
83 Mont (le), h. 139
84 Mont (le), d. 148
85 Mont (le), h. 151
86 Mont (le), d. 156
87 Mont (le), d. 215
88 Mont (le), ch. et h. 275
89 Mont (le), d. 277
90 Mont (le), d. 279
91 Mont (le), d. 280
92 Mont (le), d. 285
93 Mont (le), d. 306
94 Montagne (chez), d. 32
95 Montagne (la), l. 237
96 Montaigubt, vge. 173
97 Montaigu-le-Blin, vge. 174
98 Montaigut, h. 83
99 Montaigut (les), d. 306
8700 Montais (le), h. 39
1 Montais (le), h. 99
2 Montais, vge. 213
3 Montais (les), d. 259
4 Montais (les), h. 267
5 Montalimbert, d. 233
6 Montaloyer, d. 290

8707 Montandraud, d. 45

8 Montanon, h. 44

9 Montaret, d. 272

10 Montassiégé, d. 190

11 Montat, d. 18

12 Montats (les), vge. 316

13 Montauban, f. 19

14 Montauban, l. 56

15 Montauvin, l. 76

16 Montavant (le grand), h. 123

17 Montavant (le petit), h. 123

18 Montbarnier, d. 190

19 Montbatterie, moul. 87

20 MONTBEUGNY, vge. 175

21 Montbillon, d. 257

22 Montbrien, f. 131

23 Montbrient, d. 257

24 Montbrigon, f. 28

25 Montbris, d. 129

26 Montbuisson, l. 74

27 Montceau, h. 285

28 Montcel (le), d. 257

29 Montcenoux, f. 314

30 Mont Chabris, vge. 79

31 Mont Chenin, d. 72

32 Mont Chenin, d. 126

33 Mont Chenin, l. 173

34 Mont Chenin, l. 199

35 Mont Chenin, f. 283

36 Mont Chenins (les), vig. 38

37 Mont Chereux, l. 218

38 Mont Chevrier, d. 188

8739 Mont Choisi, f. 73

40 Montclavet (le), l. 186

41 Montclavet, d. 250

42 MONTCOMBROUX, vge. 176

43 Mont Coquier, h. 171

44 Mont Corbon, h. 186

45 Mont Coulon, d. 165

46 Mont Courtais, h. 180

47 Mont Couyoux, h. 106

48 Montcuin, f. 198

49 Mont David (le), h. 105

50 Monte à Peine, l. 34

51 Monte à Peine, l. 55

52 Monte à Regret, l. 262

53 Montèche, d. 192

54 Montée (la), l. 36

55 Montée (la), f. 38

56 Montée (la), h. 46

57 Montée (la), d. 60

58 Montée (la), l. 83

59 Montée (la), h. 101

60 Montée (la), l. 284

61 Montée (la), l. 289

62 Montée aux Lièvres (la), l. 272

63 Montée des Vignes (la), l. 314

64 Montée du Loup (la), h. 58

65 Montée du Vin (la), d. 64

66 Montée Merlin (la), l. 283

67 Montée Perdrix (la), vig. 283

68 Montée Péron (la), vig. 195

69 Montée Rouge (la), l. 218

70 Montefin, l. 218

8771 Montégut, vig. 193
72 Monteignet, d. 43
73 MONTEIGNET, vge. 173
74 Monteil (le), h. 204
75 Monténiers (les), d. 4
76 Monteniers (les), d. 297
77 Montet (le), d. 6
78 Montet (le), d. 64
79 Montet (le), vge. 167
80 Montet (le), h. 214
81 Montet (le), h. et f. 223
82 Montet (le), d. 268
83 Montet (le), d. et l. 126
84 MONTET-AUX-MOINES (LE), ville. 178
85 Montets (les), h. 98
86 Montfan, f. et m. 144
87 Montfou, d. 121
88 Montfraichis (les), h. 30
89 Montfroid, l. 6
90 Mont gaché, d. 73
91 Mont Gachier, h. 96
92 Mont Garnaud, f. 195
93 Mont Garni, l. 126
94 Mont Garni, d. 294
95 Mont Gason, d. 137
96 Mont Georges, d. 68
97 Mont Georges (le petit), h. 68
98 Montgiffre, d. 104
99 Mont Gilbert, d. 115
8800 Monthomier, d. 86
1 Montifaut, h. 136
2 Montifaut, d. 165
8803 Montifaut, vig. 264
4 Montifaut, l. 271
5 Montifaut, d. 288
6 Montignat, h. 203
7 Montigni, d. 39
8 Montigni, vge. 171
9 Montigni, d. 190
10 Montillards (les), d. 151
11 MONTILLI, vge. 179
12 Montinard, l. 14
13 Montjonnière, d. 235
14 Mont Jouant, h. 316
15 Mont Journal, d. 17
16 Montleau, f. 195
17 Montlebet, d. 20
18 Montledoux, d. 175
19 Montliauds (les), d. 312
20 Montlieu, l. 34
21 Montlieu, h. 277
22 Montlobier, f. 34
23 Mont Loubet, l. 295
24 MONTLUÇON, ville. 180
25 Montluisant, d. ~~69~~ 59
26 Montmalard, d. 37
27 Mont malin, l 61
28 Montmaraud, l. 131
29 MONTMARAUD, ville. 181
30 Montméraud, d. 296
31 Montmiant, h. 109
32 Montmolins, l. 244
33 Montmorillon, d. 6
34 Montmort, d. 223
35 Montmouche, d. 83
36 Montmurier, d. 104

8837 Montoldre, b. 182
38 Montolin, h. 286
39 Monton, vge. 183
40 Montourmentier, d. 172
41 Montpassé, vge. 63
42 Montpensin, f. 144
43 Montperoux, vge. 236
44 Mont Pertuis, d. 17
45 Mont Pertuis, vge. 36
46 Mont Pertuis, h. 307
47 Mont Plaisant, l. 68
48 Montprefaix, h. 63
49 Mont Robert, vge. 7
50 Mont Roc, l. 7
51 Mont Rocher, d. 104
52 Mont Rochet, l. 244
53 Mont Rognon, d. 106
54 Mont Roi, vge. 52
55 Mont Rousset, h. 112
56 Mont Rousset, d. 297
57 Montru, l. 172
58 Monts (les), d. 138
59 Monturière (la), h. 279
60 Montvernet, d. 232
61 Montvernet, d. 316
62 Montvic, b. 184
63 Montvrin, h. 193
64 Moquerie (la), d. 70
65 Morais (les), d. 25
66 Morand, vge. 8
67 Morandes (les), h. 49
68 Morands (les), d. 43
69 Morands (les), d. 86
70 Morantins (les), l. 174
8871 Morat, d. 131
72 Morats (les), h. 93
73 Morceraud, d. 121
74 Moreau, d. 237
75 Moreaux (les), h. 14
76 Moreaux (les), d. 224
77 Moreaux (les), d. 51
78 Moreaux (les), d. 55
79 Moreaux (les), d. 121
80 Moreaux (les), d. 131
81 Moreaux (les), d. 157
82 Moreaux (les), h. 171
83 Morel, vge. 6
84 Morel (Pont), d. 6
85 Morel, l. 40
86 Morel, l. 132
87 Morel, m. 217
88 Moreliers (les), d. 133
89 Morelle, moul. 158
90 Morelles (les), f. et ch. 14
91 Moret (chez), d. 221
92 Morets (les), d. 174
93 Morets (les), d. et l. 61
94 Morgat, moul. 14
95 Moriaud, l. 51
96 Moriaux (les), d. 280
97 Moricauds (les), d. 70
98 Morignat, d. 107
99 Morillons (les), d. 205
8900 Morillons (les), d. 271
1 Morillons (les), d. 312
2 Morin, d. 64
3 Morin, h. 103
4 Morin, h. 222

8973 Motte Chaudron (la), l. 174
74 Motte Chési (la), l. 74
75 Motte Culin (la), l. 93
76 Motte d'Arçon (la), f. 300
77 Motte de Brout (la), d. 41
78 Motte Molle (la), d. 40
79 Motte Monnet (la), l. 78
80 Motte Mourgon (la). 227
81 Motte Varenne, l. 2
82 Motte-Verger (la), l. 318
83 Mottes (les), d. 153
84 Mottets (les), d. 149
85 Mop, mét. 226
86 Mouche (la), d. 138
87 Mouche (la), vig. 230
88 Mouche à miel (la), l. 10
89 Mouchon (paturail), l. 174
90 Mouilleaux (les), h. 204
91 Mouillère (la), h. 44
92 Mouillère (la), d. 46
93 Mouillère (la), f. 117
94 Mouillère (la), d. 294
95 Mouillère (la grande), d. 12
96 Mouillère (la petite), d. 12
97 Mouillères (les), d. 34
98 Mouillères (les), d. 145
99 Mouillères (les), d. 229
9000 Mouillères (les), l. 270
1 Mouillères, l. 280
2 Mouillers (les), h. 163
3 Mouillettes (les), l. 231
4 Moulards (les), d. 106
5 Moulauds (les), l. 287
9006 Moule (la), d. 149
7 Moule (le), d. et l. 161
8 Moulicots (les), l. 51
9 Moulin (le), h. 23
10 Moulin (le), d. 58
11 Moulin (le), m. 116
12 Moulin (le), l. 145
13 Moulin (le), d. 173
14 Moulin (le), d. 199
15 Moulin (le), d. 223
16 Moulin (le), m. 235
17 Moulin (le), m. 261
18 Moulin (le grand), l. 46
19 Moulin (le petit), l. 112
20 Moulin (le petit), f. 315
21 Moulin (le vieux), l. 174
22 Moulin à vent (le), h. 93
23 Moulin à vent (le), f. 100
24 Moulin à vent (le), l. 129
25 Moulin à vent (le), vig. 130
26 Moulin à vent (le), mét. 237
27 Moulin à vent (le), l. 278
28 Moulin Berlet (le), l. 202
29 Moulin Boudet (le), d. 108
30 Moulin Brulé (le), m. 26
31 Moulin Brulé (le), l. 34
32 Moulin Brulé (le), l. 44
33 Moulin Burat (le), h. 263
34 Moulin Chereux (le), vig. 38
35 Moulin de Fragne (le), l. 29
36 Moulin de Gris (le), m. 180
37 Moulin de la Rivière (le), m. 163

9038 Moulin de Montvernet, l. 247
39 Moulin d'en haut (le), m. 158
40 Moulin des Bruyères (le). 131
41 Moulin des Joncs (le), l. 234
42 Moulin des Menlers (le), f. 247
43 Moulin Dieu (le), éc. 50
44 Moulin du Bois (le), l. 244
45 Moulin du Lion (le), l. 237
46 Moulin du Mas (le), h. et m. 163
47 Moulin du Milieu (le), m. 14
48 Moulin du Pin (le), m. 205
49 Moulin du Vent (le), l. 146
50 Mouline (la), moul. 311
51 Moulinet, d. 22
52 Moulin Jolivet (le), loc. 156
53 Moulin Masan, l. 42
54 Moulin Mercier (le), m. 139
55 Moulin Moennal, d. 234
56 Moulin Montant (le), l. 18
57 Moulin Néni (le), l. 156
58 Moulin Neuf (le), m. 11
59 Moulin Neuf (le), h. 63
60 Moulin Neuf (le), l. 97
61 Moulin Neuf (le), m. 113
62 Moulin Neuf (le), m. et l. 137
63 Moulin Neuf (le), m. 223
64 Moulin Neuf (le), m. 234
65 Moulin Neuf (le), d. 283
66 Moulin Neuf (le), m. 308
9067 Moulin Pérard (le), l. 8
68 Moulin Pierre (le), l. 113
69 Moulin Pointu (le), d. 73
70 Moulin Prunet (le). 157
71 Moulin Renaud (le), l. 126
72 Moulin Renon (le), f. 275
73 Moulins (les), m. 28
74 Moulins (les), m. 40
75 Moulins (les), l. 90
76 Moulins (les), l. 104
77 Moulins (les), l. 146
78 **MOULINS**, ville. 165
79 Moulins (les), m. 190
80 Moulins (les), vig. 208
81 Moulins (les), d. 250
82 Moulins (les), d. 263
83 Moulins (les), f. 277
84 Moulins (les), m. et l. 310
85 Moulin Vaque (le), d. 295
86 Moullois (les), d. 101
87 Mouraille (la), l. 12
88 Mourat (la), d. 244
89 Mourat (la), d. 236
90 Mourgon, m. et l. 152
91 Mousat, l. 34
92 Mouselat, h. 318
93 Mousière, l. 307
94 Mousliene, l. 221
95 Moussais, h. et d. 223
96 Moussais (le petit), d. 223
97 Mousse (la), l. 34
98 Mousse (la), d. 193
99 Mousseau (le), f. 67
9100 Mousseau (le), f. 297

9101	Mousseaux (les), d.	186
2	Mousseluts (les), f.	103
3	Mousserin, d.	6
4	Mousserin, l.	64
5	Mousserin, h.	209
6	Mousset, l.	150
7	Mousset, f.	164
8	Mousset, d.	9
9	Moussets (les), d.	37
10	Moussets (les), f.	90
11	Moussière (la), h.	113
12	Moussière (la petite), d.	113
13	Moussin (le), l.	186
14	Moussons (les), h.	125
15	Moussons (les), d.	229
16	Moussot, d.	164
17	Moutat (le), d.	89
18	Moutet (le), d.	40
19	Moutet (le), d	132
20	Moutier (le), f.	24
21	Moutier (le), vge.	281
22	Moutiers (les), d.	288
23	Mouthière (la), f.	217
9124	Mues (les), d.	39
25	Muette (la), h.	204
26	Mules (les), l.	75
27	Murailles (les grandes), d.	110
28	Murailles (les petites), d.	110
29	MURAT, vge.	186
30	Murat, h.	263
31	Murat (le), d.	273
32	Murat, h.	294
33	Murat, moul.	306
34	Muratons (les), h.	82
35	Muratons (les), l.	145
36	Mures (les), l.	64
37	Mures (les), l.	113
38	Mures (les), d.	136
39	Muret, d.	169
40	Muriers (les), l.	261
41	Murs du Temple (les), h.	43
42	Mursin, h.	46
43	Musard, d.	64
44	Mutiaux, l.	60

N

9145	Naconnes (les), h.	231
46	NADES, vge.	187
47	Nafour, f.	259
48	Nage (la), h.	52
49	Nalère, h.	6
50	Naluchets (les), éc.	129
9151	Nanci, f.	264
52	Nantigni, d.	39
53	Nantilles (les), h.	94
54	Nantillière, h.	286
55	Nardière, d.	27
56	Nargout, m.	8

9222 Neverdière (le petit), d. 139
23 Niagnes (les), d. 87
24 Nicauds (les), vge. 180
25 Nielards (les), d. 251
26 Nicolas, f. 84
27 Nicolas (chez), f. 237
28 Nicolet, l. 227
29 Nid de Geai (le), l. 34
30 Nid de Merles (le), l. 88
31 Nières (les), d. 22
32 Nigauds (les), d. 46
33 Nigeras, l. 73
34 Nigotière (la), d. 46
35 Ninérolle, d. 194
36 Ninerolle, d. 311
37 Ninous (les), d. 282
38 Nioloup, l. 114
39 NISEROLLES, vge. 196
40 Nisière (la), l. 15
41 Nisière (la), d. 11
42 Nisons, d. 244
43 Nivière, l. 54
44 Noailli, m. 92
45 Noailli, ch. et d. 152
46 Noblets (les), d. 24
47 Noblets (les), f. 84
48 Noblin, l. 308
49 Noc, vge. 197
50 Nodonne (la), l. 85
51 Noël Bois, d. 150
52 Noire (la), l. 18
53 Noire Terre, d. 222
9254 Noirs (les), h. 111
55 Noisettes (les), f. 244
56 Noix (les), vig. 63
57 Noix (les), ch. et d. 90
58 Noix (les), h. 220
59 Noix (les), vge. 250
60 Noix (les), d. 272
61 Nomard, d. 97
62 Nomasi, h. 185
63 Nomont, d. 115
64 Nonettes (les), d. 257
65 Nonetton, h. 163
66 Nord Vent, m. 98
67 Noriatte (la), l. 85
68 Noriaux (les), d. 150
69 Normands (les), d. 288
70 Notre-Dame des Prés, h. 93
71 Notre-Dame du Bois de Sou, d. 190
72 Noue (la), d. 11
73 Noue (la), d. 205
74 Noue (la), l. m. is. 226
75 Nourissats (les), d. 51
76 Nousilliers (les), d. 314
77 NOYANT, vge. 197
78 Noyer, h. 146
79 Noyer Froid, l. 229
80 Noyers (les), f. 122
81 Nulles (les), l. 271
82 Nusil, vge. 244
83 Nusil (le grand), d. 244

O

9284 Obrats (les), d. 51
85 Odenins (les), d. 24
86 Odiles (les), vig. 195
87 Odilons (les), d. 166
88 Odilons (les), d. 283
89 Odins (les), h. 204
90 Odonins (les), mét. 226
91 Odris (les), h. 91
92 Oies (les), m. 21
93 Oies (les), d. 56
94 Oiseau (l'), h. 258
95 Oiseau (l'), d. 239
96 Oiseau (l'), l. 288
97 Oiseau (le grand), d. 112
98 Oiseau (le petit), d. 112
99 Oiseaux (les), d. 225
9300 Olagnier, d. 160
1 Olagnons (les), d. 307
2 Olières (les), d. 113
3 Olive (l'), h. 100
4 Onresat, h. 52
5 Ombre (l'), h. 279
6 Ombret (l'), d. 137
7 Opéra (l'), l. 231
8 Orangerie (l'). 91
9 Orceri (l'), d. 216
10 Ordins (les), d. 121
11 Origni, ch. d. et vig. 195
12 Orillat (l'), d. 232
13 Oris (les), d. 67
14 Orléans, d. 113
9315 Orléat, d. 237
16 Orme (l'), d. 32
17 Orme (l'), h. 36
18 Orme (l'), h. 67
19 Orme (l'), h. 73
20 Orme (l'), d. 99
21 Orme (l'), l. 221
22 Orme (l'), d. 250
23 Orme (l'), h. 264
24 Orme (l'), d. 290
25 Orme (le coin de l'), d. 229
26 Orme (la rue de l'), h. 77
27 Ormes (les grands), d. 213
28 Ormes (les petits), d. 213
29 Ormet (l'), d. 292
30 Ormière (l'), h. 215
31 Ors (les), m. et l. 317
32 Orvalet, d. 151
33 Oscambre (l'), rue et pl. 50
34 Oserains (les), d. 175
35 Osières (les), d. 130
36 Ouche (l'), d. 38
37 Ouche (l'), f. 82
38 Ouche (l'), f. 107
39 Ouche (l'), d. 179
40 Ouche (l'), vge. 208
41 Ouche du Bost (l'), h. 181
42 Ouche Chauvet (l'), d. 142
43 Ouche Fort (l'), d. 232
44 Ouches (les), d. 267

P

9102 Paire (la), d. 315
3 Paires (les grands), h. 56
4 Paires (les petits), d. 56
5 Paires (les), d. 186
6 Paires (les), d. 191
7 Paires (les), d. 212
8 Pajan, d. 113
9 Pajer, sc. 113
10 Pajot, l. 162
11 Pal (le), f. et t. 231
12 Palabost, d. 91
13 Palais (le), d. 102
14 Palais-Royal (le), l. 138
15 Palais (vieux), m. is. 210
16 Palancher, l. 130
17 Palansin, d. 266
18 Palaquins (les). 182
19 Palayon, d. 41
20 Palbost, d. 103
21 Palbost, d. 202
22 Palie (la), l. 204
23 Palissards (les), d. 54
24 Palisse (la), h. 148
25 Palisse (la), vig. 103
26 **PALISSE (LA)**, ville. 199
27 Palisse (le grand), d. 188
28 Palisse (le petit), d. 188
29 Palisserie (la), d. 46
30 Pallards (les), d. 210
31 Pallauds (les), d. 86
32 Palle (la), d. 215
33 Palle (la), h. 291
34 Palles (les), h. 274
35 Palleteau (le), l. 234
9136 Pallevesin, d. 300
37 Pallière, l. 31
38 Pallière, h. 197
39 Pallière (petit), l. 31
40 Palois (le), l. 199
41 Palonnière, d. 317
42 Paloudes (les), d. 272
43 Paltras (les), h. 250
44 Palue (la), h. 30
45 Paluet, faubourg. 230
46 Pancarte (la), l. 223
47 Panessière, ch. et d. 121
48 Panétrise (la), l. 173
49 Panier Siclé (le), l. 150
50 Panloue, h. ch. et f. 130
51 Panloue (la chaume de), vig. 130
52 Papelottière, vge. 44
53 Papeterie (la), h. 82
54 Papeterie (la), us. 93
55 Papeterie (la), us. 301
56 Papillonnerie (la), h. 85
57 Papillons (les), l. 149
58 Papillons (les), d. 225
59 Papillons (les), d. 281
60 Papon, h. 6
61 Papon, h. 199
62 Papon, l. 247
63 Paponnats (les), d. 260
64 Papote (la), m. 3
65 Paput (les), h. 8
66 Paquet, d. 51
67 Paquette (la), h. 34
68 Paquiers (les), d. 176

9535	Passevite, h.	101
36	Passot, l.	65
37	Passot, q.	184
38	Passot, vig.	308
39	Passou, f.	90
40	Passou, l.	262
41	Pastansol, l.	174
42	Patache (la), l.	27
43	Patache (la), m.	297
44	Patin (loge), l.	262
45	Patins (les), d.	100
46	Patouillère, l.	4
47	Patouillet (le), m.	256
48	Patoux, d.	18
49	Patoux, h.	100
50	Patri, f.	195
51	Patron, d.	247
52	Patru, d.	46
53	Paturail (le), vig.	67
54	Paturail (le), d.	69
55	Paturail (le), d.	75
56	Paturail (le), h.	92
57	Paturail (le), d.	170
58	Paturail (le), h.	252
59	Paturail (le vieux), h.	56
60	Paturaux (les), f.	140
61	Paturaux (les), h.	217
62	Paturaux (les), d.	279
63	Paturaux (les), d.	295
64	Paula (le), d.	85
65	Paulette (la), h.	184
66	Pauliat (le grand), h.	285
67	Pauliat (le petit), h.	283
68	Pauline (la), f.	190
9569	Pauvrets (la), d.	307
70	Pavé (le).	3
71	Pavé (le), d.	180
72	Pavé (le champ du), l.	244
73	Pavillon (le), d.	14
74	Pavillon (le), l.	16
75	Pavillon (le), d. et ch.	23
76	Pavillon (le), l.	24
77	Pavillon (le), vig.	25
78	Pavillon (le), f.	38
79	Pavillon (le), l.	39
80	Pavillon (le), m. f.	46
81	Pavillon (le), d.	51
82	Pavillon (le), h.	56
83	Pavillon (le), d.	59
84	Pavillon (le), h.	64
85	Pavillon (le), d.	82
86	Pavillon (le), d.	111
87	Pavillon (le), l.	114
88	Pavillon (le), l.	126
89	Pavillon (le), d.	143
90	Pavillon (le), ch. et d.	151
91	Pavillon (le), d.	160
92	Pavillon (le), l.	173
93	Pavillon (le), d.	179
94	Pavillon (le), vig.	195
95	Pavillon (le), l.	200
96	Pavillon (le), d.	202
97	Pavillon (le), l.	219
98	Pavillon (le petit), d.	219
99	Pavillon (le), l.	231
9600	Pavillon (le), d.	237
1	Pavillon (le), d.	234
2	Pavillon (le), d.	281

9603	Pavillon (le), vig.	283
4	Pavillon (le), d.	308
5	Pavillon d'en bas (le), l.	63
6	Pavillon d'en haut (le), l.	63
7	Paviots (les), d.	112
8	Paviots (les), l.	272
9	Paviots (les), h.	296
10	Péage (le), h.	168
11	Péage (le grand), d.	280
12	Péager (le), h.	41
13	Péalneix, l.	240
14	Peau de Rat, d.	117
15	Pêche Audin (la), l.	15
16	Pêche Balie (la), h.	94
17	Pêche Cafeton (la), d.	289
18	Pêchenin, h.	275
19	Pêcherie (la), d.	117
20	Pêcherie (la), l.	234
21	Pêches (les).	113
22	Pêchin (le), d.	190
23	Pêchin (le), d.	272
24	Pêchin (le), l.	296
25	Pêchins (les), d.	121
26	Pécut, h.	122
27	Pégaud, l.	121
28	Pégauderie (la), l.	83
29	Pégauds (les), h.	80
30	Pégut (le), h.	230
31	Peiges (les), h.	5
32	Peignaux (les), d.	85
33	Peignets (les), d.	193
34	Peigneurs (les), vge.	200
35	Peille (la), h.	208
36	Peilleaux (les), d.	46
9637	Peilleraux (les), d.	272
38	Peillons (les), l.	61
39	Pejaudier, h.	316
40	Pejoux (les), h.	69
41	Péjoux (les), d.	232
42	Pelauds (les), h.	127
43	Pelbous, l.	237
44	Pelets (les), d.	179
45	Pelle (la), f.	100
46	Pelle-Bise, d.	314
47	Pellejons (les), d.	90
48	Pellet, l.	137
49	Pelletier (chez), d.	33
50	Pelletiers (les), d.	18
51	Pelletiers (les), d.	74
52	Pellière, d.	12
53	Pelliers (les), d.	33
54	Pelloterie (la), d.	219
55	Pelouse (la), d.	250
56	Pelouses (les), d.	56
57	Penaix (les), d.	307
58	Penards (les), h.	222
59	Pénaud, h.	264
60	Pencel, d.	268
61	Penderies (les), h.	4
62	Pendu (le), d.	46
63	Pendu (le), l.	275
64	Pendus (les), h.	95
65	Penenciaux (les), d.	41
66	Pennebout, d.	80
67	Pennebout, l.	314
68	Pennins (les), f.	278
69	Penétaux (les), d.	302
70	Penot (le), l.	186

9671 Pépio (la), d. 26
72 Pépio (la), l. 27
73 Pépio (la), h. 136
74 Pépio (la), l. 138
75 Pépio (la), l. 174
76 Pépio (la), l. 231
77 Pépio (la), vig. 263
78 Pépio (la), h. 295
79 Pépinière (la), d. 129
80 Pépinière (la), l. 218
81 Pépins (les), d. 65
82 Péraclos, vge. 76
83 Pérard, d. 48
84 Pérard, h. 113
85 Pérard, d. 269
86 Pérard, d. 271
87 Pérards (les), h. et m. 8
88 Pérards (les), d. 25
89 Pérards (les), d. 174
90 Pérards (les), h. 216
91 Péras (la), h. 107
92 Pérassier, h. et m. 190
93 Péralons (les), ch. et d. 230
94 Pératons (les), d. 231
95 Perçais (le grand), l. 301
96 Perçais (le petit), d. 301
97 Perçats (les), d. 115
98 Percé, d. 216
99 Perchats (les), h. 282
9700 Perche (la), f. 237
1 Percher (les), d. 147
2 Perches (les), d. 224
3 Perches (les), d. 269
4 Perci, f. 168
9705 Percière, l. 100
6 Percière, l. 270
7 Perçon, d. 117
8 Perdeux, vge. 197
9 Père arse, vge. 48
10 Péreguine, d. 239
11 Pérelle (la), d. 29
12 Pérelle (la), h. 99
13 Pérelle (la), d. 312
14 Père Mathieu, h. 80
15 Père Mathieu, h. 104
16 Pères Bonnets (les), d. 92
17 Pères en Champ (les), l. 12
18 Péret, d. 32
19 Périau (le champ), l. 179
20 Périaux (les), h. 140
21 Périaux (les petits), f. 140
22 Péricard, d. 202
23 Périchet, m. 270
24 Périchon, m. et d. 6
25 Périchon, d. 132
26 Périchon, d. 227
27 Périchons (les), d. 126
28 Périer (chez), h. 4
29 Périère (la), l. 168
30 Pérignats (les), d. 301
31 PÉRIGNY, c. 202
32 Périgons (les), d. 37
33 Périns (les), vig. 272
34 Périot (le), l. 131
35 Périsse, l. 65
36 Périsse, d. 227
37 Perles (les), d. 179
38 Pernelats (les), d. 63

9805 Perroui, d. 29
6 Perroyer (le), d. 98
7 Persat, vig. 25
8 Persenat, h. 16
9 Pertuis-Grussot (le), d. 132
10 Pertuis de Lombre (le), d. 129
11 Péruseau, d. 311
12 Péseriaux (les), d. 25
13 Péseriaux (les grands), d. 272
14 Péseriaux (les petits), l. 272
15 Pessiaux (les), d. 172
16 Pessière (la), d. 244
17 Pessis (le), vig. 308
18 Pessonnets (les), ch. 286
19 Pétard, vge. 77
20 Pète-Loup, l. 100
21 Pète-Loup, d. 151
22 Petiots (les), d. 176
23 Pétigni, d. 18
24 Petignot, d. 36
25 Petillons (les), d. 81
26 Pétillons (les), d. 124
27 Petiot (chez), d. 32
28 Petit Champ (au), l. 129
29 Petit Lieu (le), l. 150
30 Petit Moulin (le), h. 104
31 Petit Pré (le), vig. 94
32 Péton (le), d. 10
33 Pétrassin, d. 6
34 Petreaux (les), d. 121
35 Petrot (le), l 18
36 Peu (le), d. 10
9837 Peu (le), h. 139
38 Peu (le), d. 145
39 Peu (le), vig. 171
40 Peu (le), d. 199
41 Peu (le), vge. 203
42 Peu (le), d. 311
43 Peu Blanc (le), d. 53
44 Peu Blanc (le), l. 65
45 Peu Blanc, l. 101
46 Peu Blanc, h. 271
47 Peu Chenu, d. et l. 53
48 Peuchets (les), d. 20
49 Peuchevrier, f. 52
50 Peu-de-Bor (le), l. 313
51 Peu-de-Vaux (le), d. 299
52 Peu-du-Sault (le), d. 208
53 Peufeilloux, f. 294
54 Peugère (le vieux), d. 231
55 Peugère neuf (le), d. 231
56 Peugravier, f. 134
57 Peulerat, l. 283
58 Peulet, l. 101
59 Peulins (les), d. 232
60 Peu long, d. 64
61 Peument, h. 256
62 Peu-Milan (le), m. 139
63 Peu-noir, l. 271
64 Peu-pelé, d. 216
65 Peu-petit, l. 109
66 Peu-plat, h. 230
67 Peu-rond, d. 164
68 Peuret, d. 314
69 Peux (les), h. 89
70 Peux (les), d. 173

9871 Peux (les), l. 197
72 Peux (les), h. 230
73 Peux (les), m. is. 285
74 Phalanstère (le), l. 231
75 Philippas (les), d. 212
76 Piade (la), d. 276
77 Pialères (les), l. 222
78 Piarroux (les), vig. 25
79 Piat, d. 113
80 Piatères (les), d. 160
81 Piau, d. 4
82 Piau, m. d'écl. 188
83 Piaults (les), d. 283
84 Piautes (les), h. 184
85 Piautrai, d. 97
86 Pible (le), l. 152
87 Pible (le), d. 220
88 Pible (le), l. 270
89 Picandets (les), d. 128
90 Picandots (les), l. 124
91 Picarde (la), h. 182
92 Picardie (la), l. 248
93 Picards (les), d. 101
94 Picards (les), d. 102
95 Picards (les), h. 172
96 Picards (les), h. 184
97 Picards (les bruyères des), l. 184
98 Picards (les). 283
99 Picards (les), h. 303
9900 Picassonnes (les), l. 102
1 Picaud (le), d. 203
2 Picaudelles (les), h. 50
3 Picauds (les), d. 308
9904 Pichards (les), d. 312
5 Pichards (les), d. 231
6 Pichot, d. 158
7 Pichot, d. 296
8 Pie-Oiseau, l. 165
9 Picornerie, l. 46
10 Picotte (la), vig. 100
11 Picotte (la), d. 237
12 Pictière, d. 253
13 Pie (la), l. 137
14 Pièce Blanche (la), l. 132
15 Pièces (les grandes), f. à ch. 4
16 Piécet (loge), l. 266
17 Pied-Berlin, h. 290
18 Pied-Chevalin (le), d. 219
19 Pié d'chi (le), l. 127
20 Pied-de-Biche (le), d. 150
21 Pied-de-Biche (le), d. 231
22 Pied de la Forge (le), d. 275
23 Pied de l'Augère (le), l. 46
24 Pied de l'Ombre (le), h. 132
25 Pied de l'Ombre (le), d. 293
26 Pied-de-Mars (le), h. 284
27 Pied de Nid (le), l. 219
28 Pieds de Bœufs (les), d. 283
29 Piégut, b. 43
30 Piégut, d. 176
31 Piégut (la loge), d. 176
32 Piéguts (les), f. 84
33 Pierdons (les), d. 37
34 Pierre (la), l. 46
35 Pierre (la), h. et m. 59
36 Pierre (la), d. 93

9937 Pierre (la), d. 113
38 Pierre (la), l. 137
39 Pierre (la), d. 165
40 Pierre (la), l. 198
41 Pierre (la), l. 231
42 Pierre (la), d. 280
43 Pierre (la), d. 312
44 Pierre (le moulin de la), l. 131
45 Pierre Barteline (la), h. 92
46 Pierrebault, h. 44
47 Pierre Billot, d. 36
48 Pierre Blanche (la), l. 111
49 Pierre Blanche (la), d. 197
50 Pierre Bure (la), d. 29
51 Pierre Corbe, h. 81
52 Pierre Croisée (la), l. 245
53 Pierre d'Argent (la), h. 113
54 Pierre d'Argent (la), m. de g. 170
55 Pierredets (les), d. 231
56 Pierrefitte, vge. 167
57 PIERREFITTE, vge. 204
58 Pierrefitte, d. 214
59 Pierrefolle (la), l. 247
60 Pierre Magnia (la), l. 4
61 Pierre Noire (la), l. 41
62 Pierre Percée (la), h. 67
63 Pierre Percée (la), h. 198
64 Pierrerie (la), l. 216
65 Pierres (les), m. 50
66 Pierres Blanches (les), l. 237
67 Pierres Brulées (les), l. 76
68 Pierres de Salles (les), l. 12
9969 Pierre Servière (la), d. 305
70 Pierrière (la), vig. 25
71 Pierrière (la), h. 126
72 Pierrière (la), d. 137
73 Pierrots (les), d. 72
74 Pierrots (les), d. 149
75 Pies (les), f. 220
76 Pies (les), d. 200
77 Piessat, l. 199
78 Piessat (les), h. et d. 202
79 Piétons (les), d. 37
80 Piétot (le), h. 96
81 Piètre (le louage), l. 226
82 Pieuse (la), l. 100
83 Pieux (les), d. 90
84 Pigeard, l. 40
85 Pigeonnier (le), l. 127
86 Pigeonnier (le), f. 234
87 Pigeonnière (la), d. 318
88 Pigeons (les), l. 114
89 Pigeron, d. 54
90 Pigerons (les), l. 4
91 Pigerons (les), d. 142
92 Pigerons (les), l. 173
93 Pignachat, l. 145
94 Pignié, h. 92
95 Pignon (chez), d. 213
96 Pignon blanc (le), l. 311
97 Pigots (les), d. 138
98 Pilard, vge et m. 113
99 Pilarderie (la), d. 301
10000 Pilet, d. 315
1 Pilet (louage), l. 151
2 Pilets (les), l. 175

10003 Pillard (lieu), d. 2
4 Pillaud, h. 6
5 Pillaud, f. 247
6 Pillauderie (la), l. 119
7 Pillaudier (le), l. 56
8 Pillaudin, d. 15
9 Pillet (le), d. 15
10 Pilonnière (la), d. 46
11 Pilotat, d. 282
12 Pilote, m. 112
13 Pin (le), h. 92
14 Pin (le), d. 145
15 Pin (le), h. 196
16 PIN (LE), vge. 205
17 Pin (le), l. 313
18 Pinasset, l. 117
19 Pinasson, h. 92
20 Pinatet, l. 173
21 Pinatets (les), l. 137
22 Pinaud, d. 168
23 Pincots (les), d. 172
24 Pindons (les), d. 18
25 Pineaux (les), d. 33
26 Pingon (le), d. 2
27 Pinguelles (les), h. 101
28 Pinot (louage), l. 100
29 Pinots (les), d. 100
30 Pinots (les), d. 158
31 Pinots (les), d. 166
32 Pinots (les grands), d. 166
33 Pinots (les petits), l. 166
34 Pinottes (les), d. 58
35 Pinottes (les), h. 302
36 Pins (les), l. 137
10037 Pins (les), l. 222
38 Pins (les), l. 239
39 Pins (les grands), d. 220
40 Pins (les petits), d. 220
41 Pinson (le), l. 288
42 Pinsonne (la), d. 202
43 Pintenet, l. 51
44 Pintenets (les), h. 183
45 Pioles (les), l. 212
46 Pion, d. 64
47 Pion, vge. 113
48 Pion, vge. 232
49 Pionnats (les), vig. 25
50 Pionnats (les), vig. 38
51 Pioulet (le), h. 202
52 Pioux, d. 42
53 Piquejal, h. 255
54 Pique-Mort, l. 199
55 Piquenotière, d. 129
56 Piques (les), d. 121
57 Pique Satin (les), l. 88
58 Piquin, l. 182
59 Piquoi, l. 174
60 Pirai, d. 294
61 Pirai (le grand), d. 153
62 Pirai (le petit), d. 153
63 Piraube (la), d. 170
64 Piraudins (les), d. 69
65 Piré, d. 266
66 Pirène (le), l. 174
67 Pirlingue (la), l. 7
68 Pirochon, l. 247
69 Piroi, d. 264
70 Piroir, d. 38

10071 Pirolin (le), l. 216
72 Pirons (les), f. 267
73 Pirot, d. et étang. 131
74 Pirouette, moul. et l. 12
75 Pise, h. et f. 289
76 Pisse-Loup, h. 82
77 Pisse-Loup, d. 124
78 Pissepots (les), l. 60
79 Pisserat (les), l. 283
80 Pissevache, l. 13
81 Pissotet (le), m. 318
82 Pitaliers (les), f. 39
83 Pitaliers (les), h. 220
84 Pitards (les), d. 179
85 Pitrault, d. 86
86 Pivots (les), l. 61
87 Place (la), l. 12
88 Place (la), h. 90
89 Place (la), d. 122
90 Place (la), l. 237
91 Place (la), f. 247
92 Place (la), d. 262
93 Place (le champ de la), vig. 272
94 Place de l'Ouche (la), h. 91
95 Place de Vaux (la), l. 270
96 Place Fournier (la), d. 27
97 Place Hervier (la), f. 229
98 Place Labrosse (la), h. 32
99 Place Lardet (la), l. 122
10100 Place Lerbet (la), l. 220
1 Place Lirat (la), l. 229
2 Place Nique (la), l. 27
3 Places (les grandes), h. 14
10104 Places (les), d. 23
5 Places (les), h. 48
6 Places (les), d. 117
7 Places (les), d. 134
8 Places (les), d. 136
9 Places (les), l. 137
10 Places (les), d. 145
11 Places (les), h. 152
12 Places (les), f. 163
13 Places (les), d. 192
14 Places (les), l. 202
15 Places (les), h. 227
16 Places (les), d. 232
17 Places (les), h. 253
18 Places (les), h. 264
19 Places (les), l. 270
20 Places (les), l. 288
21 Placettes (les), l. 83
22 Placiers (les), d. 203
23 Plain (le), d. 83
24 Plaine (la), l. 24
25 Plaine (la), f. 193
26 Plaine, d. 255
27 Plaine des Grivats, l. 98
28 Plaines (les), 313
29 Plaintes (les), l. 34
30 Plaisance, d. 23
31 Plaisance, l. 130
32 Plaisants (les), d. 271
33 Plaisir (le), l. 160
34 Plaisir (le), l. 192
35 Plaisir (le), l. 231
36 Plaix (le), d. 2
37 Plaix (le), f. 30

10138 Plaix (le), l. 40
39 Plaix (le), ch. et d. 49
40 Plaix (le), f. 58
41 Plaix (le), d. 90
42 Plaix (le), d. 115
43 Plaix (le), f. 129
44 Plaix (le), h. 163
45 Plaix (le), d. 203
46 Plaix (le), d. 212
47 Plaix (le), d. 223
48 Plaix (le), d. 224
49 Plaix (le), d. 274
50 Plaix (le), h. 293
51 Plaix (le), l. 314
52 Plaix (les), l. 29
53 Plamont, l. 156
54 Plan (le), d. 27
55 Plan (le), h. 64
56 Planais (les), h. 274
57 Plan Cabotin (le), d. 113
58 Planchards (les), d. 71
59 Planchards (les), d. 130
60 Planche (la), d. 20
61 Planche (la), h. 100
62 Planche (la), d. 128
63 Planche (la), h. 137
64 Planche (la), l. 150
65 Planche (la), l. 168
66 Planche (la), l. 182
67 Planche (la), h. 234
68 Planche (la), m. 248
69 Planche (la), d. 283
70 Planche (la grosse), d. 39
71 Planche au Chat (la), l. 46
10172 Planche Coindre (la), l. 222
73 Planche Jalignat (la), l. 107
74 Planches (les), d. 12
75 Planches (les), d. 41
76 Planches (les), d. 112
77 Planches (les), l. 208
78 Planches (les), m. 301
79 Planche Torse (la), l. 149
80 Planchette (la), l. 84
81 Planchette (la), d. 205
82 Planchettes (les), d. 279
83 Planchine (la), h. 46
84 Planelle (la), d. 292
85 Planelles (les), h. 253
86 Planfait, h. 4
87 Planfois, d. et l. 100
Plans (les), l. *voy.* Vassart. 32
88 Plans (les), l. 137
89 Plans (les), h. 142
90 Plans (les), l. 166
91 Plans (les), l. 169
92 Plans (les), d. 237
93 Plans Corbes (les), d. 257
94 Plantais (les), ch. et d. 101
95 Plantat, d. 101
96 Plante (la), l. 83
97 Plante (la), l. 90
98 Plante (la), d. 228
99 Plante à l'aule, l. 70
10200 Plantée (la), l. 113
1 Plantes (les), l. 148
2 Plantes (les), d. 190

10203 Plantes (les), l. 271
4 Plantes (les), l. 272
5 Plantes (les), vig. 283
6 Plantes Molles (les), l. 174
7 Plantières (les), l. 83
8 Planton (le), l. 18
9 Plantricot, l. 299
10 Plants (les), d. 247
11 Plassard, d. 152
12 Plassière, d. 279
13 Plassu, l. 247
14 Plat (le), l. 129
15 Platenas, d. 142
16 Platrière (la), h. 180
17 Pleidit, d. 113
18 Pleix (le), h. 19
19 Pleix (le), h. 53
20 Pleix (le), ch. et h. 318
21 Plessis (le), ch. et d. 12
22 Plessis (le), l. 100
23 Plessis (le), l. 113
24 Plessis (le), d. 130
25 Plessis (le), d. 205
26 Plessis (le), d. 293
27 Pligeats (les), d. 37
28 Plignière, h. 224
29 Plissonnière, d. 97
30 Plomb (le), d. 152
31 Plongeon (le), l. 4
32 Plongeons (les), d. 51
33 Plongeons (les), h. 77
34 Plot (le), d. 162
35 Plot (le), vge. 285
36 Ploton, d. 247
10237 Plotterie (la), d. 34
38 Plottes (les), l. 18
39 Ploux, d. 216
40 Pluchon (le), h. 137
41 Plugeat, h. 19
42 Plumaudière (la), f. 267
43 Plume (la), h. 181
44 Pochats (les), d. 130
45 Poche (la), d. 142
46 Pochonnière, h. 30
47 Pochonnière, d. 241
48 Pochons (les), d. 100
49 Pochots (les), d. 295
50 Poënat, h. 20
51 Poënat (grand), d. 27
52 Poënat (petit), d. 27
53 Poësat, vge. 206
54 Poësat (petit), vge. 118
55 Poil de Chien, l. 120
56 Poinbras, l. 46
57 Point du Jour (le), l. 46
58 Point du Jour (le), d. 86
59 Point du Jour (le), l. 101
60 Point du Jour (le), l. 106
61 Point du Jour (le), l. 115
62 Point du Jour (le), l. 135
63 Point du Jour (le), l. 150
64 Point du Jour (le), l. 160
65 Point du Jour (le), vig. 195
66 Point du Jour (le), h. 209
67 Point du Jour (le), d. 219
68 Point du Jour (le), d. 220
69 Point du Jour (le), d. 248
70 Point du Jour (le), l. 256

10271	Pointet (le), h.	41
72	Pointet (le), h.	197
73	Pointu, l.	297
74	Poirier (le), h.	41
75	Poirier (le), d.	274
76	Poirier fondant (le), l.	160
77	Poirier Gras (le), vig.	244
78	Poirier Morial (le), l.	34
79	Poiriers (les), d.	2
80	Poiriers (les), d.	15
81	Poiriers (les), d.	98
82	Poiriers (les), vig.	299
83	Poissons (les), d.	9
84	Poiteau (le), éc.	29
85	Polardière (la), d.	34
86	Polaterie (la), l.	46
87	Polaterie (la), d.	290
88	Polka (la), vig.	25
89	Polka (la), l.	83
90	Pollié, h.	313
91	Pologne (la), h.	46
92	Pomai, ch. f. et t.	151
93	Pommeraie (la), ch.	2
94	Pommeraie (la), l.	18
95	Pommeraie (la), l.	68
96	Pommeraie (la), d.	83
97	Pommeraie (la), l.	131
98	Pommeraie (la), l.	222
99	Pommereaux (les), d.	264
10300	Pommereux (les), l.	235
1	Pommerie (la), d.	113
2	Pommet (le), d.	316
3	Pommetot, f.	247
4	Pommets (les), d.	137
10305	Pommiers (les), d.	30
6	Ponai, d.	11
7	Ponai (louage de), l.	11
8	Ponce (la), d.	313
9	Poncenat, h. et m.	174
10	Poncet, h.	48
11	Poncets (les), d.	100
12	Ponchoir (le), l.	85
13	Pondephate (le), l.	32
14	Pondrillard, d.	4
15	Ponnards (les), h.	189
16	Ponsu, ch. et d.	263
17	Ponsut, ch. et d.	26
18	Ponsut (le), ch. et d.	62
19	Pont (le), vig.	25
20	Pont (le), l.	27
21	Pont (le), d.	33
22	Pont (le), vig.	37
23	Pont (le), h.	46
24	Pont (le), l.	74
25	Pont (le), l.	81
26	Pont (le), l.	83
27	Pont (le), d.	88
28	Pont (le), l.	115
29	Pont (le), d.	134
30	Pont (le), d.	197
31	Pont (le), l.	244
32	Pont (le), l.	248
33	Pont (le), d.	275
34	Pont (le), h.	305
35	Pont (le), d.	307
36	Pont (le grand), h.	150
37	Pont (le petit), l.	150
38	Pont (maison du), d.	296

No.	Nom	
10465	Poulèvre, vge.	305
66	Poulien, d.	32
67	Poulies (les), l.	308
68	Poulinier, l.	227
69	Poulossiers (les), h.	91
70	Poupet, l.	33
71	Poupetière, d.	101
72	Poupetière, d.	279
73	Pourche (le), l.	202
74	Pourcheroux, h.	80
75	Pourchoux (les), d. et m.	236
76	Pourrats (les), h.	80
77	Pourrats (les), d.	138
78	Pourrats (les), d.	306
79	Pourret (le), d.	247
80	Pourrets (les), d.	6
81	Pourrets (les), d.	280
82	Pourrière, h	64
83	Pousat, d.	183
84	Pousat, d.	268
85	Pouse, l.	269
86	Pouserattes (les), l.	209
87	Pouserol (le), h.	258
88	Pouseux, d.	90
89	Pouseux, vig.	130
90	Pousi, vge.	208
91	Pousieux (le grand), d.	153
92	Pousieux (le petit), d.	153
93	Pouson, l.	4
94	Pouson (le), d.	202
95	Pousoux, l.	40
96	Pousoux (le), h.	234
97	Poussards (les), l.	14
10498	Poussards (les), d.	33
99	Poussat (le), d.	29
10500	Pousse-Loup, h.	176
1	Pousse-Loup, l.	199
2	Pousserons (les), d.	24
3	Poustiau, l.	225
4	Pouterne (la), l.	104
5	Poutier, vge et m.	54
6	Pouveux, d.	35
7	Poux (les), d.	34
8	Poux (le), d.	127
9	Poux (le petit), d.	186
10	Poux d'en bas (les), d.	34
11	Poux d'en haut (les), f.	44
12	Pradeaux (les), h.	136
13	Pradette, l.	107
14	Pragon, d.	73
15	Praignats (les), h.	78
16	Prairie (la), l.	32
17	Prairie (la), l.	172
18	Prairie (la), d.	286
19	Praline, h.	92
20	Praline, h.	93
21	Pralon, l.	93
22	Pran (la), l.	32
23	Prand (la), h.	41
24	Prand (la), l.	199
25	Pras (les), d.	101
26	Prat (la), m.	86
27	Prat (le), d.	174
28	Prat (la), l.	218
29	Prat (la), ch. et d.	232
30	Prat (la), l.	252
31	Prat, vge et m.	276

10332 Prat (la), d. 307
33 Prat d'Airat (la), d. 22
34 Prate (la), h. 196
35 Prats (les), ch. et d. 84
36 Prats (les), f. 98
37 Prats (les), f. 100
38 Praud (la), h. 56
39 Praudière (la), h. 145
40 Praux (les), d. 26
41 Praux (les), d. 157
42 Pravet, f. 267
43 Pravier, ch. 163
44 Pravots (les), l. 199
45 Pré (le), m. 118
46 Pré (grand), l. 113
47 Pré (grand), l. 209
48 Pré (grand), l. 307
49 Préamont, h. 93
50 Préau (le), vge. 96
51 Préau (le), d. 115
52 Préau (la), d. 148
53 Préaux (les), d. 13
54 Préaux (les), d. 157
55 Préaux (les), ch. et d. 168
56 Pré Bignon (le), l. 209
57 Pré Bonnet (le), d. 209
58 Pré Carré (le), d. 23
59 Pré Carré (le), d. 288
60 Préchambon (le), l. 83
61 Pré Charmeil (le), l. 158
62 Pré Colas (le), d. 250
63 Précontent, l. 6
64 Précord, ch. 296
65 Prédiaux (les), l. 3
10366 Prédoré, d. 35
67 Pré du Four (le), h. 141
68 Prée (la), d. 99
69 Prée (la), d. 218
70 Pré Gontier, l. 83
71 Prégoux, f. 308
72 Preignes (les), h. 224
73 Preissat, d. 243
74 Préjames, l. 209
75 Préjevau, d. 312
76 Pré Laplanche, l. 113
77 Prélaterie (la), d. 85
78 Prélaud, d. 218
79 Prélier, vig. 311
80 Pré Long, d. 126
81 Prélots (les grands), l. 100
82 Prélots (les petits), l. 100
83 Pré Maçon (le), l. 82
84 Première, h. 152
85 Prémilhat, vge. 208
86 Pré Monier, l. 160
87 Prémort, d. 113
88 Prénat (le), d. 72
89 Prénat (le), d. 213
90 Prénat (le), d. 221
91 Prénat (le), d. 262
92 Prends-y-Garde, l. 38
93 Prends-y-Garde, l. 151
94 Prend-y-Garde, l. 289
95 Pré Neuf, l. 18
96 Pré Neuf (le), l. 113
97 Pré Neuf, d. 221
98 Pré Perret, l. 113
99 Prépinets (les), h. 316

10600	Préreal, ch. et d.	297
1	Prés (chez), d.	32
2	Prés (les), l.	151
3	Prés (les), d.	200
4	Presbytère (le), éc.	136
5	Président (le), d.	77
6	Président (le), l.	130
7	Présidente (la), éc.	136
8	Presle (la), d. et l.	22
9	Presle (la), d. et ch.	32
10	Presle (la), h.	48
11	Presle (la), l.	83
12	Presle (le moulin de la), l.	83
13	Presle (la), m. et ch.	93
14	Presle (la), vge.	102
15	Presle (la), d.	174
16	Presle (la), f.	217
17	Presle (la), h.	316
18	Presles (les), d.	131
19	Presles (les), l.	138
20	Presles (les), d.	149
21	Presles (les), l.	275
22	Preslier, d.	2
23	Prés Menat (les), m.	298
24	Près Mous (les), d.	32
25	Pressoir (le), l.	111
26	Pressoir (le), éc.	129
27	Pressoir (le), h.	236
28	Pressoir (le grand), f.	195
29	Pressoir (le petit), vig.	38
30	Pressoir (le petit), vig.	105
31	Pressoir (le vieux), l.	174
32	Pressoir Ban (le), d.	25

10633	Pressoir Moret (le), d.	250
34	Prétier, l.	209
35	Prétignard, l.	69
36	Prétins (les), d.	33
37	Prêtre (le), d.	114
38	Prêtres (les), d.	113
39	Preugne (la), vge.	70
40	Preugne (la), f.	117
41	Preuille, ch. et vig.	10
42	Preux (les), d.	130
43	Preux, d.	307
44	Préveraud, l.	166
45	Prévost (les), d.	217
46	Priaut, m.	168
47	Prieuré (le), d.	114
48	Prieuré (le), vge.	234
49	Prieuré (le), f.	216
50	Prieuse (la), l.	3
51	Prieuse (la), l.	34
52	Primaux (les), d.	250
53	Primbost, d.	285
54	Pringi, ch.	2
55	Pringi (le petit), d. et l.	88
56	Printomet, l.	197
57	Prioland, l.	195
58	Privaux (les), l.	24
59	Prion de Fosse, l.	36
60	Procurat, d.	77
61	Prodat (gr. et petit), d	272
62	Prodins (les), vig. et d.	130
63	Promenade (la), h.	179
64	Prophète (le), d.	41
65	Protat (les), d.	77
66	Protat, h.	85

17031	Pui d'en haut (le), l.	46
32	Pui Digon (le), d.	174
33	Pui Fol, h.	77
34	Pui Giraud (le), l.	20
35	Pui Giraud (le), l.	30
36	Pui Guillon, ch. m. et d.	306
37	Pui Maret, 2 l.	113
38	Pui Marien, ch. et h.	93
39	Pui Martin, h.	97
40	Pui Mas, h.	104
41	Pui Menaci, l.	216
42	Pui Morin, d.	186
43	Pui Némin, l.	174
44	Pui Pochin, vge.	184
45	Pui Rambaud, m.	174
46	Pui Raveau, vig.	126
47	Pui Ravel, h.	113
48	Pui Roger, l.	260
49	Puisandreau, d.	186
50	Puisards (les), d.	121
10751	Puissardier, d.	160
52	Puitre, d.	231
53	Puits (le), d.	311
54	Puits (le), d.	312
55	Puits (le petit), d.	241
56	Puits bonne-eau (le), h.	16
57	Puits Moulin (le), f.	311
58	Pui Vacher, vge.	105
59	Pui Vallée, d.	294
60	Pui Vergent, éc.	202
61	Purgatoire (le), d.	90
62	Pusigni, d.	130
63	Put (le), d.	247
64	Putai, h.	98
65	Putai, l.	101
66	Puyade, d.	156
67	Puyau, h.	236
68	Puyeau (le), l.	169
69	Puyet (le petit), d.	260
70	Pyramide (la), d.	106

Q

10771	Quaire (la), h.	298
72	Quaissons (les), d.	201
73	Quart (le), f.	107
74	Quartelées (les), d.	42
75	Quartier (le), d.	5
76	Quartier (le), l.	22
77	Quartier (le), l.	64
78	Quartier (le), l.	289
79	Quartier (le petit), l.	122
80	Quartonnée (la), l.	160
10781	Quarrets (les), d.	41
82	Quarts (les), l.	18
83	Quatre-Aigles (les), d.	101
84	Quatre-Chemins (les), l.	14
85	Quatre-Ris (les), m.	17
86	Quatre-Vents (les), d.	9
87	Quatre-Vents (les), vig.	37
88	Quatre-Vents (les), vig.	38
89	Quatre-Vents (les), d.	55
90	Quatre-Vents (les), d.	117

10791 Quatre-Vents (les), l. 162
92 Quatre-Vents (les), l. 169
93 Quatre-Vents (les), h. 181
94 Quatre-Vents (les), f. 219
95 Quatre-Vents, l. 220
96 Quatre-Vents (les), d. 225
97 Quatre-Vents (les), d. 232
98 Quatre-Vents (les), l. 243
99 Quatre-Vents (les), d. 250
10800 Quatre-Vents (les), d. 262
1 Quatre-Vents (les), l. 272
2 Quatre-Vents (les), d. 315
3 Quentins (les), d. 268
4 Queille (la), ch. et d. 182
5 Queille (la), h. 256
6 Quellerie, l. 18
7 Querelle (la), l. 25
8 Querelles (les), l. 223
9 Quéret, d. 173
10 Quérets (les), h. 142
11 Quériaux (les), d. 89
12 Queribée (le), d. 202
13 Quérie (la), h. 28
14 Quérie (la), h. 177
15 Querille, éc. 268
10816 Quernet, l. 218
17 Queudre (la), d. 35
18 Queue de l'Etang (la), l. 34
19 Queue de l'Etang (la), d. 101
20 Queue de l'Etang (la), l. 160
21 Queue de l'Etang de la Motte (la), l. 296
22 Queue de la poële (la), l. 97
23 Queune (la), ch. vig. et d. 195
24 Queuri (le), d. 22
25 Queuri, h. 184
26 Queuri du Mas (le), d. 102
27 Queusi (le), d. 148
28 Quillets (les), d. 288
29 Quinaude (la), h. 174
30 Quinaux (les), d. 39
31 Quinssaines, vge. 210
32 Quinssat, ch. et h. 1
33 Qui qu'en grogne, vig. 38
34 Quirielle, l. 17
35 Quirielle, d. 69
36 Quirielle, d. 142

R

10837 Ra (la), l. 22
38 Ra (la), d. 27
39 Ra (la), l. 40
40 Ra (la), d. 114
41 Ra (la), d. 136
42 Ra (la), d. 174
10843 Ra (champ de la), l. 213
44 Ra (la), d. 227
45 Ra (la), ch. et f. 229
46 Ra (le bois de la), l. 297
47 Rabanaux (les), d. 307
48 Rabanon, d. 232

10849 Rabi, h. et m. 6
50 Rabière, d. 148
51 Rabillots (les), d. 124
52 Rabineau (le plan), d. 113
53 Rabotine (la), t. et d. 231
54 Rabots (les), d. 14
55 Rabots (les), d. 204
56 Rabouets (les), d. 179
57 Rabrunins (les), l. 234
58 Raburnin (la), h. 255
59 Racaud, (le), h. 203
60 Rachalier, h. 250
61 Racherie (la), h. et d. 81
62 Racines (les), d. 79
63 Raclat, (le), vge. et d. 18
64 Racquetière, d. 172
65 Racquets (les), d. 172
66 Racton, d. 77
67 Radde, d. 247
68 Raduriers (les), vge. 91
69 Radurons (les), vge. 218
70 Raffin, d. 169
71 Rafignots, (les), d. 83
72 Raflots (les), d. 14
73 Rageasse, l. 6
74 Rageot, d. 168
75 Ragonnets (les), d. 315
76 Ragonnière (la), d. 39
77 Ragonnière (la), d. 56
78 Ragonnière (la), d. 289
79 Ragot, d. 279
80 Rai (la), d. 39
81 Raimond, d. 113
82 Raimonds (les), d. 81
10883 Raimonds (les), d. 138
84 Raimonds (les), h. 172
85 Raimonds (les), f. 195
86 Raimonds (les), f. 229
87 Raimonds (les), l. 231
88 Raimonds (les), d. 307
89 Raimonerie (la), d. 2
90 Rainand, f. 206
91 Rainauds (les), d. 80
92 Rainauds (les), h. 224
93 Rais (les), d. 24
94 Rais (les), d. 119
95 Rais (les), d. 142
96 Rais (les), d. 237
97 Rais (les), h. 263
98 Rais (les), m. 304
99 Raisins (les). 284
10900 Raisu, d. 40
1 Ramas (la), d. 307
2 Ramas (les), d. 113
3 Rambaud, d. 152
4 Rambaudière (la), d. 314
5 Rambauds (les), vge. d. et t. 271
6 Rambert, d. 77
7 Rambert, l. 270
8 Rambourg, d. 32
9 Rambourg, d. 225
10 Rameaux (les), vig. 10
11 Rameaux (les), f. 25
12 Rameaux (les), l. 234
13 Rameaux (les), d. 248
14 Rameaux (les), h. 262
15 Ramées (les), d. 244

10916 Ramelets (les), f. 22
17 Ramesin, l. 262
18 Ramillard, h. 48
19 Ramille, d. 113
20 Ramillons (les), d. 71
21 Rampaillet, l. 307
22 Ranche (la), d. 46
23 Ranche (la), l. 64
24 Ranci, d. 12
25 Ranci, d. 130
26 Ranci, d. 305
27 Ranciat, vge. 7
28 Ranciat, d. 30
29 Ranciats (les), d. 141
30 Ranci Grési, r. 151
31 Rançuts (les). 202
32 Randier (le), d. 113
33 Rangoux, d. 283
34 Rannot, d. 232
35 Râpe (la), l. 6
36 Rapiats (les), d. 85
37 Raquet, h. 23
38 Raquins (les), d. 36
39 Rase (la), l. 271
40 Rases (les), l. 16
41 Rases (les), vge. 219
42 Raset, d. 277
43 Raset (grand), d. 42
44 Raset (le petit), h. 42
45 Raseure, d. 93
46 Rasibié (la), vig. 305
47 Rasière (la), d. 52
48 Rasinière, d. 239
49 Rateau (le), d. 54
10950 Ratier (scierie), m. 215
51 Ratiers (les), d. 81
52 Ratillard, m. is. 69
53 Ratilles (les), l. 174
54 Ratinier, l. 209
55 Rativet (la croix), h. 98
56 Ratoire (la), d. 46
57 Rats (les), d. 316
58 Rats (maillerie des), l. 316
59 Ratte (la), f. 262
60 Ravat (le), f. 247
61 Ravat (le petit), f. 247
62 Ravateau (le), d. 4
63 Ravats (les), l. 33
64 Ravauds (les), d. 289
65 Ravereux (les), d. 272
66 Ravier, l. 234
67 Ravière (la), d. 209
68 Réal, d. 173
69 Réaux (les), d. 190
70 Rebattes (les), d. 1
71 Rebeillon, d. 102
72 Rebillière (la), d. 279
73 Rebirière, h. 196
74 Rebis (les), d. 138
75 Rebourgeons (les), d. 23
76 Rebrion (chez), d. 91
77 Rebusset, d. 93
78 Recaut, d. 113
79 Récollets (les), h. 3
80 Recreux, d. 68
81 Reculat, vge et ch. 285
82 Reculière (la), d. et f. 34
83 Redan (le), ch. et d. 202

10984 Redan (le), h. 232
85 Regard (le), vig. 130
86 Regards (les), d. 78
87 Regaude (la), l. 154
88 Regnauds (les), d. 297
89 Regnault, h. 117
90 Regnaults (les), d. 2
91 Regni, l. 166
92 Regnier, h. 196
93 Regret (le), d. 221
94 Reignaud, l. 51
95 Reignier, d. 247
96 Réjaunière (la), l. 118
97 Remanier (la), l. 66
98 Réméré (à), l. 221
99 Remille (la), l. 23
11000 Remilles (les), l. 124
1 Rémond, h. 196
2 Rémondin, h. 92
3 Rémondins (les), h. 1
4 Rémondins de Chale et des Places (les), vge. et d. 296
5 Rémorets (les), h. 80
6 Renard, d. 311
7 Renard (loge), l. 231
8 Renarde (la), vig. 179
9 Renardier, l. 174
10 Renardière (la), d. 68
11 Renardière (la), m. is. 226
12 Renardière (la), l. 317
13 Renards (les), f. 46
14 Renards (les), d. 168
15 Renards (les), d. 230
11016 Renards-Barrats (les), d. 286
17 Renauderie (la), d. 85
18 Renaudière (la), d. 164
19 Renauds (les), d. 12
20 Renauds (les), d. 200
21 Renauds (les), d. 205
22 Renauds (les), d. 236
23 Rencontre (la), h. 150
24 Renet, d. 211
25 Renière, d. 288
26 Repelats (les), l. 43
27 Repeloux, d. 262
28 Repentin (la), d. 151
29 Repéroux, h. 289
30 Reposeau (le), h. 93
31 République (la), f. 83
32 Requille (la), vge. 104
33 Rérai (le), d. 9
34 Réserve (la), f. 236
35 Ressenards (les), d. 55
36 Retaillé, d. 100
37 Retats (les), h. 30
38 Retord, h. 48
39 Retords (les), h. 78
40 Retour, vge. 106
41 Reugni, d. 112
42 Reconsi, vge. 211
43 Reuillat, d. 318
44 Reure (la), m. et h. 6
45 Reure, h. 234
46 Reux (le), h. 3
47 Rève (la), l. 18
48 Reveaux (le), vge. 104

11178 Roberts (les), f. 264
79 Robet, m. 130
80 Robier (le), l. 279
81 Robin, d. 113
82 Robin, h. 137
83 Robin, d. 199
84 Robin, m. 253
85 Robinats (les), d. 24
86 Robine (la), d. 201
87 Robine (la), l. 295
88 Robinerie (la), d. 219
89 Robinet (le), m. 139
90 Robinets (les), vig. 130
91 Robinette (la), f. à ch. 69
92 Robinette (la), l. 202
93 Robinière, d. 186
94 Robins (les), d. 56
95 Robins (les), h. 172
96 Robins (les), h. 222
97 Robins (les), f. 226
98 Robins (les), d. 262
99 Robins (les), d. 273
11200 Roblins (les), h. 62
1 Roc (le), d. 27
2 Roc (le), vig. 37
3 Roc (le), m. 54
4 Roc (le), l. 103
5 Roc (le), d. 142
6 Roc (le), m. 160
7 Roc (le), d. 284
8 Roc (le), l. 318
9 Roc de Faitière (le), l. 247
10 Roc de la Grand Croix (le), d. 223
11211 Roc de la Pierre folle (le), d. 247
12 Roche (la), d. 7
13 Roche (la), f. 9
14 Roche (la), h. 22
15 Roche (la), h. 25
16 Roche (la), vge. 36
17 Roche (la), l. 54
18 Roche (la), d. 56
19 Roche (la), l. 67
20 Roche (la), m. 67
21 Roche (la), l. 75
22 Roche (la), d. 79
23 Roche (la), h. 113
24 Roche (la), m. 126
25 Roche (la), ch. et d. 126
26 Roche (la), d. 129
27 Roche (la), ch. et d. 160
28 Roche (la), vge. 164
29 Roche (la), l. 174
30 Roche (la), m. 180
31 Roche (la), vig. 195
32 Roche (la), ch. et h. 229
33 Roche (la), h. 240
34 Roche (la), m. 262
35 Roche (la). 270
36 Roche (la), d. 283
37 Roche (la), d. 288
38 Roche (la), d. 289
39 Rochebon, mét. 226
40 Rochebut, d. 276
41 Rochefolle, m. is. 147
42 Rochefort, d. 25
43 Rochefort, vge. 218

11244 Roche Guillebaud (la), d. 53
45 Rochelle (la), 113
46 Rochelle (la), f. 272
47 Rochelle (la), l. 296
48 Rochelles (les), h. 115
49 Rochelles (les), l. 202
50 Rochelles (les), l. 275
51 Roche Milet (la), l. 133
52 Rocher (le), h. 103
53 Rocher (le), l. 301
54 Rochères (les), h. 279
55 Rocherolle (la), h. 146
56 Roches (les), d. 13
57 Roches (les), l. 19
58 Roches (les), h. 23
59 Roches (les), d. 43
60 Roches (les), d. 65
61 Roches (les), l. 220
62 Rochetête, l. 45
63 Rochette (la), d. 114
64 Rochette (la), d. 282
65 Rochette (la), l. 205
66 Rochon, l. 188
67 ROCLES, vge. 212
68 Rocs (les), d. 13
69 Rocs (les), d. 20
70 Rocs (les) l. 22
71 Rocs (les), d. 50
72 Rocs (les), l. 54
73 Rocs (les), d. 132
74 Rocs (les), m. is. 217
75 Rocs (les), d. 247
76 Rocs (les), vig. 305
11277 Rocs Fayet (les), h. 6
78 Rode (la), d. 45
79 Roderie (la), d. 131
80 Rodillons (les), d. 98
81 Roger, d. 113
82 Roger, ch. et d. 231
83 Rogier, l. 280
84 Rogne Pieds, d. 221
85 Rogne Pieds, l. 296
86 Rognon, d. 166
87 Rognons (les), d. 71
88 Roi des Bois, d. 117
89 Roingères (les), éc. 165
90 Rois (les), d. 72
91 Rois (les), d. 165
92 Rois (les), vge. 254
93 Rois (le rif des), d. 254
94 Rois d'en bas (les), d. 17
95 Rois d'en haut (les), d. 17
96 Roitiers (les), l. 222
97 Roitiers (les), l. 215
98 Rolland, d. 173
99 Rolland (le), d. 297
11300 Rollat, ch. et d. 255
1 Rollats (les), d. 272
2 Rollins (les), d. 14
3 Rollins (les), vig. 38
4 Romage, l. 166
5 Romagère (la), h. et m. 156
6 Romagère (la), ch. et d. 256
7 Romagère aux Osiers (la), h. 156
8 Romagné, d. 126

11309 Romane, h. 162
10 Rome, d. 119
11 Romnés (les), l. 38
12 Rompais (le), d. 112
13 Rondards (les), d. 216
14 Rondars (les), d. 157
15 Rond du Bouchand (le), h. 163
16 Rond de Morat (le), l. 219
17 Rond du Chevreuil (le), l. 35
18 Ronde (la), d. 77
19 Ronde (la), d. 128
20 Ronde (la), ch. 130
21 Ronde (la), h. 293
22 Ronde (la), f. 309
23 Rondepierre, h. 142
24 Rondet (le), l. 120
25 Rondet (le), h. 155
26 Rondet (le), d. 182
27 Rondet (le), f. 241
28 Rondet (le moul.), h. 76
29 Rond gardien (le), l. 131
30 Rondiers (les), f. 2
31 Rondiers (les), vge. 298
32 Ronfaud, d. 199
33 RONGÈRES, vge. 213
34 Rongères, ch. et f. 253
35 Ronneri, h. 97
36 RONNET, vge. 214
37 Ronze (la), d. 93
38 Ronze (la), h. 221
39 Ronzières, h. 141
40 Roquet (le), d. 131

11341 Rosange (place), l. 32
42 Rose (la), moul. 6
43 Rosé (le), f. 32
44 Rose (la), d. 38
45 Rose (la), éc. 68
46 Roseaux (les), f. 235
47 Roses (les), l. 255
48 Roset (le), h. 16
49 Roset (le), f. 100
50 Roset, h. 137
51 Roset (le), h. 302
52 Rosettes (les), d. 61
53 Rosier, vge. 57
54 Rosier (le), d. 221
55 Rosier, d. et m. 199
56 Rosière, vge. 85
57 Rosière (la), d. 149
58 Rosière (la), d. 168
59 Rosière, l. 200
60 Rosiers (les), d. 6
61 Rosiers (les), h. 286
62 Rossignat, d. 132
63 Rossigneux, m. 219
64 Rossignol (le), h. 103
65 Rotards (les), d. 163
66 Rotats (les), d. 225
67 Roti (le), f. 264
68 Rotières, d. 157
69 Roubeau, l. 239
70 Roubière, h. 273
71 Rouchat, l. 286
72 Rouchat (le), l. 306
73 Rouchats (les), d. 190
74 Rouche (la), l. 117

11375 Rouche (la), vig. 195
76 Rouche Baugis (la), l. 216
77 Rouches (les), l. 237
78 Rouchons (les), h. 43
79 Roudais (le), m. 228
80 Roudon (le), m. 138
81 Rondon (le), d. 176
82 Roue (la), l. 221
83 Rouélon (le), d. 153
84 Rouer, d. 113
85 Rouère, d. 68
86 Rouère, h. 117
87 Rouère, h. 129
88 Rouères (les), d. 220
89 Roueton (le), l. 34
90 Rouflère, h. 153
91 Roufine, vig. 179
92 Rouge (la), h. 221
93 Rougerie (la), h. 293
94 Rouhéron, d. 10
95 Rouinaire, d. 165
96 Roulans (les), h. 288
97 Roule (le), m. 106
98 Rouliers (les), d. 205
99 Roullet, vge. 210
11400 Roulon (chez), h. 79
1 Roumaux (les), h. 146
2 Roumier (chez), h. 221
3 Roures (les), d. 304
4 Rouri, d. 129
5 Rousards (les), d. 172
6 Rousat (le), d. 118
7 Rousat, h. et m. 218
8 Rouselets (les), d. 200
11409 Rousière (la), d. 202
10 Rousol, d. 237
11 Roustaillon, d. 283
12 Roussat (le), m. 182
13 Roussat (le), m. 244
14 Rousse (la), l. 222
15 Rousseaux (les), d. 90
16 Rousseaux (les), d. 271
17 Rousseaux (les), d. 283
18 Rousseaux (les), h. 296
19 Roussel, éc. 6
20 Rousset (le), h. 20
21 Rousset (le), l. 213
22 Rousset (le), h. 309
23 Roussets (les), h. et d. 64
24 Roussets (les), f. et m. 226
25 Roussets (les), d. 299
26 Roussets (l'écluse des). 299
27 Roussier, d. 64
28 Roussier, d. 269
29 Roussille (la), f. 22
30 Roussille (la), d. 115
31 Roussille (la), d. 223
32 Roussille (la), h. 299
33 Route (la), h. 205
34 Route (la), h. 213
35 Route de Genat (la), ch. et d. 93
36 Route de la Gare (la), l. 199
37 Route de Malicorne (la), h. 80
38 Route de Saint-Hilaire (la), l. 289
39 Route de Vichi (la), h. 93

11440 Roux (les), h. 43
41 Roux (les), l. 160
42 Roux, d. 166
43 Roux, d. 200
44 Roux, d. 231
45 Rouyots (les), d. 25
46 Royer, d. 270
47 Royers (les), d. 179
48 Royers (les), d. 182
49 Ruat (la), l. 309
50 Rubis (les), mét. 226
51 Ruchots (les), d. 205
52 Rue (la), h. 33
53 Rue (le), vge. 92
54 Rue (la), l. 111
55 Rue (la), d. 201
56 Rue (la), d. 271
57 Rue (la), d. 289
58 Rue Basse (la), l. 281
59 Rue (la grand), l. 183
60 Rue des Ormes (la), d. 112
61 Rue d'en haut (la), h. 111
62 Rue de Vallière (la), h. 224
11463 Rue du Bois (la), d. 153
64 Ruelle (la), d. 270
65 Ruelle (la), h. 27
66 Rue pavée (la), h. 93
67 Rues (les), l. 114
68 Rues (les), d. 164
69 Rues (les), h. 171
70 Rues (les), f. 305
71 Ruet, d. 174
72 Rue Tousat, h. 36 et 144
73 Ruets (les), d. 288
74 Ruiliers (les). 218
75 Ruisseau (le), d. 72
76 Ruisseau (le), d. 115
77 Ruisseau (le), h. 148
78 Ruisseau (le), d. 255
79 Ruisseau du Mont (le), h. 120
80 Ruisseau Verne (le), l. 51
81 Russe (le), l. 83
82 Russon (le), d. 224
83 Rusière, d. 34
84 Ruterre, d. 145
85 Rutin (le), h. et m. 46

S

11486 Sable (le), h. 116
87 Sablière, l. 289
88 Sablon (le), l. 77
89 Sablon (le), l. 137
90 Sablon (le), d. 271
91 Sablon (le), l. 293
11492 Sablons (les), l. 30
93 Sablons (les), m. is. 217
94 Sablons (les), l. 221
95 Sablons (les), d. 282
96 Sablot (le), d. 54
97 Sablouse, l. 234

11559 Saint-Ennemond, vge. 226
60 Saint-Esprit, f. 27
61 Saint-Esprit, l. 213
62 Saint-Esprit, vig. 315
63 St-Etienne, ch. et d. 232
64 Saint-Etienne-de-Vic, vge. 227
65 Ste-Marguerite, ch. et f. 111
66 Sainte-Marie, h. 111
67 Sainte-Marie, d. 112
68 Sainte-Procule, l. 232
69 Sainte-Radegonde, d. 168
70 Ste-Thérence, vge. 258
71 Sainte-Vallière, l. 272
72 Saint-Fargeol, vge. 228
73 Saint-Félix, vge. 229
74 Saint-Fiacre, l. 122
75 Saint-Fiacre, m. is. 133
76 Saint François, h. 205
77 Saint-Genest, l. 79
78 Saint-Genest, vge. 230
79 St-Geran-de-Vaux, vge. 231
80 Saint-Geran-le-Pui, vge. 232
81 Saint-Gérard, l. 222
82 Saint-Gerbaud, h. 49
83 Saint-Gérier, d. 5
84 Saint-Germain, h. 63
85 Saint-Germain-de-Salles, vge. 233
86 Saint-Germain-des-Fossés, vge, 234
87 Saint-Gilbert, h. 224
11588 Saint-Gobin, vig. 170
89 Saint-Hilaire, vge. 235
90 Saint-Jacques, l. 119
91 Saint-James, vge. 105
92 Saint-Jean, l. 22
93 Saint-Jean, d. et h. 180
94 Saint-Jean-de-Bouis, d. et u. 219
95 Saint-Julien, d. 315
96 Saint-Laurent, l. 62
97 Saint-Laurent, vig. 63
98 Saint-Lazare, l. 34
99 Saint-Léger, l. 175
11600 Saint-Léger-des-Bruyères, 236
1 Saint-Léon, vge. 237
2 St-Léopardin, vge. 238
3 Saint-Louis, vig. 37
4 Saint-Loup, vge. 239
5 Saint-Maillard, f. 27
6 Saint-Maixent, vig. 139
7 Saint-Mamet, h. 210
8 Saint-Marc, f. 63
9 Saint-Marcel-en-Marcillat, vge. 240
10 Saint-Marcel-en-Murat, vge. 241
11 Saint-Martial, d. 129
12 Saint-Martin, vig. 25
13 Saint-Martin, l. 149
14 Saint-Martin, h. 232
15 St-Martin-des-Lais, vge. 242
16 Saint-Martinien, vge. 243

11744	Sarmasse, h.	316
45	Sarre, d.	30
46	Sarre (le vieux), d.	30
47	Sarris (les), d.	100
48	Sarrons (les), h.	105
49	Satrins (les), d.	27
50	Satrins (les), d.	31
51	Saucière (la), l.	62
52	Saucière, d.	112
53	Saucière, l.	165
54	Saucière, d.	308
55	Saudais (le), d.	2
56	Saudais (le), d.	34
57	Saudais (le), l.	140
58	Saudais (le), d.	231
59	Saudin, l.	270
60	Saudois (le), d.	174
61	Saudois (le), vig.	195
62	Saudois (les).	2
63	Saugère, d. et m.	128
64	Sauget, d.	240
65	Sauget (le petit), d.	240
66	SAULCET, vge.	264
67	Saule (le), m.	32
68	Saule (le), l.	68
69	Saule (le), l.	69
70	Saule (le), m.	174
71	Saule (le), l.	202
72	Saule (le), l.	213
73	Saules (les), d.	183
74	Sauljat, h.	259
75	Saulnier, d.	316
76	Saulnière (la), d.	204
77	Saulniers (les), h.	25
11778	Saulniers (les), d.	192
79	Sault (le), d.	15
80	Sault (le gué du), d.	20
81	Sault, vge et m.	208
82	Saulzaie (la), f.	234
83	Saulzet, d.	74
84	Saulzet, f.	91
85	Saulzet (le), d.	116
86	Saulzet (le), d.	225
87	SAULZET, vge.	265
88	Saulzet, d.	316
89	Saulzet (le grand), d.	81
90	Saulzet (le petit), d.	81
91	Saulzets (les), d.	231
92	Saumins (les), vge.	201
93	Saunière (la grande), l.	300
94	Saunière (la petite), l.	300
95	Saussure, d.	88
96	Saussus (les), d.	293
97	Sautats (les), l.	200
98	Saute Gournaude, l.	199
99	Sauteloup, d.	234
11800	Sauvage (le), ch.	89
1	Sauvages (les), f.	20
2	SAUVAGNI,	266
3	Sauvards (les), d.	238
4	Sauvat (le lieu), d.	88
5	Sauvatte (la), ch. et d.	289
6	Sauvelour, d.	262
7	Sauvestre, h.	7
8	Sauveté (la), d.	85
9	Sauveuse (la), d.	225
10	Sauzaie (la), d.	20
11	Sauzat (la), d.	223

11812 Saulzat (la), d. 227
13 Sauze (la), d. 162
14 Sauzeau (la), d. 197
15 Sauzeau d'en bas et d'en haut (la), h. et d. 56
16 Sauzées (les), vge. 103
17 Sauzet (le), d. 97
18 Sauzi (le), l. 61
19 Sauzue, d. 90
20 Savernat, h. 213
21 Savigni, vge. 303
22 Savions (les), d. 90
23 Savrière, d. 289
24 Sayets (les), d. 4
25 Sayets (les), d. 202
26 Sazeret, vge. 267
27 Sceau (le), d. 83
28 Seauve, d. 68
29 Sebaud (le lieu), l. 193
30 Sebillats (les), h. 220
31 Séchauds (les), h. 307
32 Sécheresse (la), m. 128
33 Secrétine, l. 272
34 Sédenis, l. 315
35 Seganges, ch. et d. 13
36 Segaud (l'an. moul), d. 283
37 Segaud (le bois), l. 283
38 Segaudière, d. 257
39 Segauds (les), d. 142
40 Segauds (les), d. 172
41 Segauds (les), d. et t. 283
42 Segauds (les bois), l. 172
43 Segauds Rollins (les), h. 137
11844 Seignat (le), l. 113
45 Seignat-Grebost (le), l. 258
46 Seigne (la), h. 92
47 Seigne (la), l. 222
48 Seigne de Chacaton (la), l. 253
49 Seignes (les), d. 196
50 Seignes (les), m. is. 217
51 Seignes des Gants (les), h. 217
52 Seigneurie (la), l. 279
53 Segongne (la), l. 279
54 Seguin, d. 34
55 Seguin, l. 46
56 Seguin (les loges), l. 262
57 Seguins (les), h. 226
58 Segurets (les), d. 260
59 Séjournins (les), h. 1
60 Sellat, vge. 162
61 Sellier, vig. 220
62 Semesutre, vge. 177
63 Séminaire (le), col. 130
64 Séminaire (le), d. 130
65 Semins (les), d. 237
66 Semoux, h. 297
67 Senant, h. et d. 278
68 Senant, d. 284
69 Senarets (les), h. 309
70 Senat, vge. 275
71 Sénatioux (les), d. 312
72 Sénepins (les), d. 64
73 Sénepins, (les), h. 160
74 Seneril, vig. 25
75 Septerée (la), l. 170

11876 Septfonds, abb. 98
77 Septfonds (bois de), d. 168
78 Serbannes, vge. 268
79 Serbannes (le petit), vge. 268
80 Sérignat, h. 139
81 Serin, moul. 89
82 Serins (les), l. 120
83 Serre (la), f. 21
84 Serre, h. 36 et 144
85 Serre (la), l. 118
86 Serre (la), h. 119
87 Serre (la), d. 138
88 Serruriers (les), d. 67
89 Serve (le grand), d. 160
90 Servet, f. 260
91 Serviers (les), d. 309
92 Servilli, vge. 269
93 Setier (le), d. 232
94 Setiers (les), d. 24
95 Seu (le), h. 116
96 Seu (le), d. 150
97 Seu (le), ch. et d. 237
98 Seu (le), h. 297
99 Seuillet, vge. 270
11900 Seure (le), l. 289
1 Sevras (les), d. 70
2 Siacrots (les), f. 236
3 Sibot, l. 89
4 Sigauds (les), h. 40
5 Sigauds (les), f. 152
6 Signablin, h. 64
7 Signat-Giraud, d. 190
8 Signevarine, h. 80
11909 Signolle (la), l. 20
10 Signolles (les), h. 13
11 Signoux (le), d. 289
12 Sigurets (les), vig. 24
13 Silhaume, m. 87
14 Simon, d. 57
15 Simonet, d. 216
16 Simonets (les), d. 23
17 Simonets (les), d. 86
18 Simonin, d. 248
19 Simonins (les), d. 14
20 Simonins (les), d. 23
21 Simons (les), d. 126
22 Siocre, l. 152
23 Siret (la croix), d. 172
24 Sirets (les), d. 225
25 Siroli, l. 251
26 Sisel, l. 151
27 Soalhat, l. 93
28 Sogne (la), f. 223
29 Solée (la), l. 130
30 Soleil (le), d. 123
31 Soleil (le), f. 253
32 Solets (les), d. 72
33 Solitude (la), d. 166
34 Sologne, h. 219
35 Sorbette (la), l. 101
36 Sorbier (le), d. 70
37 Sorbier (le), l. 174
38 Sorbier (le), h. 186
39 Sorbier (le), d. 192
40 Sorbier, vge. 271
41 Sorbière (la), vig. 283
42 Sorbiers (les), d. 129

11943 Sorette, vig. 161
44 Sorillant, d. 81
45 Soriots (les), f. 283
46 Sossignon (le), l. 110
47 Sotivets (les), d. 82
48 Sotti (la loge), l. 172
49 Sottis (les), f. 84
50 Sottis (les), d. 98
51 Sou (le), l. 20
52 Sou (le), h. 70
53 Sou (le), d. 74
54 Sou (le), h. 76
55 Sou (le), d. 79
56 Sou (le), m. 105
57 Sou (le), d. 218
58 Soubrenière, l. 34
59 Soubroux, d. 75
60 Souche (la), l. 34
61 Souche (la), d. 102
62 Souche (la), d. 184
63 Souche (la), m. 314
64 Souche (Henri de la), l. 102
65 Souche (le pont de la), l. 102
66 Souchère (la), d. 106
67 Souchère (la), l. 126
68 Souchères (les), l. 108
69 Souches (les), l. 103
70 Souches (les), h. 113
71 Souches (les), l. 132
72 Souchet (le), d. 66
73 Souchet (le), d. 132
74 Souchon, m. 246
75 Souci (le), f. 233
11976 Soudain, l. 34
77 Soudan (le), h. 103
78 Soudard, l. 15
79 Soudier, l. 32
80 Soudrai (le grand), d. 153
81 Soudrai (le petit). 153
82 Souillats (les), d. 63
83 Souis (les), d. 45
84 Souis, ch. et d. 244
85 Souille, vge. 250
86 Soule (la), d. 231
87 Soulereux, vig. 179
88 Soulice, l. et m. 40
89 Soulice (le grand), d. 46
90 Soulice (le petit), d. 46
91 Soulier (le), d. 80
92 Soulier (le), l. 113
93 Souliers (les), d. 192
94 Souliers (les), d. 312
95 Soulongis, d. 312
96 Soumiers (les), d. 102
97 Soupaise, h. 74
98 Souperons (les loges des), vge. 223
99 Sourd (le), d. 15
12000 Sourdinières (les), d. 270
1 Souroux, d. 72
2 Sous (les), d. 74
3 Sous le bois, d. 160
4 Sous le bois Frobert, l. 64
5 Soutron (le), d. 129
6 Souvière, d. 120
7 Souvigné, f. 278
8 SOUVIGNI, ville. 272

12009 Souvignière, d. 97
10 Souvigni le Thion, h. 192
11 Souvol, vig. 82
12 Sprato (la). 29
13 Spées (les), d. 279
14 Soyers (les), d. 95
15 Station (la). 68
16 Station (la). 99
17 Station (la). 255
18 Suave (la), l. 95
19 Suave (la), l. 266
20 Suavre (la), d. 301
12021 Suche (la), d. 73
22 Suchelle (la), h. 56
23 Suchères, l. 155
12024 Suches (le champ des), l. 244
25 Suchet (le), d. 223
26 Suchet (le grand), f. 267
27 Suchet (le), vig. 272
28 Sugère, h. 256
29 Suivière, h. 44
30 Sur Bord, vig. 164
31 Sur Chenot. 33
32 Surets (les grands), d. 33
33 Surets (les petits), d. 33
34 Sur la Route, l. 247
35 Sur le Champ, h. 13
36 Sur le Pré, d. 113
37 SUSSAT, vge. 273
38 Susset, l. 241

T

12039 Tabarins (les), d. 142
40 Tabaseau, d. 194
41 Tacard, m. et l. 132
42 Tachet, d. 85
43 Tachotte (la), d. 46
44 Tachon, l. 6
45 Tachon, h. et m. 54
46 Tachon, vge. 247
47 Tacorins (les), d. 173
48 Tafleur, l. 160
49 Taillables (les), vig. 38
50 Taillandiers (les), f. 287
51 Taillard, f. 34
12052 Taille Bottes, f. 37
53 Taillefer, d. 152
54 Taillerets (les), d. 130
55 Tailles (les), d. 124
56 Tailles (les), f. 129
57 Tailles (les), l. 293
58 Taillis (le), l. 216
59 Taillis (le), d. 244
60 Taillis (le), vig. 283
61 Taillis Gras (le), l. 117
62 Taillons (les), d. 13
63 Tains (les), d. 207
64 Tains d'en bas (les), d. 65

12065 Tains d'en haut (les), d. 65
66 Tains (le pont des), d. 65
67 Talabas, h. 304
68 Talabert, h. 196
69 Talbots (les), d. 280
70 Taleine, h. 84
71 Talles (les), h. 265
72 Talon, d. 77
73 Talon, h. 132
74 Talots (les), l. 216
75 Talvat, l. 160
76 Tamizière, h. 145
77 Tampons (les), l. 112
78 Tanière (la), h. 5
79 Tanière (la), l. 281
80 Tanières (les), ch. et d. 112
81 Taniers (les), d. 280
82 Tannerie (la), l. 100
83 Tannerie (la), l. 231
84 Tanneries (les), l. 3
85 Tanneur (le), f. 255
86 Tanneurs (les), d. 192
87 Tanquat, d. 57
88 Tantôt, l. 93
89 Taons (les), moul. 113
90 Taponne (la), l. 105
91 Taransat, d. 274
92 Tarde (le), d. 223
93 Tardes (les), h. 131
94 Tardifs (les), d. 72
95 Tardis (les), d. 205
96 Tardivon, d. 244
97 Tareplan, l. 23
12098 Target, vge. 27
99 Tariant, l. 21
12100 Tarjazet, h. 27
1 Tarlets (les), vig. 7
2 Tarnissats (les), d.
3 Tarrago (le), l. 4
4 Tartarin, d. 37
5 Tartasses (les), f. 5
6 Tartasses (les), d. 99
7 Tartasses (les), l. 127
8 Tartelinière, d. 129
9 Tartot (le), l. 6
10 Tartet (le), l. 313
11 Tartiget, d. 54
12 Tarzi, h. 314
13 Taupe (la), l. 85
14 Taupinière (la), d. 85
15 Taureaux (les), vig. 42
16 Taureaux (les), d. 142
17 Tauvanais (les), h. 30
18 Taux (les), d. 41
19 Taverniers (les), l. 130
20 Taxat, vge. 115
21 Taxat, vge. 275
22 Taxins (les), d. 81
23 Têche, d. 17
24 Teinturière, h. 234
25 Teillat, d. 263
26 Teille (la grande), f. 129
27 Teille (la petite), d. 129
28 Teilles (les), f. 289
29 Teillet, vge. 276
30 Teilli, d. 262
31 Teillin, h. 170

12198 Ther, l. 151

99 Thervin, d. 263

12200 Thet (le), d. 279

1 Theuils (les grands), d. 271

2 Theuils (les petits), d. 271

3 Theux (les), m. 113

4 Thévenards (les), d. 283

5 Thévenet, h. 113

6 Thévenet, d. 152

7 Thévenet (la grange), l. 6

8 Thévenets (les), d. 108

9 Thévenin, d. 263

10 Thévenins (les), l. 108

11 Thévenins (les), vge. 302

12 Thévenots (les), h. 71

13 Thianges, d. 157

14 Thiaux (les), l. 64

15 Thiaux (les), d. 315

16 Thibaud, d. 93

17 Thibaudats (les), d. 312

18 Thibaude (la), l. 108

19 Thibauds (les), f. 39

20 Thibauds (les), f. 168

21 Thibauds (les), d. 289

22 THIEL, vge. 280

23 Thierri (les), f. 25

24 Thierri (les), d. 77

25 Thierri (les), l. 165

26 Thiers (les), d. 131

27 Thiolais, d. 198

28 Thiolet, m. f. 46

29 Thiolets (les), d. 271

30 THIONNE, vge. 281

31 Thiot (chez le), l. 129

12232 Thomarats (les), d. 309

33 Thomas (les), vig. 25

34 Thomas, m. 113

35 Thomas, m. 168

36 Thomas, d. 202

37 Thomas (les), d. 237

38 Thomassots (les), h. 100

39 Thonin (le), d. 121

40 Thorel (le), d. 4

41 Thuelles (les), h. 49

42 Thuelles (le bas des), d. 49

43 Thuillières, d. 11

44 Tiauleron, riv. et m. 313

45 Tibi, l. 288

46 Tiffauge, d. 88

47 Tignat, h. 115

48 Tilai, d. 140

49 Tilai, l. 223

50 Tillerie (la), h. 46

51 Tillets (les), d. 69

52 Tillot (le), h. 76

53 Tilloux (le), vge. 104

54 Tilloux (les), d. 97

55 Tilli, h. 63

56 Tilli, m. 118

57 Tilli, h. 248

58 Tilli, h. et m. 233

59 Tinotons (les), f. 90

60 Tirage, d. 107

61 Tire oiseau, d. 255

62 Tireuse (la), ch. et d. 101

63 Tireuse (la), d. 130

64 Tire Vinaigre, l. 288

65 Tisais (les), d. 37

12266 Tisais, h. 200
67 Tisat, vig. et l. 50
68 Tison, h. 22
69 Tison, h. 109
70 Tison, h. 117
71 Tison, d. 152
72 Tison, vge. 184
73 Tison, f. 259
74 Tisse (le grand et le petit), d. et l. 212
75 Tisserons (les), f. 259
76 Tissier, d. 202
77 Tissiers (les), d. 17
78 Tissiers (les), d. 142
79 Tissiers (les), d. 220
80 Tivalets (les), d. 101
81 Tivalières, ch. et d. 145
82 Tivelet, l. 4
83 Tivet, h. 288
84 Tivoli, d. 90
85 Tivoli, h. 100
86 Tixiers (les), d. 119
87 Tocade (la), l. 240
88 Tocants, d. 288
89 Tocat, f. 91
90 Togue, f. 136
91 Toines (les), h. 245
92 Toinon, h. 113
93 Tolet, l. 179
94 Tombe aux Pèlerins (la), l. 248
95 Toquins (les), d. 6
96 Toquins (les), vge. 234
97 Torards (les), d. 237
12298 Torchats (les), d. 65
99 Torchons (les), d. 271
12300 Torci, ch. et f. 120
1 Torrière, d. 120
2 Torterats (les), d. 41
3 TORTESAIS, vge. 282
4 Tôte (la), h. 45
5 Toubrac, l. 151
6 Toule (la), h. et ch. 89
7 Toulon, h. 137
8 Toulon, d. 138
9 TOULON, vge. 283
10 Toulon, m. 283
11 Tour (la), d. 1
12 Tour (la), vge. 28
13 Tour (le), m. 34
14 Tour (le), d. 64
15 Tour (la), d. 100
16 Tour (la), d. et m. 101
17 Tour (la), d. 186
18 Tour (la), d. 193
19 Tour (la), ch. et f. 247
20 Tour (la), m. 248
21 Tour (la), d. 263
22 Tour (la), d. 264
23 Tour (la), m. 272
24 Tourallière, d. 279
25 Tourandière, h. 145
26 Tour du Bouis (la), d. 131
27 Touri, ch. et h. 170
28 Touri, f. 193
29 Touri, d. 231
30 Touris (les), d. 145

12398 Tremblais (les), d. 83
99 Tremble (le), f. 103
12400 Trembles (les), l. 280
1 Trembles (les), h. 318
2 Tremblet (le), l. 150
3 Trembouille, l. 34
4 Trembout, d. 288
5 Trépasse (la), l. 153
6 Tresseaux (les), h. 218
7 Trésuble, d. 288
8 Trétagne, d. 52
9 TRETEAU, vge. 286
10 Treuil (le), d. 25
11 Treuil (le), d. 149
12 Treux (le), d. 200
13 Treux (le), h. 246
14 Trève (la), l. 209
15 Trève (le), h. 215
16 Trève Bonnefond (le), loc. 222
17 Trève de Radde, l. 247
18 Trève Gaille, l. 6
19 Trèves (le grand), d. 151
20 Trèves (le petit), d. 151
21 TREVOL, vge. 287
22 TREZELLE, vge. 288
23 Tribouillat, l. 32
24 Triboulets (les), d. 61
25 Tribunal (le), h. 126
26 Tricoule, d. 280
27 Trilliers (les), h. 79
28 Trilliers (les), h. 190
29 Trilliers (les), d. 299
30 Trimouille (la), f. 7
12431 Trimouille (la), d. 45
32 Trimouille (la), vge. 162
33 Trimouille (la), d. 218
34 Trimoulet, d. 285
35 Trios (les), l. 36
36 Trochère, h. 279
37 Trocherie (la), l. 129
38 Trochetière, l. 46
39 Trois ou le Trait, f. 220
40 Trois Arbres (les), d. 312
41 Trois Chênes (les), d. 226
42 Trois Chênes (les), d. 316
43 Trois Fourneaux (les), vig. 99
44 Trois Rigoles (les), d. 202
45 Trois Rubans (les), d. 13
46 Trolière (la), ch. et l. 12
47 Trollière (la), ch. 279
48 Troumpsol, h. 13
49 Tronçais, h. 219
50 Tronçais (la), h. 63
51 Tronçais, l. 100
52 Tronçais, l. 251
53 Trône, (le) d. 116
54 Trône (le), l. 285
55 TRONGET, vge. 289
56 Tropvendu, l. 304
57 Trouplandière, d. 129
58 Trouvas, d. 213
59 Truelle (la), h. 50
60 Truges (les), d. 262
61 Tuche (la), l. 216
62 Tuches (les), l. 129
63 Tueloup, l. 17

12527 Turau (le), d. 23
28 Turau (le), d. 61
29 Turau (le), d. 112
30 Turau (le), l. 128
31 Turau (le), l. 149
32 Turau (le), d. 236
33 Turau Jaune (le), l. 205
34 Turau Jaune, l. 225
35 Turau Sec, l. 199
36 Turau Sec (le), l. 271
37 Turaux (les), h. 79
38 Turaux (les), d. 82
39 Turaux (les), h. 84
40 Turaux (les), l. 106
12541 Turaux (les), d. 121
42 Turaux (les), l. 209
43 Turaux (les), d. 151
44 Turaux (les), l. 225
45 Turaux (les), d. 251
46 Turgis, l. 93
47 Turiers (les), h. 18
48 Turiers (les), d. 100
49 Turiers (les), d. 133
50 Turiers (les), d. 237
51 Turiers (les), d. 297
52 Turlu, d. 77
53 Turne (la), l. 24
54 Turne (la), l. 112

U

12555 Unson, d. 228
56 Urçai, vge. 290
57 Urci (la chapelle d'), éc. 154
58 Urfé, l. 202
59 Usat, h. 147
12560 Usine (l'), m. 236
61 Usine à gaz (l'), us. 93
et 310
62 Usseaux (les), d. 125
63 Ussel, h. 291

V

12564 Vacheries (les), h. 186
65 Vacheron, h. 268
66 Vacherot, l. 18
67 Vaches (les), d. 143
68 Vaches (les), m. 221
69 Vachettes (les), d. 217
12570 Vadets (les), d. 165
71 Vagabon (le), l. 40
72 Vaillers (les), d. 65
73 Vaise, d. 90
74 Val (la), f. 20
75 Val (la), d. 227

12610 Varenne (la petite), l. 61
11 Varenne (la), d. 233
12 Varenne (la), ch. et t. 262
13 Varenne (la), ch. et d. 266
14 Varenne (la), d. 272
15 Varenne Digue (la), h. 307
16 Varenne Lyonne, d. 108
17 Varennes (les), h. 16
18 Varennes (les), h. 42
19 Varennes (les), h. 58
50 Varennes (les), d. 129
51 Varennes (les), vge. 184
52 Varennes (les), f. 259
53 Varennes (les), f. 280
54 Varennes Bonvin (les), d. 208
55 Varennes du Thurien, d. 18
56 VARENNES-SUR-ALLIER, vil. 295
57 VARENNES-SUR-TÊCHE, vge. 296
58 Varigni, f. 109
59 Varigni, h. 211
60 Varille, f. 129
61 Varins (les), d. 20
62 Varnes (les), l. 129
63 Varniers (les), l. 83
64 Varoux (la), d. 248
65 Varre (la), d. 84
66 Vas (la), f 29
67 Vas (la), l. 68
68 Vas (la), h. 233
69 Vas (la grande), f. 314

12670 Vas (la petite), l. 314
71 Vau (la), d. 2
72 Vau (la), d. 85
73 Vau (la), d. 93
74 Vau (la), vge. 150
75 Vau (la), d. 170
76 Vau (la), l. 192
77 Vau (la), d. 198
78 Vau (la), f. 266
79 Vau (la), d. 279
80 Vau (la), d. 280
81 Vau (la), d. 301
82 Vau (le), l. 93
83 Vau (le), h. 97
84 Vau Blanche (la), f. 117
85 Vaucoulmain (le grand), d. 11
86 Vaucoulmain (le petit), d. 11
87 VAUMAS, vge. 297
88 Vaure (la), h. 219
89 Vaure (grand), f. 13
90 Vaure (grand), f. 118
91 Vaure (petit), f. 118
92 Vaures (les), d. 108
93 Vaures (les), d. 127
94 Vauri (la), vge. 276
95 VAU SAINTE-ANNE (LA), vge. 298
96 Vauvernier, d. 134
97 Vauvre (la), d. 13
98 Vauvre (la), d. 115
99 Vauvre (la), d. 188
12700 Vauvre (la), f. 231

12701 Vauvre (la), h. 281
2 Vauvre (la), d. 297
3 Vauvre (la), d. 314
4 Vauvres (les), d. 148
5 Vauvres (les), d. 234
6 Vaux (les), l. 22
7 Vaux, d. 32
8 Vaux, vge. 53
9 Vaux (les), h. 67
10 Vaux (les), l. 68
11 Vaux (les), h. et f. à ch. 89
12 Vaux (les), d. 138
13 Vaux, d. 169
14 Vaux, d. 290
15 Vaux, vge. 299
16 Vaux, vge. 305
17 Vaux (les grands), l. 158
18 Vavrin, l. 46
19 Vay (la), f. 315
20 Vayauds (les), d. 192
21 Vazeille, f. 243
22 Vazenton, h. 299
23 Veauce, vge. 300
24 Veillards (les), mét. 226
25 Veillats, d. 200
26 Veillauds (les), l. 61
27 Veillauds (les), d. 191
28 Veillauds (les), d. 192
29 Veillon (le), l. 64
30 Veillon (loge), l. 262
31 Velatte (la), d. 38
32 Velatte (la), h. 67
33 Velatte (la), vge. 279
34 Vellat, d. 115
12735 Velles (les), l. 248
36 Velles (les), l. 279
37 Venant, m. 274
38 Venas, vge. 301
39 Venas (le bois de), h. 301
40 Venauds (les), d. 22
41 Vendat, vge. 302
42 Vendat (le vieux), h. 302
43 Vendats (les), d. 182
44 Vendée (la), h. 141
45 Vendeuil, d. 156
46 Ventaine, d. 153
47 Vente (la), h. 135
48 Venteuil, h. 144
49 Venteuil, vge. 264
50 Vents (les), l. 216
51 Ventuile, h. 30
52 Verbois (le), h. et m. 302
53 Verdaumas, d. 302
54 Verdet (le), d. 158
55 Verdets (les), d. 61
56 Verdière (la), f. 16
57 Verdines (les), h. 107
58 Verdure (la), h. 46
59 Verdure (la), d. 111
60 Verge aux Moines (la), l. 216
61 Verger (le), h. 6
62 Verger (le), h. 41
63 Verger (le), ch. 69
64 Verger (le), l. 81
65 Verger (le), d. 109
66 Verger (le), l. 127
67 Verger (le), h. 156

12768 Verger (le), l. 202
69 Verger (le), ch. 224
70 Verger (le), d. 216
71 Verger (le), d. et t. 260
72 Verger (le), d. 264
73 Verger (le), d. 271
74 Verger (le), f. 277
75 Verger (le grand), d. 130
76 Verger (la loge), d. 260
77 Verger (le petit), d. 175
78 Vergers (les), h. 28
79 Vergers (les), f. 40
80 Vergers (les), d. 188
81 Vergers (les grands), f. 272
82 Vergers (les petits), f. 272
83 Vergnasson, l. 213
84 Vergnaud (le), d. 128
85 Vergnauds (les), d. 191
86 Vergnaux (les), d. 283
87 Vergnes (les), l. 45
88 Véri, h. 269
89 Véri d. et m. 288
90 Vérie (la), l. 113
91 Vérigni, h. 153
92 Vérine (la), d. 102
93 Verines (les), l. 293
94 Verjalais, d. 12
95 Verlotière (la), d. 272
96 Vermillière, h. 283
97 Vernai (le), f. 19
98 Vernai (le), d. 69
99 Vernai (le), l. 222
12800 Vernai (le), h. 289
1 Vernaie (la), d. 289

12802 Vernais (le grand), d. 62
3 Vernais (le petit), l. 62
4 Vernal (la), d. 39
5 Vernansal, d. 296
6 Vernassoux (les), h. 146
7 Vernassoux (la chaume des), l. 146
8 Vernasseaux (les), d. 90
9 Vernat (le), d. 150
10 Vernats (les), d. et l. 13
11 Vernatte (la), d. 131
12 Vernattes (les), d. 312
13 Vernaud (la), h. 306
14 Verne (le), d. 84
15 Verne (la), h. 106
16 Verne (le), d. et l. 149
17 Verne (le), f. 244
18 Verne (le), f. 265
19 Verne (le), d. 313
20 Verne (l'étang), l. 51
21 Verne (le moulin), m. 51
22 Verne (la petite), d. 129
23 Verne (le moulin de), m. 216
24 Verne d'en bas (le), l. 216
25 Verne d'en haut (le), l. 216
26 Vernée (la), l. 138
27 Vernei (le), d. 97
28 Verneix (le), h. 104
29 Verneix (le), vig. 239
30 VERNEIX, vge. 303
31 Vernelle (la), l. 165
32 Vernelle (la), d. et m. 191
33 Vernelle (la), l. 272

12834 Vernelles (les), d. 244
35 Vernes (les), d. 11
36 Vernes (les), d. 39
37 Vernes (les), d. 102
38 Vernes (les), d. 137
39 Vernes (la maison des), h. 69
40 Vernes (les grands), d. 101
41 Vernes (les petits), d. 101
42 Vernes (les petits), d. 138
43 Vernet (le), h. 4
44 Vernet (le), d. 9
45 Vernet (le), l. 14
46 Vernet (le), h. 41
47 Vernet (le), d. 54
48 Vernet (le), d. 86
49 Vernet (le), d. 90
50 Vernet (le), vge. 123
51 Vernet (le), l. 137
52 Vernet (le), vge et t. 163
53 Vernet (le), d. 176
54 Vernet (le), d. 216
55 Vernet (le), l. 247
56 Vernet (le), l. 293
57 VERNET (LE), vgne. 304
58 Vernet (le grand), d. 282
59 Vernet (la grange), d. 104
60 Vernet (louage), l. 166
61 Vernet (le petit), d. 282
62 Vernets (les), d. 18
63 Vernets (louage des), l. 18
64 Vernets (les), d. 262
65 Verneuil, l. 32
66 Verneuil, vge. 35
12367 VERNEUIL, ville. 305
68 Verneuille (la), d. 42
69 Vernier, f. 129
70 Vernière (la), l. 113
71 Vernière (la), l. 142
72 Vernière (la), d. 314.
73 Vernière (loge), l. 262
74 Vernin, h. et m. 209
75 Verniole (la), d. 131
76 Vernisses (les), f. 98
77 Vernoille (la), f. 208
78 Vernois (le), h. 151
79 Vernois (le grand), d. 151
80 Vernois (le petit), h. 151
81 Vernois (le), d. 184
82 Vernois (le), vge. 209
83 Vernouillet (le grand), d. 34
84 Vernouillet (le petit), d. 34
85 Vernouillet (le prieuré de), 34
86 Vernue (la), d. 19
87 Vernue (la), d. et m. 161
88 Vernugeat (le), d. 5
89 VERNUSSE, vge. 306
90 Vernusses, (les), vig. 37
91 Verpi (le), d. 193
92 Verpillat, d. 132
93 Verpillière (la grande), f. 235
94 Verpillière (la petite), d. 235
95 Vert Pré, d. 192

12896 Vernie (la), d. 61
97 Verrerie (la), d. 35
98 Verrerie (la), d. 141
99 Verrerie (la), éc. 147
12900 Verrerie (la), d. 237
1 Verrerie (la), vge. 245
2 Verrerie (la), l. 281
3 Verres (les), f. 85
4 Verret, d. 74
5 Verrière, d. 230
6 Verrière (la), d. 279
7 Verrins (les), d. 305
8 Versannes (les), d. 275
9 Verseilles, ch. et h. 227
10 Verseilles, h. 255
11 Vers le Bois, d. 221
12 Vers les Bois, d. 247
13 Vert (le), l. 8
14 Vert (le), d. 167
15 Vertilière, l. 222
16 Vert Luisant, h. 304
17 Verts (les), l. 149
18 Verts, l. 33
19 Vervatière, d. 126
20 Verveaux, h. 53
21 Verzelle (la), vge. 184
22 Verzun d'en bas, h. 274
23 Verzun d'en haut, h. 274
24 Vésème, d. 269
25 Vésignat, d. 3
26 Vésien, d. 3
27 Vésinière, d. 34
28 Vésinière, l. 235
29 Vessai, ch. 265

12930 Vesse, h. et 2 sc. 113
31 Vesse, vge. 307
32 Vesset (les), d. 296
33 Vesvre (la), h. 46
34 Vesvre (la), l. 88
35 Vesvre (la), l. 117
36 Vesvre (la), l. 129
37 Vesvres (les), d. 34
38 Vesvres (les), vig. 37
39 Vesvres (les), ch. et d. 84
40 Vesvres (les), f. 130
41 Vetets (les), d. et m. 237
42 Veurdre (le), ville. 308
43 Vévin, l. 69
44 Vialas (la), h. 92
45 Vialattes (les), h. 13
46 Vialle (la), h. 139
47 Viallet, d. 252
48 Viallets (les), d. 213
49 Viandons (les), f. 73
50 Vic, vge. 309
51 Vicaires, d. et m. 202
52 Vicairie (la), vig. 195
53 Vicairie (la), l. 266
54 Vichy, ville. 310
55 Vichis (les), h. 101
56 Videau, m. 304
57 Vie (la), sc. 113
58 Vie (la), m. 107
59 Vieille Chaise, d. 245
60 Vieilles (les), l. 41
61 Vieilles Places (les), d. 221
62 Vieilles Vignes (les), h. 148

12963 Vieilles Vignes (les), d. 232
64 Vieille-Vigne, h. 256
65 Viéni, d. 216
66 Viennet, d. 113
67 Viermeux, ch. et d. 93
68 Vierne (la), h. 236
69 VIEURE, vge. 311
70 Vieux Moulin (le), l. 77
71 Vieux Moulin, l. 260
72 Vigerot, l. 164
73 Vigier, d. 8
74 Vigenère, h. 41
75 Vigirière, d. 132
76 Vignaud (le), d. 6
77 Vignaud (le), vge. 35
78 Vignaud (le), d. 73
79 Vignaud (le), l. 98
80 Vignaud (le), d. 163
81 Vignaud (le), l. 184
82 Vignaud (le), d. 221
83 Vignaud, m. et h. 222
84 Vignaud (le), h. 227
85 Vignaude (la), l. 221
86 Vignauds (les), d. 54
87 Vignauds (les), vig. 89
88 Vignauds (les), f. 91
89 Vignauds (les), l. 174
90 Vignauds (les), l. 237
91 Vignauds (les), h. 234
92 Vignauds (les), h. 283
93 Vignauds des Bois (les), d. 234
94 Vigne (la), l. 89
12995 Vigne (la), l. 128
96 Vigne (la), l. 129
97 Vigne (la), l. 132
98 Vigne (la), d. 133
99 Vigne (la), d. 181
13000 Vigne (la), l. 190
1 Vigne (la), h. 217
2 Vigne (la), h. 222
3 Vigne (la), l. 279
4 Vigne au Bois (la), d 46
5 Vigne de la Cure (la), l. 148
6 Vigne Noire (la), l. 193
7 Vignerons (les), f. 84
8 Vignes (les), l. 31
9 Vignes (les), l. 33
10 Vignes (les), d. 125
11 Vignes (les), l. 129
12 Vignes (les), d. 169
13 Vignes (les), d. 297
14 Vignes (les grandes), d. 231
15 Vignes Mortes (les), l. 218
16 Vignes (rue des), h. 234
17 Vignes Moutons (les), f. 287
18 Vignoble (le), l. 138
19 Vignol, h. 93
20 Vignolats (les), d. 231
21 Vignolle (font), l. 113
22 Vignolle, d. 121
23 Vignolle (la), l. 156
24 Vignolle (la), f. 289
25 Vignoux (le), vge. 99
26 Vignoux (le), m. 127

13027	Vignoux (le), d.	174
28	Vigoux (le), d.	256
29	Villaceaux d. et l.	279
30	Villagneux, h.	285
31	Villaigre, m. et d.	283
32	VILLAIN (LE), vge.	312
33	Villaine (la), d.	46
34	Villaine (la), d.	86
35	Villaine (la), h.	128
36	Villaine (la), d.	183
37	Villaine, b. et d.	155
38	Villaine, d.	303
39	Villaine, f.	311
40	Villaine (la), d.	312
41	Villaire, d.	85
42	Villanche, d.	264
43	Villard, d. et t.	9
44	Villard, d.	108
45	Villard, d.	244
46	Villard, h.	263
47	Villard, ch. f. et m.	288
48	Villard-les-Bois, vge.	87
49	Villards (les), d.	180
50	Villards (les), d.	201
51	Villards (les), h.	217
52	Villards (les), d.	237
53	Villards (les), h.	306
54	Villards (les grands), d.	202
55	Villards (les petits), d.	202
56	Villars (les), s.	20
57	Villars, vig.	99
58	Villars, f.	315
59	Villatte (la), l.	29
13060	Villatte (la), h.	45
61	Villatte (la), f.	95
62	Villatte (la), l.	102
63	Villatte, d.	127
64	Villatte (la), d.	156
65	Villatte (la), f.	223
66	Villatte (la), vge.	276
67	Villatte (la), d.	293
68	Villatte (la), d.	312
69	Villates (les), d.	190
70	Villateux, h.	277
71	Villaumont, d.	145
72	Ville (la), f.	184
73	Ville (la), l.	107
74	Ville (la), f.	212
75	Ville (la), d.	217
76	Ville (la), d. et m.	318
77	Ville-au-Geai (la), h.	285
78	Ville aux Juifs (la), h.	310
79	Villeban (le), m. et h.	12
80	Villebon, h.	283
81	Villebonnet, h.	228
82	Villebost, h.	243
83	Villebouche, ch. et d.	285
84	VILLEBRET, vge.	313
85	Ville Brulant (la), h.	256
86	Ville Bruyère, d.	282
87	Villecort, d.	244
88	Ville d'Arnel (la), d. et l.	167
89	Villedière, d.	129
90	Ville-Dieu, d.	170
91	Ville-Dieu, d.	248
92	Ville-Dieu (le petit), l.	248

13093 Ville Doumi, h. 223
94 Villefont, f. 112
95 Villefort, d. 64
96 Villefranche, h. 44
97 Villefranche (la), d. 170
98 Villefranche, vge et d. 250
99 Villefranche (la), h. 274
13100 VILLEFRANCHE, ville. 314
1 Villefroide, h. 150
2 Ville Gabi, d. 20
3 Ville Gelée, d. 214
4 Ville Gué, éc. 93
5 Villejalais, h. 228
6 Villejau, d. 248
7 Ville-Morte, vig. 18
8 Villemouse, d. 19
9 Villemouse (la tour de), h. 201
10 Villenau, h. 262
11 Villenau, h. 203
12 Villenette, h. 7
13 Villeneuve, h. 105
14 Villeneuve, t. 118
15 Ville-Neuve (la), h. 150
16 Ville Neuve (la), d. 242
17 Villeneuve, ch. et d. 248
18 VILLENEUVE, b. 315
19 Villenu, d. 153
20 Villepêse, h. 233
21 Villeporte, h. 180
22 Ville Raimond (la), h. 256
23 Villerons (les), d. 220
24 Villesavoye, f. 311
25 Ville Soule, h. 303
13126 Villetanges, h. 156
27 Villette (la), h. 26
28 Villette (le grand), d. 56
29 Villette (le petit), l. 56
30 Villette (la), h. 86
31 Villette, f. 102
32 Villette (la), l. 295
33 Villette d'en bas (la), h. 306
34 Villette d'en haut (la), d. 306
35 Villette (la), vge. 317
36 Villevaudré (le grand), vge. 70
37 Villevaudré (le petit), h. 70
38 Ville Vieille, d. 241
39 Villienne (grande), d. 129
40 Villienne (petite), d. 129
41 Villier (grand), vge. 45
42 Villier (petit), h. 45
43 Villier (le grand), 129
44 Villiers, l. 46
45 Villiers, d. et ch. 99
46 Villiers, d. 145
47 Villiers (le grand), vge. 39
48 Villiers (grand), d. 193
49 Villiers (petit), d. 39
50 Villiers (petit), h. 193
51 Villon (loge), l. 262
52 Villonne, h. 10
53 Villonne (la), d. 45
54 Villonne, d. 106
55 Vincenons (les), d. 244
56 Vincent, h. 6
57 Vincent, d. 12

13158 Vincent, vge. 240
59 Vincents (les), d. 138
60 Vincents (les), d. 225
61 Vinouse (la), d. 58
62 Vinzelle, vge. 137
63 Violets (les), d. 25
64 Violette (la), l. 181
65 Violon (le), l. 202
66 Violon (le), l. 232
67 Viose (la), l. 279
68 Viots (les), l. 65
69 Viplaix, vge. 316
70 Vira (la), l. 113
71 Viralet, d. 301
72 Virand, d, 93
73 Virauds (les), f. 71
74 Virlobier, h. et moul. 253
75 Virlogeux d'en bas (les), d. 212
76 Virlogeux d'en haut (les), d. 212
77 Virot, m. 6
78 Virots (les), vig. 38
79 Virots (les grands), d. 271
80 Virots (les petits), d. et moul. 271
81 Virray, vge. 217
82 Viselles (les), d. 314
83 Visier (le), h. 279
84 Visier, d. 289
85 Visiers (les), h. 21
83 Visiers (les), d. 115
87 Visiers (les), d. 136
88 Visiers (les), l. 269

13189 Vitrai, vge. 317
90 Vitro (le), l. 40
91 Vitri (grand), d. 32
92 Vitri (petit), d. 32
93 Vitri (le grand), d. 213
94 Vitris (les), f. 41
95 Vivant, h. 61
96 Vivère (la), d. 25
97 Vivère (la). 272
98 Vivère (la), d. 283
99 Viviers (les), l. 214
13200 Vivier (le), l. 297
1 Vodot (le), d. 219
2 Vodot, f. et m. 309
3 Voire. m. et loc. 48
4 Voisin (loge), l. 262
5 Voisins (les), d. 51
6 Voisins (les), d. 174
7 Voisins (les), vge. 201
8 Voissières (les), h. 268
9 Volière, h. 278
10 Volive, d. 82
11 Voreille (la), d. 162
12 Vorel, m. 158
13 Vorut, l. 175
14 Voudelle, d. 32
15 Vouevres (les), d. 108
16 Vougands (les), vig. 38
17 Vougon, ch. 3
18 Vouroux, h. 295
19 Vousance (la), m. 142
20 Vousances (les), d. 233
21 Voussac, vge. 218
22 Voûte (la), d. 18

13223 Voûte (la), vge. 237
24 Vozelles, h. 108
25 Vredins (les), l. 13
26 Vregilat, l. 131
13227 Vri, d. 174
28 Vrolle, h. 258
39 Vroumat, vge. 309

Y

13230 Yonnerie (la), l. 46

Z

13231 Zabiers (les), vig. 23
32 Zamet, d. 186
33 Zéros (les), d. et m. 32
34 Zéros (les), d. 272
13235 Zéros (les), d. 284
Zéros (les), *voyez* les Aireaux, d. 170

TABLE

5632. 5753. 5813. 5870. 6112. 6155. 6516. 6831. 7059. 7390. 7392. 7632. 8170. 8632. 8774. 9516. 9661. 9728. 9787. 9915. 9960. 9990. 10186. 10231. 10314. 10391. 10493. 10962. 11629. 11738. 11739. 11824. 12210. 12232. 12388. 12389. 12813.

5. **ARCHIGNAT**, canton d'Huriel, arrond. de Montluçon. — Canton de Saint-Sauvier, district de Montluçon. — *ARCHINIACUS*, (1070-1080). — 27. 170. 736. 1615. 1623. 1796. 1819. 3010. 3922. 4198. 4623. 6004. 6306. 7219. 7534. 7667. 7677. 8002. 8631. 8775. 9631. 10775. 11583. 12078. 12526. 12888.

6. **ARFEUILLES**, canton et arrond. de La Palisse. — Chef-lieu du 7e canton, district de Cusset. — *ARFOLIA*, *ARFOLIÆ*, (1377). — ARFEUILLE. — 15. 140. 169. 195. 232. 652. 675. 783. 834. 906. 1279. 1282. 1302. 1303. 1315. 1467. 1518. 1548. 1566. 1593. 1616. 1646. 1917. 2305. 2312. 2378. 2709, 2730. 2745. 2749. 3742. 3743. 3960. 3982. 4036. 4176. 4329. 4331. 4519. 4666. 4672. 4685. 4717. 4717. 4742. 4930. 5066. 5165. 5176. 5190. 5218. 5338. 5441. 5444. 5717. 5827. 6058. 6069. 6194. 6244. 6201. 6320. 6325. 6361. 6407. 6409. 6553. 6582. 6616. 6740. 6750. 6885. 6913. 7150. 7174. 7329. 7359. 7373. 7428. 7689. 7721. 7752. 7753. 8137. 8182. 8186. 8217. 8262. 8274. 8421. 8485. 8777. 8789. 8833. 8883. 8884. 8935. 9103. 9149. 9160. 9724. 9833. 10004, 10480. 10563. 10713. 10849. 10873. 10935. 11044. 11056. 11277. 11342. 11360. 11419. 11534. 11542. 10244. 12109. 12207. 12295. 12367. 12378. 12384. 12418. 12761. 12976. 13156. 13177.

7. **ARPHEUILLE-SAINT-PRIEST**, canton de Marcillat, arrond. de Montluçon. — Canton de Néris, district de Montluçon. — *ARFOLIA ARFOLIÆ*, (XIVe siècle). — ARFEUILLE. — 233. 249. 625. 3338. 3891. 3909. 4711. 4506. 5397. 6755. 7062. 8849. 8850. 8942. 9178. 10927. 11212. 11636. 11807. 12187. 12430. 13112.

8. **ARRONNE**, canton du Mayet-de-Montagne, arrond. de La Palisse. — Canton de Cusset, district de Cusset. — *ARONA*, (1301). — ARONE. — 228. 332. 415. 585. 594. 717. 1089. 1220. 1486. 1732. 2723. 3171. 3322. 3459. 3728. 3980. 4012. 4318. 4319. 4320. 4427.

4512. 4593. 4885. 4934. 5001. 5078. 5328. 5367. 5382. 5410. 5479. 5926. 6313. 6720. 7880. 7992. 8303. 8866. 9067. 9156. 9165. 9687. 11071. 11088. 12635. 12913. 12973.

9. **AUBIGNI**, canton Ouest et arrond. de Moulins. — Canton du Veurdre, district de Cérilli. — *ALBINIACUS*, (1291). — 261. 1180. 1374. 2101. 3131. 4141. 6007. 6785. 7881. 8001. 8098. 8281. 9108. 10283. 10786. 11056. 11213. 12844. 13013.

10. **AUDE**, canton d'Hérisson, arrond. de Montluçon. — Canton d'Estivareilles, district de Montluçon. — *ALDA* (1088). — 267. 377. 1068. 3836. 3842. 3948. 4032. 4075. 4076. 4263. 4327. 4416. 4566. 4567. 5899. 5943. 6012. 6347. 6797. 7200. 7410. 7799. 7850. 7968. 8305. 8607. 8988. 9832. 9836. 9881. 10641. 10910. 11394. 12844. 13013.

11. **AUROUER**, canton Ouest et arrond. de Moulins réunie à Villeneuve (de 1837 à 1880). — Canton de Villeneuve, district de Moulins. — *ORATORIUM*, (1375). — 212. 213. 327. 898. 1617. 2223. 2498. 2713. 2961. 3106. 3363. 3680. 3729. 3794. 3985. 4415. 4744. 4906. 5113. 5371. 5372. 5509. 5718. 6083. 6488. 6526. 6883. 7372. 7575. 7991. 8187. 8943. 9058. 9211. 9272. 10303. 10306. 11065. 12302. 12685. 12686. 12835.

12. **AUTRI-ISSART**, canton de Souvigni, arrond. de Moulins. — Canton de Saint-Menoux, district de Moulins. — *AUTRIACUS*. — 110. 180. 331. 605. 775. 838. 841. 862. 1037. 1124. 1131. 1223. 1224. 1316. 1797. 1972. 2350. 2658. 2985. 3053. 3075. 3120. 3145. 3176. 3329. 3769. 4239. 4429. 4977. 5151. 5826. 5867. 5997. 6336. 7151. 7197. 7315. 7594. 7812. 7813. 7882. 8000. 8161. 8512. 8995. 8996. 9087. 9652. 9717. 9753. 9968. 10074. 10087. 10174. 10221. 10675. 10924. 11019. 11121. 11617. 11637. 12243. 12445. 12794 13070. 13157.

13. **AVERME**, canton Ouest et arrond. de Moulins. — Canton d'Iseure, district de Moulins. — *ARVERMUS*, (1097). — *ARVERME*, *ARVOIME*, (1300). — *AVERME*, (1408). — *AVERMIA*, (1364). — 88. 352. 992. 3099. 3737. 5811. 6229. 6557. 6790. 6903. 7883.

8332. 10080. 10353. 11110. 11256. 11141. 11268. 11835. 11910. 12035. 12062. 12133. 12148. 12145. 12166. 12697. 12810. 13225.

14. **AVRILLI**, canton du Donjon, arrond. de La Palisse. — Canton de Lurci (1790-1792), puis de Luneau (1792-1800), district du Donjon. — *AVRILIACO (parrochia de)*. — 40. 117. 231. 361. 420. 688. 750. 1162. 1265. 1316. 1873. 2229. 2297. 2439. 3218. 3263. 3709. 4029. 4663. 5470. 5915. 5948. 6326. 6145. 6192. 66.. 7080. 7250. 7188. 7525. 8813. 8875 8891. 9047. 9470. 9522. 9573. 9789. 9790. 10103. 10138. 10197. 10781. 10851. 10872. 11302. 11501. 11010. 12817.

15. **BAGNEUX**, Ouest canton et arrond. de Moulins. — Canton de Saint-Menoux, district de Moulins. — *BAIGNOX*, *BAGNEUX* (1300).— 104. 270. 285. 394. 473. 988. 1247. 1862. 2100. 2361. 7717. 7853. 7873. 7884. 8531. 9181. 9210. 9485. 9615. 10008. 10009. 10280. 10310. 10395. 10399. 11661. 11779. 11977. 11999. 12153. 12362.

16, **BARBERIER**, Canton de Chantelle, arrond. de Gannat. — Canton de Chantelle, district de Gannat. — *BARBARIACUS*, (XIIIe siècle). — BARBERIÉ. — 516. 1334. 1593. 1774. 3336. 4854. 5006. 5018. 5039. 5995. 6731. 7318. 7732. 7789. 7854. 7912. 7973. 8056. 8172. 8207. 8314. 8914. 9374. 9775. 9308. 10105. 10756. 10910. 11318. 12107. 12617. 12750.

17. **BARRAIS-BUSSOLLES**, arrond. et canton de La Palisse, formée des des deux paroisses de Barrais et Bussolles en 1833. l'une et l'autre du canton de Montaiguet, district du Donjon. — *BARREY (parrochia de)* (1353). — *BUSSOLII (parrochia)* (1377). — 56. 539. 581. 616. 850. 1238. 1629. 1864. 1948. 2298, 2310. 2594. 2603. 2787. 3113. 3184. 3528. 3623. 4005. 4030. 4500. 4552. 4985. 5707. 5754. 6070. 6364. 6386. 6563. 6634. 6670. 7082. 7276. 7277. 7886. 8299. 8815. 8844. 9161. 9162. 9104. 9784. 10785. 10834. 11113. 11169. 11294. 11295. 11704. 12123. 12277. 12339. 12463. 12468. 12469.

18. **BEAULON**, canton de Chevagnes, arrond. de Moulins. — chef-lieu du troisième canton du district de Moulins. — *BALONE*

(ecclesia de). (XIIe siècle). — BAULON. — 260. 266. 319. 337. 645. 696. 699. 743. 868. 1026. 1078. 1155. 1163. 1401. 1433. 1505. 1927. 2389. 2440. 2701. 3061. 3313. 3367. 3373. 3651. 3695. 3896. 3897. 1910. 2311. 3915. 4212. 4374. 4936. 5091. 5874. 6014. 6106. 6107. 6469. 6561. 6565. 6761. 6961. 7100. 7328. 7780. 7814. 7815. 7816. 7886. 7985. 8103. 8213. 8282. 8465. 8482. 8676. 8711. 8915. 8945. 9056. 9252. 9369. 9392. 9548. 9650. 9780. 9823. 9835. 10021. 10268. 10238. 10291. 10362. 10595. 10782. 10606. 10863. 11017. 11627. 11715. 12376. 12547. 12566. 12621. 12655. 12862. 12803. 13222.

19. **BAYET**, canton de Saint-Pourçain, arrond. de Gannat. — Canton de Saint-Pourçain, district de Gannat. — *BAYACUS* (1322). — 190. 253. 256. 763. 1383. 1878. 2306. 2511. 2036. 2803. 2953. 3014 3277. 3556. 3653. 4098. 4913. 5160. 5217. 5252. 6566. 6742. 6920. 7122. 7821. 8057. 8184. 8713. 8867. 9191. 10218. 10211. 11257. 12170. 12797. 12887. 13108. 13152.

20. **BEAUNE**, canton de Montmaraud, arrond. de Montluçon. — Canton de Montmaraud, district de Montluçon. — *BELNA* (1394). — 276. 687. 765. 809. 1672. 1754. 2441. 2820. 3144. 3557. 4283. 4284. 4686. 4968. 5075. 5251. 5363. 5414. 5719. 6222. 6929. 6934. 6991. 7237. 7279. 7503. 7700. 8089. 8238. 8817. 9315. 9848. 10160. 10250. 10734. 11269. 11420. 11657. 11780. 11801. 11810. 11909. 11931. 12188. 12574. 12627. 12661. 13056. 13102.

21. **BÈGUES**, arrond. et canton de Gannat. — Canton de Sauzet, district de Gannat. — *BECGUES* (1268), *BEGUES* (1301). — 901. 1215. 2616. 9212. 9292. 11883. 13185.

22. **BELLENAVES**, canton d'Ebreuil, arrond. de Gannat. — Chef-lieu du quatrième canton, district de Gannat. — *BALANAVIA* (1218). — *BALANAVA* (1322). — BELLENAVE. — 325. 353. 419. 426. 475. 761. 815. 986. 1011. 1534. 1692. 1707. 1730. 2067. 2127. 2205. 2412. 2523. 2517. 2803. 2914. 3415. 3453. 3492. 3596. 3793. 3796. 3941. 4178. 4334. 4361. 5103. 5557. 5617. 5622. 5637. 5661. 5708. 6267. 6659. 6803. 7337. 7508. 7063. 8017. 8163. 8218. 8613. 9051. 9231. 10376. 10533. 10603. 10712. 10776. 10824. 10837. 10916.

11214. 11229. 11270. 11531. 11592. 12266. 12663. 12171. 12706. 12740.

23. **BERT**, canton de Jaligni, arrond. de La Palisse. — Canton et district du Donjon. — *BERRA* (1345). — *BARRO (parrochia de)* (1447), *BAR* (1373), *BERRE* (1398). — BER. — 417. 873. 960. 1118. 1123. 1175. 1186. 1318. 1630. 1845. 1879. 1951. 2122. 2121. 2443. 2815. 3388. 3820. 3871. 3912. 4210. 4732. 4871. 5311. 5759. 5949. 6216. 6377. 6605. 6610. 6799. 7014. 7477. 7491. 7633. 7870. 8112. 8361. 8586. 9009. 9495. 9531. 9575. 10104. 10130. 10445. 10558. 10937. 10975. 10999. 11142. 11258. 11510. 11916. 12097. 12527.

24. **BESSAI**, canton de Neuilli-le-Réal, arrond. de Moulins. — Chef-lieu du cinquième canton, district de Moulins. — *BECIACUS* (1300). — BEÇAI. — 993. 1153. 1219. 1973. 1999. 2107. 2198. 2933. 3384. 3973. 4227. 4446. 4892. 4910. 5081. 5292. 5578. 5852. 5919. 6078. 6133. 6583. 6620. 6997. 7289. 7747. 7879. 8109. 8343. 8398. 8946. 9120. 9201. 9202. 9246. 9285. 9347. 9367. 9476. 9576. 10124. 10400. 10502. 10658. 10893. 11109. 11185. 11702. 11894. 11912. 11919. 12553.

25. **BESSON**, Canton de Souvigni, arrond. de Moulins. — Canton de Souvigni, district de Moulins. — BEHENSON (Xe siècle). — *BESSONIO (ecclesia de)*, (1283-1300).—500. 565. 907. 994. 1170. 1174. 1581. 1747. 1800. 1925. 2128. 2299. 2337. 2386. 2415. 2661. 2703. 2795. 2834. 2871. 2885. 2896. 3037. 3070. 3073. 3094. 3119. 3278. 3470. 3670. 3807. 4061. 4145. 4235. 4264. 4275. 4394. 4569. 4601. 4629. 4723. 4747. 4916. 5526. 5666. 5607. 5862. 5895. 6034. 6170. 6230. 6383. 6403. 6442. 6500. 6584. 6759. 6760. 6762. 7036. 7224. 7670. 8133. 8275. 8336. 8532. 8595. 8865. 8908. 8917. 9203. 9377. 9504. 9688. 9746. 9807. 9812. 9878. 9970. 10049. 10288. 10319. 10457. 10632. 10807. 10911. 11215. 11242. 11445. 11612. 11646. 11777. 11874. 12223. 12233. 12410. 13163. 13196. 13232.

25 (*bis*). **BÉZENET**, commune créée en 1880, canton de Montmaraud, arrond. de Montluçon, antérieurement comprise dans la

commune de Montvic. — BESENET. — 269. 1194. 3713. 3992. 4052. 5196. 5694. 6217. 6253. 6590. 6623. 6939. 7868. 7873. 9537. 9565. 9884. 10535. 11962. 12921. 12981.

26. **BILLEZOIS**, arrond. et canton de La Palisse. — Canton de La Palisse, district de Cusset. — *BILLESIACUS* (1219). — BILLESOIS. — 85. 95. 118. 835. 1090. 1243. 1244. 1281. 1535. 1869. 2077. 2304. 2418. 2166. 2169. 3111. 4213. 5354. 5389. 6422. 6189. 8267. 9030. 9671. 9744. 9788. 10317. 10540. 11749. 13127.

27. **BILLI**, canton de Varennes, arrond. de La Palisse.—Canton de Saint-Gerand-le-Puy, district de Cusset.—*BILLIACUS*, (1300). — *BILHET* (1353). — 27, 599. 966. 1215. 2410. 2938. 3331, 3399. 3444. 3508. 3654. 3770. 4257. 4929. 5599. 5692. 5810. 6061. 6199. 6878. 7404. 7725. 8006. 8027. 8566. 8598. 9155. 9471. 9512. 9526. 9542. 9672. 9796. 10096. 10102. 10154. 10251. 10252. 10320. 10838. 11201. 11465. 11560. 11605. 11710. 12390.

28. **BIOSAT**, arrond. et canton de Gannat.— Canton de Sauzet, district de Gannat. — 157. 784. 1463. 1525. 1695. 3251. 3502. 4085. 4246. 4447. 5193. 5359. 5680. 5681. 5684. 5875. 5927. 6381. 6852. 6853. 8200. 8724. 10814. 12312. 12778.

29. **BIZENEUILLE**, canton d'Hérisson, arrond. de Montluçon. — Canton d'Estivareilles, district de Montluçon. — *BUGINOLIO* (*ecclesia de*), (1097). — *BUGENOLIO* (*de*), (XIIe siècle). — *BIGENEULHE, BIGENOLHE*, (1301). — *BUGENEULHE*, (1322). *BIGANOLIA*, (1351). — BISENEUILLE. — 7. 94. 189. 202. 391. 888. 1271. 1448. 1656. 1657. 1701. 2143. 2155. 2105. 2927. 2983, 3034. 3261. 3352. 4101. 4411. 7690. 7702. 8210. 8212. 8331. 8612. 9035. 9711. 9805. 9980. 10152. 10361. 10406. 10499. 11096. 12012. 12472. 12666. 13059.

30. **BLOMARD**, canton de Montmaraud, arrond. de Montluçon. — Canton et district de Montmaraud. — *BLOMART* (*ecclesia sancti Boniti de*), (1319). — 84. 146. 1146. 1330. 1736. 1882. 3033. 3082. 3091. 3152. 3360. 3503. 3655. 4353. 4336. 4520. 4760. 5901. 6223. 6615. 6660. 7412. 7887. 8058. 8164. 8788. 9444. 10137. 10216.

10305. 10407. 10735. 10928. 11037. 11492. 11745. 11746. 12117. 12514. 12751.

31. **BOST**, canton de Cusset, arrond. de La Palisse. — Canton de Saint-Germain-des-Fossés, district de Cusset. — *BOSCO* (*villa-francha de*), (1310). — 149. 176. 410. 583. 797. 908. 1601. 1708. 3165. 4330. 4523. 4866. 4902. 5306. 5384. 5507. 6051. 6311. 7013. 7446. 9437. 9439. 11750. 13008.

32. **BOUCÉ**, canton de Varennes, arrond. de La Palisse. — Canton de Varennes, district de Cusset. — *BOCIACI* (*ecclesia*), (1350). — *BOCE* (1342). — *BOCEY* (1322). — *BOUCY* (1388). — 18. 509. 535. 1368. 1707. 2025. 2115. 2192. 2654. 2682. 2817. 3108. 3133. 3306. 3656. 3716. 3834. 3893. 4367. 4867. 5010. 5260. 5318. 5342. 5579. 5983. 6368. 6423. 7217. 7332. 7391. 7487. 7538. 7552. 7634. 7754. 8116. 8117. 8118. 8310. 8694. 9316. 9718. 9827. 10092. 10313. 10455. 10460. 10516. 10522. 10601. 10609. 10624. 10908. 11107. 11341. 11343. 11767. 11979. 12423. 12671. 12708. 12865. 13192. 13214. 13232.

33. **BOUCHAUD (LE)**, canton du Donjon, arrond. de La Palisse. — Canton de Montaiguet, district du Donjon. — 400. 530. 531. 537. 552. 1021. 1048. 1384. 1418. 1491. 1636. 1784. 2208. 2338. 2444. 2516. 2984. 3693. 3771. 3937. 4146. 4434. 4855. 5313. 5336. 5772. 6038. 6237. 6538. 6700. 7254. 8121. 8283. 8319. 8391. 9610. 9653. 10025. 10321 10366. 10470. 10498. 10636. 10963. 11452. 12031. 12032. 12033. 12917. 13009.

34. **BOURBON-L'ARCHAMBAUD**, chef-lieu de canton, arrond. de Moulins. — Chef-lieu du quatrième canton du district de Cérilli. — *BURBUNTIS CASTRUM*, (VIIIe siècle). — *BURBUNENSE CASTRUM*, (1065). — *BURBURNE*, (XIe siècle). — *BORBONIUM*, (XIIe et XIIIe siècles). — *BORBONIUM-ARCHEMBALDI*, (XIIIe-XVIIe siècles). — BOURBON-L'ARCHEMBAUD. — **Burges-les-Bains**. — 112. 252. 277. 308. 387. 598. 659. 731. 831. 1038. 1201. 1482. 1488. 1559. 1564. 1725. 1746. 1815. 1940. 1960. 1980. 1988. 1989. 1996. 2011. 2047. 2117. 2194. 2195.

2232. 2291. 2311. 2326. 2592. 2593. 2655. 2783. 2786. 2851. 2937. 2993. 3055. 3066. 3103. 3200. 3254. 3715. 4069. 4070. 4288. 4321. 4382. 4473. 4558. 4585. 4789. 4807. 4978. 5358. 5398. 5561. 5760. 6203. 6260. 6265. 6275. 6338. 6451. 6477. 7056. 7065. 7101. 7171. 7297. 7710. 7719. 7888. 8068. 8488. 8526. 8571. 8628. 8629. 8750. 8820. 8822. 8971. 8997. 9031. 9091. 9097. 9169. 9208. 9230. 9384. 9467. 9505. 10129. 10237. 10278. 10285. 10507. 10510. 10651. 10818. 10982. 11389. 11483. 11598. 11678. 11756. 11854. 11958. 11960. 11976. 12051. 12313. 12357. 12403. 12884. 12885. 12886. 12927. 12937.

35. **BRAISE,** canton de Cérilli, arrond. de Montluçon.—Canton d'Ainal, district de Cérilli. — 60. 61. 403. 816. 2130. 2769. 3049. 3494. 4203. 4856. 6092. 7462. 7562. 8201. 9368. 10506. 10566. 10817. 11317. 12264. 12866. 12897. 12977.

36. **BRANSAT,** canton de Saint-Pourçain, arrond. de Gannat. — Canton de Verneuil, district de Montmaraud. — *BRANCIACUS,* (1301). — *BRANCAT,* (XIVe-XVe siècles). — 333. 435. 448. 517. 518. 685. 1059. 1319. 2167. 2233. 2354. 2804. 3321. 3965. 4067. 4490. 4712. 4850. 5129. 5475. 6075. 6567. 6820. 6852. 7482. 7542. 7678. 7739. 8059. 8354. 8513. 8641. 8754. 8845. 9317. 9824. 9947. 10659. 10938. 11216. 11472. 11520. 11883. 12435. 12473.

37. **BRESNAY,** canton de Souvigni, arrond. de Moulins. — Canton de Châtel-Deneuvre, district de Moulins.— *BREHENNACO (parrochia de)* (Xe siècle).— *BRENNACO (parrochia de),* (1097). — *BRENAII (parrochia),* (1301). — BRÉNAI.— 37. 167. 1052. 2202. 2770. 2997. 3043. 3190. 3514. 3558. 3559. 4383. 4630. 5174. 5876. 5920. 6176. 6402. 6443. 7102. 7212. 7227. 7338. 7339. 7595. 7845. 7943. 8536. 8667. 8826. 9109. 9732. 9933. 9979. 10227. 10322. 10676. 10787. 11130. 11202. 11603. 11670. 12052. 12103. 12474. 12516. 12890. 12938.

38. **BRESSOLLES,** canton Est et arrond. de Moulins. — Canton de Toulon, district de Moulins. — *BRECOLIIS, BRECEOLIIS (parrochia de),* (1297). — *BRÉCOLLES,* (1301). — 36. 135.

561. 697. 798. 817. 971. 973. 1231. 1327. 1329. 2317. 2763. 3217. 3855. 4950. 4981. 4982. 5575. 6103. 6202. 6801. 6941. 7226. 7565. 7688. 7772. 7826. 7889. 8138. 8186, 8736. 8755. 9031. 9073. 9336. 9370. 9578. 9750. 10050. 10070. 10592. 10629. 10788. 10833. 11072. 11105. 11153. 11303. 11311. 11311. 12019. 12731. 13178. 13216.

39. **BRETON (LE)**, canton d'Hérisson, arrond. de Montluçon. — Canton de Meaulne, district de Cérilli. — *BRETON* (*domus du*), (1307). — 329. 812. 817. 1110. 1378. 1765. 2018. 2096. 2228. 2573. 2630. 2835. 3212. 3705. 5601. 5825. 6023. 6050. 6580. 6721. 7758, 7762. 7837. 7816. 8055. 8250. 8111. 8700. 8807. 9121. 9152. 9166. 9579. 10082. 10170. 10830. 10876. 10880. 11100. 11101. 11173. 12219. 12801. 12836. 12817. 12819.

40. **BREUIL (LE)**, arrond. et canton de La Palisse. — Canton de La Palisse, district de Cusset. — *BROLIO* (*parrochia de*), (XIIIe siècle). — *BREUIL* (*parrochia du*), (1443). — 17. 501. 665. 812. 866. 869. 1074. 1076. 1529. 1769. 1868. 2092. 2210. 2361. 2508. 2903. 2918. 2926. 3746. 4174. 4537. 4727. 4808. 5102. 5321. 5609. 5761. 6062. 6362. 6171. 6195. 6527. 7161. 7188. 7278. 7779. 7792. 7822. 7890. 8261. 8621. 8662. 8885. 8920. 8978. 9074. 9118. 9181. 9781. 9798. 9981. 10138. 10350. 10358. 10390. 10195. 10839. 10900. 11157. 11658. 11901. 12151. 12175. 12571, 12779. 13090.

41. **BROUT-VERNET**, Canton d'Escurolles, arrond. de Gannat. — Brout était du canton d'Escurolles, district de Gannat.—Vernet, du même district, était du canton de Saint-Pourçain. La réunion en une seule commune est de 1831.—*BROCO* (*parrochia de*), (1097). — *VERNETO* (*parrochia de*), (XIIIe siècle). — 129. 257. 2015. 2392. 2539. 2782. 3218. 3311. 3700. 4189. 4361. 4591. 4661. 4751. 4887. 4888. 5025. 5172. 5173. 5266. 5309. 5512. 5638. 5892. 5906. 6071. 6831. 7974. 8153. 8555, 8623. 8890. 8972. 8977. 9162. 9119. 9183. 9612. 9663. 9961. 10175. 10271. 10274 10523. 10661. 10781. 11103. 11628. 12118, 12155. 11636. 12762. 12846. 12960. 12974. 13191.

42. **BRUGHEAT**, canton d'Escurolles, arrond. de Gannat. — Chef-lieu du neuvième canton du district de Gannat.—*BRUGEACO*

(parrochia de), (1094).— BRUGEAT. — 459. 1199. 1438. 1502. 1550. 1562. 2394. 2788. 4121. 4171. 4886. 5267. 5711. 5720. 5829. 5908. 5998. 6503. 8321. 9053. 9198. 10052. 10774. 10913. 10944. 12115. 12648.

43. **BUSSET**, canton de Cusset. arrond. de La Palisse. — Chef-lieu du neuvième canton du district de Cusset. — *BUSSET*, (1366). — 21. 122. 144. 733. 1093. 1094. 1132. 1263. 1324. 1445. 1470. 1704 1961. 2183. 2982. 3560. 4173. 4312. 4331. 4673. 4884. 4885. 5832. 6147. 6631. 6707. 6805. 6821. 6966. 7497. 7531. 7891. 7944. 8395. 8561. 8868. 9141. 9157, 9186. 9197. 9360. 9486. 9510. 9929. 11016. 11239. 11378. 11440. 11737. 12690. 12945.

44. **BUXIÈRE-LA-GRUE**, canton de Bourbon, arrond. de Moulins. — Canton de Saint-Hilaire, district de Montmaraud. — *BUSSERIE, BUXERIE, BUXERIA*, (1017-1408). — BUSSIÈRES-LA-GRUE. — 286. 324. 424. 709. 1259. 1618. 1661. 1709. 1786. 1803. 1893. 1930. 2575. 2606. 3546. 4368. 4474. 4536. 4570. 4667. 5020. 5480. 5931. 7019. 7405. 8708. 8991. 9032. 9152. 9946. 10511. 12029. 13096.

45. **CELLE (LA)**, canton de Marcillat, arrond. de Montluçon.— Canton de Neris, district de Montluçon. — *CELLA*, (1097). — 480. 1356. 1673. 1931. 1969. 2651. 2659. 2806. 2829. 3008. 3009. 3032. 3345. 3410. 3433. 3580. 3624. 3649. 3683. 3785. 3908. 4014. 4045. 4077. 4179. 4350. 4479. 4511. 4828. 5653. 5773. 5809. 6144. 6559. 7422. 8342. 8432. 8584. 8620. 8707. 8772. 9767. 11262. 11278. 11515. 11983. 12304. 12431. 12476. 12590. 13060. 13141. 13142. 13153.

46. **CÉRILLI**, chef-lieu de canton, arrond. de Montluçon. — Chef-lieu de canton et de district.. — *CIRILIACUS CASTRUM*, (1073-1083). — (64), 218. 231. 406. 642. 749. 818. 1113. 1349. 1474. 1628. 1649. 1771. 1791. 1804. 1884. 2018. 2129. 2172. 2209. 2226. 2393. 2396. 2438. 2514, 2569. 2615. 2633. 2676. 2839. 2840. 2878. 3024. 3025. 3063. 3087. 3113. 3135. 3179. 3181. 3279. 3307. 3400. 3579. 3835. 3864. 3997. 4073. 4074. 4147. 4261. 4409. 4420. 4496.

4631. 4714. 4760. 4774. 4843. 5067. 5304. 5330. 5399. 5400. 5433. 5465. 5498. 5540. 5568. 5687. 5700. 6076. 6177. 6231. 6272. 6298. 6452. 6849. 6869. 6926. 7152. 7439. 7537. 7596. 7804. 7838. 7892. 8177. 8415. 8417. 8622. 8678. 8756. 8992. 9018. 9142. 9167. 9232. 9234 9429. 9552. 9580. 9636. 9662. 9741. 9909. 9923. 9934. 10010. 10174. 10183. 10256. 10257. 10286. 10291. 10323. 10345. 10446. 10730. 10731. 10922. 10956. 11013. 11483. 11855. 11987. 11988. 11989. 12043. 12228. 12250. 12438. 12637. 12718. 12758. 12787. 12933. 13004. 13033. 13044. 13230.

47. **CESSET,** canton de Saint-Pourçain, arrond. de Gannat. — Canton de Verneuil, district de Montmaraud. — *CESSIACUS*, (XIVe-XVe siècles). — *SECCIACUS* , (XIVe siècle). — *CESSET*, (1410). — 206. 1049. 1650. 2258. 2854. 3554. 3797. 4209. 4210. 4448. 7583. 8010. 10680.

48. **CHABANNE (LA),** canton du Mayet-de-Montagne, arrond. de La Palisse. — Créée en exécution de la loi du 5 décembre 1849. — 160. 328. 985. 1526. 1572. 2162. 2414. 2445. 2714. 2858. 2967. 3582. 6531. 6610. 6626. 7017. 7326. 7427. 7429. 7577. 9683. 9709. 10103. 10310. 10610. 10918. 11038. 11078. 11318. 13202.

49. **CHAMBLET,** arrond. et canton de Montluçon. — Canton de Marcillat, district de Montluçon. — *CHAMBLETO (parrochia de)*, (1301). — 501. 626. 978. 1228. 2144. 2339. 2618. 2930. 3740. 3748. 3818. 4348. 4384. 5268. 5480. 6784. 7114. 7683. 7801. 8060. 8460. 10139. 10423. 10550. 10582. 12102. 12210. 12241.

50. **CHANTELLE,** chef-lieu de canton, arrond. de Gannat. — chef-lieu du sixième canton, district de Gannat. — *CANTILIA*, (IVe siècle). — *CANTELLA CASTRUM*, (VIIIe-XVe siècles). — 462. 600. 909. 1597. 2001. 2619. 3048. 3172. 3191. 3250, 3340. 3563. 3926. 4130. 4148. 4252. 4458. 4602. 4787. 5634. 6104. 6224. 6433. 7045. 8558. 9043. 9333. 9902. 9965. 11158. 11271. 11991. 12267. 12347. 12459. 12478.

51. **CHAPEAU,** canton de Neuilly-le-Réal, arrond. de Moulins. — Canton de Neuilly-le-Réal, district de Moulins. — *CAPELLIS*

(*ecclesia de*), (1366). — *CHAPEAUS*, (1330). — 69. 615. 880. 910. 1095. 1203. 1627. 2085. 2255. 2340. 2521. 3268. 3269. 3361. 4449. 4563. 4857. 5713. 6134. 6124. 7162. 7369, 7852. 7893. 8338. 8394. 8533. 8877. 8893. 8947. 9008. 9275. 9284. 9336. 9466. 9581. 10043. 10232. 10994. 11480. 12381. 12604. 12820. 12821. 13205.

52. **CHAPELLE AUDE (LA)**, Canton d'Huriel, arrond. de Montluçon. — Canton d'Huriel, district de Montluçon. — *CAPELLA AUDE, DE ALDA, DE ALDIS*, (XIe-XIVe siècles). — 460. 1272. 2175. 2707. 3275. 3800. 3826. 4527. 4993. 5177. 5721. 6010. 6752. 7184. 7447. 7558, 7635. 7894. 8494. 8854. 8918. 9148. 9304. 9477. 9849, 10947. 11070. 11648. 12011. 12107. 12335. 12408. 12479. 12582.

53. **CHAPELETTE (LA)**, canton d'Huriel, arrond. de Montluçon. — Canton de Saint-Désiré, district de Montluçon. — *CAPELLETTA*, (XIVe siècle). — 1696. 1852. 2019. 2557. 2898. 3276. 4438. 5513. 7199. 7547. 8033. 8668. 9843. 9847. 10219. 11244. 11556. 12708. 12920.

54. **CHAPELLE (LA)**, canton de Cusset, arrond. de La Palisse. — Canton de Busset, district de Cusset. — *CAPELLA*, (XIVe siècle). — 567. 591. 887. 1332. 1710. 1916. 1994. 2660. 2859. 3280. 3308. 3324. 3734. 4105. 4117. 4723. 4802. 4937. 5142. 5380. 5488. 5527. 5877. 5935. 6036. 6195. 6376. 6756. 6822. 6927. 6951. 7034. 7457. 7343. 8048. 8304. 9243. 9361. 9423. 9785. 9989. 10331. 10505. 11038. 11203. 11217. 11272. 11496. 11719. 12045. 12111. 12665. 12847. 12986.

55. **CHAPELLE-AUX-CHASSES (LA)**, canton de Chevagnes, arrond. de Moulins. — Canton de Garnat-sur-Loire, district de Moulins. — *CAPELLA CATORUM*, (XIe siècle). — *CHAPELLE-ES-CHAZ (LA)*, (1367-1404). — LA CHAPELLE-AUX-CHASES, (*Casæ, Casarum*). — 839. 980. 1553. 1735. 1944. 2184. 3296. 5335. 5481. 5853. 6303. 6425. 6946. 7665. 7800. 8425. 8489. 8547. 8751. 8878. 9176. 10789. 10949. 11035. 11093. 11385. 11480. 12672.

56. **CHAPPES**, canton de Montmaraud, arrond. de Montluçon.

— Canton de Villefranche, district de Montmaraud. — *CAPIS (ecclesia de)*, (1097). — Chapes. — 226. 255. 287. 1748. 2901. 3298. 3309. 3315. 3657. 3658. 3755. 3966. 4180. 4398. 4399. 4660. 4690. 5230. 5361. 5529. 5678. 5837. 5965. 6021. 6026. 6373. 6699. 7153. 7413. 8077. 8084. 8085. 8714. 9293. 9403. 9404. 9559. 9582. 9656. 10007. 10538. 10877. 11194. 11218. 11815. 12022. 13128. 13129.

57. **CHAREIL-CINTRAT**, canton de Chantelle, arrond. de Gannat, formées des deux communes réunies en 1830, et toutes deux du canton de Chantelle, district de Gannat. — *CARREDI (parrochia)*, (1301). — *CHAREDI*, (1350). — *CHARELII*, (1322-1350). — *CHARREY*, (1357). — *CINTRAC, SINTRAT, SINTRIACUS*, (1300-1320-1350), — 2. 237. 776. 979. 1092. 1308. 2365. 3316. 3317. 3464. 4009. 5103. 8367. 11159. 11353. 11914. 12087. 12181.

58. **CHARMEIL**, canton d'Escurolles, arrond. de Gannat. — Canton d'Escurolles, district de Gannat. — *CHARMELIACUS*, (1380). — *CHARMEILH*, (1449). — 3372. 3401. 3472. 4013. 4554. 4691. 4858. 5654, 5716. 8096. 8557. 8654. 8764. 9010. 10034. 10140. 10396. 12649. 13161.

59. **CHARMES**, canton, arrond. et district de Gannat. — *CARMIS (ecclesia de)*. (XII° siècle). — 698. 1192. 1885. 2939. 3374. 3898. 3899. 7994. 8071. 8323. 8825. 9583. 9935. 10380.

60. **CHARROUX**, canton de Chantelle, arrond. de Gannat. — Chef-lieu du sixième canton du district de Gannat. — *CARROTUM*, (1322). — *CHARROUZ* (1301). — 785. 3424. 3611. 6122. 7866. 7916. 8013. 8105. 8605. 8757. 9144. 9804. 11512. 12638. 12639.

61. **CHASSENARD**, canton du Donjon, arrond. de La Palisse. — Canton de Lurci-sur-Loire, puis de Luneau, district du Donjon. *CHASSENAX* (XIV° siècle). — 288. 497. 499. 744. 870. 882. 1182. 1185. 1303. 1514. 1749. 1964. 2231. 2366. 2446. 2662. 2732. 3828. 3175. 3343. 3460. 3643. 3730. 3804. 4138. 4212. 4632. 4997. 5166.

5220. 5269. 5854. 6087. 6108. 6268. 6310. 6363. 6496. 7317. 7636. 8596. 8606. 8827. 8893. 9638. 10086. 10397. 10130. 11352. 11818. 12391. 12424. 12528. 12610. 12720. 12755. 12896. 13193.

62. **CHATEAU-SUR-ALLIER**, canton de Lurci-Lévi, arrond. de Moulins. — Canton du Veurdre, district de Cérilli. — *CASTRUM SUPER ALIGERIN* (1350). — Montbol. — 627. 636. 638. 768. 782. 843. 911. 1691. 2170. 2307. 2467. 2470. 2473. 2740. 3202. 3527. 3586. 3702. 4381. 4633. 5364. 5574. 6188. 6472. 7501. 7510. 8381. 10318. 10408. 11131. 11200 11526. 11596. 11666. 11667. 11751. 11982. 12802. 12803.

63. **CHATEL-DE-NEUVRE**, canton du Montet, arrond. de Moulins. — Chef-lieu du sixième canton, du district de Moulins. — *DONOBRIUM, CASTRUM DONOBRENSE*, (X°-XII° siècles). — *CASTRUM HENORII*, (1391). — *CASTRUM HONORII*, (1375). — CHATEL-DENEUVRE. — 230. 289. 769. 836. 912. 1487. 1926. 2123. 2660. 2755. 2928. 3062. 3515. 3587. 3776. 3786. 4483. 4503. 4698. 5194. 5571. 5755. 5814. 6829. 7167. 7629. 7849. 8013. 8219. 8314. 8844. 8909. 8949. 9059. 9256. 9738. 10120. 11136. 11539. 11584. 11597. 11608. 12255. 12314. 12315.

64. **CHATEL-MONTAGNE**, canton du Mayet-de-Montagne, arrond. de La Palisse. — Canton d'Arfeuille, district de Cusset. — *CASTRUM IN MONTANIS*, (XIII° siècle). — Mont-sur-Bèbre. — 558. 700. 732. 1252. 1261. 1283. 1503. 1586. 1624. 2323. 2417. 2447. 2822. 2860. 3323. 3350. 3368. 3445. 3487. 3552. 3561. 4011. 4101. 4609. 4653. 4687. 4879. 4922. 5210. 5350. 5866. 5989. 5990. 6207. 6450. 6490. 6537. 6627. 6687. 7033. 7061. 7202. 7515. 7559. 8220. 8410. 8467. 8518. 8581. 8765. 8778. 8902. 9104. 9136. 9146. 9159. 9384. 9860. 10046. 10155. 10182. 10777. 10923. 11176. 11423. 11427. 11871. 11905. 12004. 12214. 12314. 12589. 12818. 12729. 13095.

65. **CHATEL-PERRON**, canton de Jaligni, arrond. de La Palisse. — Canton de Jaligni, district du Donjon. — *CASTRUM PETRI*, (XIII° siècle). — 374. 553. 666. 779. 903. 913. 995. 1026.

1207. 1494. 1868. 1820. 2012. 2122. 2949. 3471. 3535. 3598. 3678. 4149. 4243. 4986. 6169. 6184. 6624. 7240. 7610. 7805. 8078. 9183. 9187. 9336. 9605. 9606. 9681. 9735. 9774. 9844. 11260. 12064. 12065. 12066. 12298. 12324. 12372. 13168.

66. **CHATELUS**, arrond. et canton de La Palisse. — Canton d'Arfeuille, district de Cusset. — *CASTELUCIO (parrochia de)*, (XIIIe siècle). — 1038. 2535. 3561. 3880. 5181. 5270. 5393. 5394. 6806. 6875. 7876. 8031. 8178. 9177. 10907. 11972. 12374.

67. **CHATILLON**, canton du Montet, arrond. de Moulins. — Canton de Cressanges, district de Montmaraud. — *CASTELLIO*, (1097). — 396. 1362. 1886. 2148. 2779. 2906. 3568. 5538. 6180. 7236. 7675. 8101. 9099. 9200. 9313. 9318. 9553. 9962. 11219. 11220. 11388. 12709. 12732.

68. **CHAVENON**, canton de Montmaraud, arrond. de Montluçon. — Canton de Villefranche, district de Montmaraud. — *CAVENONE (ecclesia de)*, (XIVe siècle). — 59. 771. 1082. 1315. 3088. 3372. 3738. 4738. 5114. 5355. 5416 5469. 5774. 6502. 6600. 6889. 7267. 7681. 8333. 8706. 8797. 8847. 8848. 8919. 9316. 10295. 10424. 10980. 11010. 11345. 11385. 11768. 11828. 12015. 12350. 12450. 12667. 12710.

69. **CHAVEROCHE**, canton de Jaligni, arrond. de La Palisse. — Canton de Jaligni, district du Donjon. — *CAVA RUPES*, (XIIIe siècle). — 54. 375. 463. 590. 628. 760. 1097. 1098. 1385. 1522. 2063. 2068. 2325. 2963. 3164. 3315. 3409. 3741. 3774. 3867. 4548. 6030. 6178. 6337. 6426. 7044. 7436. 7518. 7896. 8334. 8344. 8370. 8663. 8928. 9393. 9554. 9640. 10064. 10446. 10460. 10635. 10835. 10952. 11174. 11191. 11769. 12251. 12369. 12763 12798. 12840. 12943.

70. **CHAZEMAIS**, canton d'Huriel, arrond. de Montluçon. — Canton de Saint-Désiré, district de Montluçon. — *CASÆ MANSUS* (XIe siècle). — Chasemais. — 996. 1068. 1072. 1350. 1515. 1783. 2145. 2310. 2333. 2809. 3097. 3437. 3714. 4208. 4534. 4718. 4740. 4905. 4976. 5117. 5580. 5722. 6095. 6142. 6166. 6613. 6763.

6876. 7088. 7262. 7738. 7917. 8146. 8221. 8861. 8897. 8923. 10199. 10367. 10639. 10716. 11901. 11936. 11932. 12371. 13136. 13137.

71. **CHEMILLI**, canton de Souvigni, arrond. de Moulins. — Canton de Souvigni, district de Moulins. — *CHIMILIACUS* (1050). — 437. 607. 902. 1099. 2780. 3757. 3808. 4708. 4859. 5524. 5833. 6416. 7286. 7322. 7817. 8107. 8144. 8307. 8365. 8949. 10920. 11287. 11997. 12101. 12212. 13173.

72. **CHEVAGNES**, chef-lieu de canton, arrond. et district de Moulins. — *CABANIS* (*parrochia de*), (XIIIe siècle). — **Chevagnes l'Acollin.** — 493. 739. 914. 1275. 1758. 1805. 1859. 2276. 2706. 2743. 3219. 3310. 3311. 3446. 3447. 3473. 3509. 3844. 4037. 4125. 4126. 5086. 5296. 5706. 5878. 6349. 6712. 7476. 7189. 7705. 8332. 8514. 8615. 8731. 8931. 8937. 9973. 10158. 10588. 10673. 11066. 11290. 11475. 11503. 11932. 12001. 12094.

73. **CHÉZELLES**, canton de Chantelle, arrond. de Gannat. — Canton de Chantelle, district de Gannat. — *CASELLIS* (*ecclesia de*), (XIIIe siècle). — CHESELLES. — 222. 1662. 2032. 3316. 3900. 4150. 5499. 5723. 6123. 7495. 7627. 8101. 8179. 8739. 8790. 9069. 9233. 9319. 10514. 12021. 12949.

74 **CHÉZI**, canton de Chevagnes, arrond. de Moulins. — Canton de Chevagnes, district de Moulins. — *CHAGIACUS*. — CHÉSI, (XIVe siècle). — 629. 1084. 1139. 1141. 1314. 1617. 3232. 3717. 3718. 3762. 3866. 3879. 3930. 3949. 4818. 4931. 5088. 5134. 5138. 5139. 5207. 5214. 5618. 6248. 6334. 6405. 7064. 7582. 7733. 7755. 7897. 7995. 7996. 8974. 9651. 10324. 11783. 11953. 12002. 12904.

75. **CHIRAT-L'ÉGLISE**, Canton d'Ebreuil, arrond. de Gannat. — Canton de Target, district de Montmaraud. — *CHIRAT* (*ecclesia de*), (1097). — 456. 457. 705. 1019. 1287. 1555. 1883. 1966. 2014. 2338. 3021. 3962. 4034. 4090. 4595. 4634. 4684. 4963. 4988. 5952. 7485. 9126. 9555. 9771. 11221. 11959. 12482.

76. **CHOUVIGNI**, canton d'Ebreuil, arrond. de Gannat. — Canton d'Ebreuil, district de Gannat. — *CALVINIACUS*, (XIIIe siècle). — 71. 72. 682. 710. 1125. 1870. 2211. 2570. 2968. 3215. 3988. 5098.

6419. 6541. 6601. 6731. 6733, 7011. 8263. 8402. 8663. 8715. 9682. 9967. 11328. 11934, 11252.

77. **CINDRÉ,** canton de Jaligni, arrond. de La Palisse. — Canton de Saint-Géran-le-Pui, district de Cusset. — *CINDRIACUS, SINDRIACUS,* (XIIIe siècle). — 215. 384. 611. 983. 1030. 1171. 1188. 1232. 1455. 1457. 1728 2529. 2607. 2616. 2962. 2973. 3317. 3375. 3735. 4003. 4253. 4296. 4461. 4752. 4991. 4994. 5028. 5595. 5724. 6099. 6689. 6907. 6936. 7216. 7304. 7810. 7811. 7823. 7844. 7898. 8052. 8477. 9326. 9819. 10233. 10458. 10605. 10660. 10665. 10733. 10866. 10906. 11057. 11146. 11318. 11488. 11671. 11716. 12072. 12165. 12224. 12552. 12970.

78. **COGNAT-LIONNE,** canton d'Escurolles, arrond. de Gannat. — Canton de Brugeat, district de Gannat. — *CONIHIACUS,* (1411). — 464. 1100. 2793. 3255. 3369. 3958. 4102. 4118. 4596. 5007. 5610. 6524. 6922. 6938. 7265. 7757. 7771. 8072. 8979. 10315. 10986. 11039. 11116. 1117.

79. **COLOMBIER,** canton de Commentri, (de Montmaraud, jusqu'en 1859), arrond. de Montluçon. — Canton de Néris, district de Montluçon. — *COLUMBARIUM,* (VIe siècle). — 852. 1016. 1193. 1386. 2066. 3341. 3352. 3441. 3538. 3813. 3919. 3940. 4151. 4332. 4402. 4809. 5818. 6585. 6955. 7060. 8086. 8423. 8433. 8458. 8679. 8730. 9316. 10362. 11222. 11400. 11577. 11955. 12127. 12183. 12537.

80. **COMMENTRI,** jusqu'en 1859 du canton de Montmaraud, aujourd'hui chef-lieu de canton, arrond. de Montluçon. — Canton de Néris, district de Montluçon. — *COMMENTRIACUS,* (1097). — 376. 689. 997. 1461. 2146. 2286. 2406. 2756. 2856. 2907. 3105. 3264. 3690. 3727. 3739. 4071. 4207. 4476. 4608. 4737. 4767. 5450. 5471. 5623. 5725. 5775. 6273. 6723. 7213. 7676. 8151. 8247. 8434. 9629. 9666. 9714. 10474. 10476. 10891. 11005. 11437. 11908.

81. **CONTIGNI,** canton du Montet, arrond. de Moulins. — Canton de Châtel-Deneuvre, district de Moulins. — CONTINIACUS, (XIe siècle). — 1060. 1248. 1376. 1775. 2038. 2093. 2324. 2690. 2908. 3509. 4204. 4248. 4369. 5099. 6192. 6193. 6285. 6764. 6931.

7132. 7133. 8310. 9825. 9931. 10323. 10409. 10464. 10861. 10882. 10951. 11789. 11790. 11944. 12122. 12764.

82. **COSNE-SUR-L'ŒIL**, canton d'Hérisson, arrond. de Montluçon. — Canton d'Hérisson, district de Cérilli. — *COLNA*, (1096). — 106. 290. 401. 427. 889. 891. 892. 1413. 1674. 1759. 1760. 1921. 2200. 2277. 2632. 2845. 3017. 3932. 4033. 4152. 4317. 4322. 4753. 6027. 6763. 6867. 7041. 7228. 7249. 7261. 7336. 7450. 7637. 7797. 8012. 8024. 8211. 8243. 8456. 9134. 9337. 9453. 9585. 10070. 10410. 10583. 11086. 11047. 12538. 13210.

83. **COULANDON**, arrond. et canton Ouest de Moulins. — Canton de Souvigni, district de Moulins.— *COLANDONIUM* (1097). — 428. 429. 1276. 1290. 1407. 1439. 2290. 2688. 2737. 2750. 2757. 2758. 2767. 2768. 2850. 2880. 2881. 3059. 3060. 3083. 3084. 3184. 3454. 3547. 3600. 3759. 4270. 4418. 4868. 5019. 5070. 5152. 5250. 5255. 5343. 5879. 6139. 6870. 6873. 6874. 7099. 7900. 8698. 8758. 8835. 9398. 9799. 10121. 10123. 10207. 10289. 10296. 10326. 10428. 10429. 10570. 10611. 10612. 10871. 11031. 11170. 11481. 11551. 12161. 12398. 12539. 12663.

84. **COULANGES**, canton de Dompierre, arrond. de Moulins. — Canton de Pierrefitte, district du Donjon. — *COLUNGIIS* (*ecclesia de*), (1340). — 786. 998. 1280. 1424. 1431. 1440. 2944. 4205. 4421. 4733. 5751. 5794. 7020. 7574. 7638. 8209. 8660. 8925. 9226. 9247. 9932. 10180. 10535. 11949. 12070. 12814. 12939. 13007.

85. **COULEUVRE**, canton de Lurci-Lévi, arrond. de Moulins.— Canton de Lurci-Lévi, district de Cérilli.— *COLOBRIUM*, (1200).— *COLUBRIE*, (1336).— *COLÈVRE*, (1440).— *COLUVRE, COLOUVRE*, (1300). — 58. 127. 350. 360. 446. 514. 519. 578. 704. 915. 1296. 1306. 1335. 1351. 1570. 1958. 1998. 2171. 2220. 2491. 2509. 2512. 2653. 3163. 3370. 3455. 3710. 4001. 4011. 4024. 4153. 4294. 4362. 4430. 4586. 4611. 4657. 4671. 4679. 4830. 4893. 5107. 5286. 5314. 5351. 5387. 5541. 5562. 5679. 5993. 6485. 6864. 7143. 7203. 7204. 7214. 7234. 7296. 7313. 7335. 7403. 7441. 7451. 7483. 7484. 7900. 7948. 8009. 9250. 9267. 9436. 9564. 9628. 9632. 10196. 10312.

10393. 10377. 10666. 10368. 10687. 10936. 11016. 11356. 11316. 11676. 11803. 12011. 12112. 12113. 12903. 13011.

86. **COURÇAIS**, canton d'Huriel, arrond. de Montluçon. — Canton de Saint-Désiré, district de Montluçon. — *CURTIACUS*, (VIIe siècle). — 595. 1061. 1928. 2091. 2278, 2798. 3195. 3817. 4078. 4457. 5197. 5726. 5795. 6167. 6766. 7201. 7639. 8800. 8869. 9431. 10085. 10258. 10526. 10691. 11917. 12159. 12848. 13031. 13130.

87. **COUTENÇOUSE**, canton d'Ebreuil, arrond. de Gannat. — Canton de Bellenave, district de Gannat. — *CONTENCIOSA*, (XIIIe siècle). — 2996. 3659. 4303. 4520. 4530. 4691. 5084. 5271. 5437. 6351. 6352. 7391. 8719 9233. 11913. 13018.

88. **COUZON**, canton de Lurei-Lévi, arrond. de Moulins. — Canton de Bourbon, district de Cérilli. — *COSONIUM*, *COUSON*, (1300). — COUSON. — 608. 745. 1121. 1202. 1436. 1594. 1675. 2234. 2687. 4237. 5284. 5776. 5791. 5792. 5909. 6236. 6985. 7172. 7496. 8640. 9230. 10057. 10327. 10655. 10681. 11654. 11795. 11801. 11827. 12216. 12934.

89. **CRÉCHI**, canton de Varennes, arrond. de La Palisse. — Canton de Varennes, district de Cusset. — *CRECHIACUS*, (XIIIe siècle). — 125. 559. 664. 1176. 1229. 2931. 2934. 3432. 3929. 4172. 5314. 5515. 7117. 7666. 9117. 9869. 10811. 11097. 11800. 11884. 11903. 12306. 12711. 12987. 12994.

90. **CRESSANGES**, canton du Montet, arrond. de Moulins. — Chef-lieu du cinquième canton du district de Montmaraud. — *CRESSANGIIS (ecclesia de)*, (XIIIe siècle). — 43. 174. 177. 723. 916. 999. 1387. 1432. 1676. 1721. 2082. 2083. 2275. 2361. 2362. 2711. 2761. 3194. 3389. 3517. 3618. 3620. 3660. 3882. 4209. 4839. 4619. 5087. 5146. 5209. 5326. 5519. 5672. 5966. 6055. 6088. 6097. 6143. 6145. 6262. 6371. 6481. 6914. 6909. 7776. 7859. 7984. 8193. 8337. 8554. 9075. 9110. 9237. 9472. 9539. 9647. 9983. 10088. 10141. 10197. 10483. 10707. 10761. 11073. 11120. 11415. 11818. 11822. 12014. 12259. 12234. 12573. 12808. 12849.

91. **CREUZIER-LE-NEUF**, canton de Cusset, arrond. de La Palisse. — Canton de Saint-Germain-des-Fossés, district de Cusset. — *CRUSIACUS NOVUS*, (XIIIe siècle). — CREUSIER-LE-NEUF. — 341. 1221. 1613. 1677. 1776. 1830, 2027. 2395. 2599 2759. 2837. 2924. 2943. 3359. 3612. 3815. 4028. 4154. 4190. 4581. 4754. 5010. 5130. 5987. 6657. 6671. 6971. 7015. 8096. 9201. 9308. 9391. 9412. 9484. 10094. 10444. 10469. 10868. 10976. 11049. 11784. 12289. 12340. 12988.

92. **CREUZIER-LE-VIEUX**, canton de Cusset, arrond. de La Palisse. — Canton de Vichi, district de Cusset. — *CRUSIACUS VETUS*, (XIIIe siècle). — CREUSIER-LE-VIEUX. — 214. 382. 2060. 2124. 2173. 3615. 3647. 3688. 4301. 4306. 4515. 4562. 4582. 4926. 7020. 7490. 8931. 9153. 9244. 9556. 9915. 9994. 10013. 10019. 10519 11002. 11453. 11816. 12044.

93. **CUSSET**, chef-lieu de canton, arrond. de La Palisse. — Chef-lieu de canton et de district. — *CUCIACUS*, (IXe siècle). — 14. 44. 166. 173. 191. 234. 391. 485. 540. 541. 566. 678. 734. 787. 1000. 1901. 2050. 2051. 2168. 2718. 2719. 2748. 2771. 2781. 2861. 2935. 2998. 2999. 3000. 3030. 3040. 3079. 3139. 3193. 3245. 3434. 3466. 3733. 3760. 4106. 4528. 4699. 4880. 4899. 5079. 5533. 5639. 6112. 6276. 6297. 6749. 6807. 6818. 6895. 6936. 7348. 7406. 7781. 7950.7988. 8470. 8847. 8872. 8971. 8975. 9270. 9454. 9936. 10127. 10125. 10520, 10521. 10613. 10715. 10945. 10977. 11030. 11082. 11155. 11337. 11435. 11439. 11466. 11927. 12088. 12132. 12216. 12477. 12519. 12546. 12682. 12967. 13019. 13104. 13172.

94. **DENEUILLE**, canton de Chantelle, arrond. de Gannat. — Canton de Chantelle, district de Gannat. — *DONOLIO* (*parrochia de*), (1300). — 334. 788. 1750. 2861. 2974. 3102. 3173. 3358. 3601. 3619. 4089. 4547. 4965. 5644. 5650. 6316. 6532. 6681. 7569. 7576. 9701. 9831. 12173.

95. **DENEUILLE**, arrond. et canton Est de Montluçon. — Canton de Doyet, district de Montmaraud. — *DONOLIO* (*ecclesia de*), (XIVe siècle). — 630. 1292. 1307. 1388. 2147. 2341. 2664. 3265.

3353. 3361. 3374. 3720. 4142. 4966. 5164. 5189. 5815. 6370. 6724. 8334. 9354. 9664. 10342. 10349. 10692 10738. 12018. 12392. 12673. 13061.

96. **DÉSERTINES**, canton Est et arrond. de Montluçon. — Canton de Désertines, district de Montluçon. — *DESERTINIS* (*ecclesia de*), (XIVe-XVe siècles). — 3539. 3602. 3901. 3984. 4722. 4984. 5203. 7435. 8159. 8609. 8791. 9980. 10550. 11160. 12484.

97. **DEUX-CHAISES**, canton du Montet, arrond. de Moulins. — Canton du Montet, district de Montmaraud. — *DUABUS CASIS* (*ecclesia de*), (VIIe siècle). — 307. 467. 854. 774. 1015. 1867. 1887. 2288. 2565. 2877. 3281. 3467. 3562. 3603. 3883. 4285. 5994. 6025. 6077. 6434. 6866. 6993. 7679. 7901. 8053. 8154. 8167. 8536. 8582. 9060. 9168. 9261. 9885. 10229. 10374. 10375. 10723. 10739. 10822. 11335. 11817. 12009. 12254. 12393. 12683. 12827.

98. **DIOU**, canton de Dompierre, arrond. de Moulins. — Canton de Dompierre, district de Donjon. — *DIALC....* (XIIe siècle). — *DIOCO* (*ecclesia de*), (XIIIe-XIVe siècles).—89. 412. 683. 917. 1001. 1515. 2367. 3337. 3474. 3604. 4079. 4635. 5015. 6110. 7071. 7640. 8785. 9022. 9792. 9806. 10281. 10404. 10536. 10764. 10955. 11067. 11280. 11876. 11950. 12149. 12876. 12979.

99. **DOMÉRAT**, arrond. et canton Ouest de Montluçon.—Canton d'Huriel, district de Montluçon. — *DOMARAC*, *DOMAIRAC* (*Castellum de*), (XIe siècle). — 2138. 2159. 2279. 2310. 2354. 2449. 2810. 2830. 2917. 3318. 3310. 3513. 4021. 4181. 4334. 4366. 4450. 4453. 4612. 4810. 4842. 5054. 5633. 5698. 5812. 6113. 6307. 6444. 6506. 6683. 7444 8014. 8318. 8403. 8701. 9266. 9320. 9712. 10558. 10693. 10701. 11098. 11123. 11697. 12016. 12106. 12162. 12364. 12443. 12370. 13025. 13057.

100. **DOMPIERRE**, chef-lieu de canton, arrond. de Moulins. — Chef-lieu du quatrième canton du district du Donjon. — *DOMNA PETRA* (*ecclesia de*), (1248). — **Source libre.** — 108. 238. 240. 291. 918. 976. 1062. 1079. 2313 2739. 2956. 2965. 3220. 3232. 3376. 3815. 3862. 3916. 4007. 4030. 4214. 4232. 4426. 4526. 4814.

4817. 5037. 5167. 5357. 5727. 6063. 6161. 6632. 6647. 7060. 7072. 7610. 7782. 8034. 8313. 8346. 8515. 8568. 8670. 8916. 9023. 9303. 9545. 9549. 9705. 9820. 9910. 9982. 10023. 10029. 10161. 10248. 10311. 10398. 10403. 10537. 10581. 10582. 11036. 11349. 11747. 12082. 12233. 12285. 12315. 12331. 12451. 12485. 12548.

101. **DONJON (LE)**, chef-lieu de canton, arrond. de La Palisse — Chef-lieu des canton et district du Donjon. — *DONJONIUM*, (XIIIe siècle). — **Val libre.** — 390. 413. 832. 1210. 1663. 1772. 1949. 2097. 2113. 2945. 3518. 4100. 4107. 4251. 4636. 4947. 4979. 5029. 5233. 5272. 5418. 5447. 5728. 5838. 5921. 6234. 6235. 6380. 6908. 7021. 7090. 7119. 7597. 7827. 8011. 8122. 8208. 8362. 8377. 8388. 8509. 8759. 9086. 9357. 9377. 9488. 9520. 9535. 9845. 9858. 9893. 10027. 10186. 10194. 10195. 10222. 10259. 10433. 10471. 10523. 10765. 10783. 10819. 11720. 11995. 12262. 12280. 12315. 12839. 12841. 12955.

102. **DOYET**, canton de Montmaraud, arrond. de Montluçon.— Chef-lieu du deuxième canton du district de Montmaraud. — *DOYACO* (*ecclesia de*), (1097). — 105. 113. 303. 450. 646. 667. 718. 919. 1134. 1389. 1493. 1651. 1659. 1861. 1923. 1954. 1976. 2156. 2323. 2450. 2515. 2626. 2627. 2915. 2964. 3091. 3273. 3468. 3574. 3625. 3798. 3837. 3869. 3921. 4072. 4258. 4358. 4688. 4881. 5030. 5082. 5083. 5273. 5690. 6179. 6282. 6322. 6575. 6622. 6644. 6758. 6980. 7840. 8031. 8091. 8149. 8537. 8934. 9102. 9413. 9503. 9894. 9900. 10614. 10326. 10971. 11513. 11644. 11696. 11961. 11964. 11965. 11077. 12525. 12580. 12792. 12837. 13062. 13131.

103. **DROITURIER**, canton et arrond. de La Palisse. — Canton de Montaiguet, district du Donjon. — *DREITURAYS* (*ecclesia de*), (Xe siècle). — 264. 369. 672. 920. 1258. 1409. 2308. 2827. 3102. 4410. 4882. 5093. 5220. 5390. 5458. 6096. 6146. 6249. 6161. 6491. 6493. 6586. 6792. 6939. 7703. 7902. 8273. 8625 8903. 9189. 9420. 11204. 11252. 11364. 11707. 11721. 11960. 12605.

104. **DURDAT**, canton de Marcillat, arrond. de Montluçon. — Canton de Néris, district de Montluçon. — *DURDACO* (*ecclesia de*),

(1297). — 182. 1197. 2078. 2141. 2157. 2182. 2280. 2667. 2886. 3691. 3827. 3943. 4191. 4467. 5119. 5413. 5703. 6114. 6118. 6522. 7077. 7903. 7969. 7999. 8798. 8836. 8851. 9076. 9715. 9830. 10504. 10740. 11032. 11048. 11524. 12232. 12828. 12859.

105. **ÉBREUIL**, chef-lieu de canton des arrond. et district de Gannat. — *EBROLIUM*, (Xe siècle). — 755. 766. 3022. 3523. 3540. 3726. 4152. 4525. 5031. 6126. 6189. 6793. 6923. 7017. 7177. 7235. 8130. 8397. 8475. 8749. 9352. 10758. 11049. 11161. 11554. 11591. 11747. 11816. 11956. 12090. 13113.

106. **ECHASSIÈRES**, canton d'Ebreuil, arrond. de Gannat. — Canton de Bellenave, district de Gannat. — *ESCHACERIIS (ecclesia de)*, (XIVe siècle). — 197. 265. 853. 1705. 1829. 2033. 2151. 2904. 3078. 3138. 3577. 3661. 4137. 4796. 5032. 5155. 5612. 5636. 7068. 7389. 7535. 7749. 7809. 7998. 8255. 8614. 8747. 8831. 8853. 8952. 9004. 10260. 10770. 11040. 11397. 11713. 11714. 11722. 11966. 12540. 12815. 13154.

107. **ESCUROLLES**, chef-lieu de canton des arrond. et district de Gannat. — *SCUROLIIS (ecclesia de)*, (Xe siècle). — 465. 588. 657. 1085. 3283. 3457. 4286. 4668. 5033. 5254. 5463. 5777. 5996. 6348. 6362. 6767. 7128. 8069. 8074. 8898. 9338 9691. 10173. 10513. 10773. 11742. 12260. 12757.

108. **ESPINASSE-VOZELLE**, canton d'Escurolles, arrond. de Gannat. — Formée en exécution de l'ordonnance du 20 mai 1829, par la réunion des communes d'Espinasse, autrefois du canton d'Escurolles, et Voselles, d'abord du canton de Brugeat, puis de celui d'Escurolles, (3 brumaire an X), l'une et l'autre du district de Gannat. — *ESPINACIA*, (1349). — 1471. 1479. 2242. 2342. 2363. 2862. 2909. 2921. 3504. 3621. 3631. 4325. 4370. 4597. 4901. 5236. 5649. 5693. 6324. 6511. 6525. 6633. 7349. 7713. 7950. 8120. 9029. 10700. 11068. 12208. 12210. 12616. 12692. 13215. 13224.

109. **ESTIVAREILLES**, canton d'Hérisson, arrond. de Montluçon. — Chef-lieu du neuvième canton du district de Montluçon. —

STIVALICULÆ, (VIIe siècle).— 883. 3018. 3107. 4081. 5261. 5934. 6803. 9355. 9865. 11124. 12260. 12658. 12765.

110. **ETELON (L')**, canton de Cérilli, arrond. de Montluçon. — Canton de Meaulne, district de Cérilli. — *TELONEUM* (?). — **Tolon (le)**. — 709. 3207. 4363. 5334. 7827. 7931. 8927. 9127. 9128. 11132. 11946.

111, **ÉTROUSSAT**, canton de Chantelle, arrond. de Gannat.— Canton de Chantelle, district de Gannat. — *EXTROCIACI (parrochia)*, (XIIIe siècle). —73. 1235. 1312. 1913. 3180. 3644. 3763. 4755. 4764. 4846. 5076. 5312. 6962. 7340. 7790. 7975. 8062. 8087. 8300. 9234. 9371. 9372. 9586. 9948. 10368. 10625. 11454. 11461. 11565. 11566. 12759.

112. **FÉLINE (LA)**, canton de Saint-Pourçain, arrond. de Gannat. — Canton de Verneuil, district de Montmaraud. — *FELINA*, (1301). — 482. 921. 1678. 1722. 1777. 2112. 3092. 3299. 3475. 3706. 4054. 5462. 6086. 6127. 6533. 7086. 7154. 7264. 7829. 8009. 8254. 8351. 8414. 8885. 9019. 9297. 9298. 9607. 10012. 10176. 10387. 11044. 11085. 11312. 11460. 11567. 11752. 12077. 12080. 12529. 12554. 13004.

113. **FERRIÈRES**, canton du Mayet-de-Montagne, arrond. de La Palisse. — Canton du Mayet-de-Montagne, district de Cusset. *FERRARIÆ* (XIVe siècle). — 37. 49. 57. 357. 510. 621. 726. 865. 877. 883. 899. 922. 1169. 1212. 1360. 1414. 1428. 1483. 1507. 1530. 1531. 1574. 1611. 1619. 1733. 1807. 1825. 2034. 2174. 2343. 2628. 2631. 2640. 2853. 2870. 2978. 3312. 3694. 3803. 3859. 3981. 4064. 4303. 4307. 4591. 4669. 4811. 4918. 4999. 5012. 5034. 5374. 5383. 5419. 5484. 5619. 5629. 5702. 5729. 5856. 5915. 5930. 6018. 6106. 6387. 6388. 6413. 6577. 6612. 6681. 6835. 6978. 6996. 7005. 7236. 7507. 7530. 7578. 7793. 7796. 8258. 8271. 8290. 8302. 8501. 8608. 8615. 8659. 8924. 9061. 9068. 9111. 9112. 9137. 9160. 9185. 9302. 9314. 9408. 9409. 9513. 9518. 9621. 9684. 9879. 9937. 9953. 9998. 10047. 10157. 10200. 10217. 10223. 10301. 10437. 10546. 10576. 10587. 10596. 10598. 10638. 10700. 10737. 10747. 10852. 10881.

10902. 10919. 10932. 10978. 11055. 11181. 11223. 11245. 11281. 11384. 11689. 11844. 11970. 11992. 12036. 12089. 12169. 12182. 12203. 12205. 12234. 12292. 12587. 12790. 12870. 12930. 12935. 12958. 12966. 13021. 13170.

114. **FERTÉ-HAUTE-RIVE (LA)**, canton de Neuilli-le-Réal, arrond. de Moulins. — Canton de Bessai, district de Moulins. — Formait autrefois deux paroisses sous les noms de *FERITATE* (*parrochia de*), (1301). — *ALTA RIPA* (*parrochia de*), (1097). — 171. 555. 1022. 1337. 1824. 1905. 1974. 2530. 2680. 3221. 3662. 3777. 4196. 4860. 4931. 4952. 5011. 5161. 5184. 5472. 5489. 5967. 6144. 6513. 6686. 6999. 7001. 7073. 7237. 7259. 7904. 8396. 8413. 8661. 9239. 9525. 9387. 9988. 10637. 10647. 10840. 11263. 11467. 11498.

115. **FLEURIEL**, canton de Chantelle, arrond. et district de Gannat. — *FLORIACUS*, (XIIIe siècle). — 192. 247. 572. 701. 1581. 1855. 1963. 2327. 2620. 2735. 3364. 4092. 4155. 5545. 5645. 5871. 5900. 5905. 6529. 6994. 7323. 7350. 7930. 8412. 8799. 8935. 9263. 9697. 10142. 10261. 10328. 10551. 11248. 11430. 11476. 12120. 12178. 12247. 12619. 12698. 13186.

116. **FOURILLES**, canton de Chantelle, arrond. et district de Gannat. — *FOREGLIR* (*parrochia de*), (XIIIe siècle). — 1664. 3636. 4055. 4156. 4259. 4484. 4803. 5903. 5904. 6327. 7331. 8379. 9011. 11486. 11785. 11895. 12270. 12463.

117. **FRANCHESSE**, canton de Bourbon, arrond. de Moulins. — Canton de Bourbon, district de Cérilli. — *FRANCISCAS* (*ecclesia de*), (XIIe siècle). — 34. 158. 359. 388. 561. 609. 623. 893. 968. 1183. 1512. 1809. 1810. 1936. 1943. 1944. 2265. 2267. 2268. 2269. 2407. 2888. 3284. 3524. 3778. 3872. 4282. 4823. 4824. 4825. 5095. 5581. 5686. 5709. 5793. 5942. 6046. 6047. 6238. 6339. 6512. 6658. 6678. 7415. 7662. 8099. 8100. 8128. 8135. 8150. 8166. 8237. 8418. 8680. 8993. 9397. 9533. 9534. 9614. 9619. 9707. 10018. 10106. 10369. 10442. 10640. 10667. 10790. 10989. 11288. 11374. 11386. 12061. 12486. 12684. 12734.

118. **GANNAT**, chef-lieu d'arrond. et de district. — *GATNACUS*, (Xe siècle). — 495. 496. 716. 2969. 3442. 3860. 3950. 3967. 4058. 4157. 4531. 4655. 4756. 4771. 4772. 4927. 5131. 5379. 5682. 7054. 7055. 7344. 7408. 7851. 7905. 8068. 9754. 10254. 10545. 10726. 10996. 11406. 11885. 12690. 12691. 13114.

119. **GANNAI-SUR-LOIRE**, canton de Chevagne, arrond. de Moulins. — Chef-lieu du dixième canton du district de Moulins.— *GANNIACUS*, (XIIIe siecle). — GANNAI. — 409. 542. 1605. 1665. 2329. 2475. 2500. 2517. 2523. 3104. 4818. 4819. 4900. 5288. 5318. 5523. 5695. 6073. 6074. 6119. 6120. 6344. 6345. 6410. 7206. 7386. 7536. 7979. 8573. 8599. 9395. 10006. 10417. 10894. 11000. 11310. 11886. 12176. 12286. 12634.

120. **GARNAT**, canton de Chevagnes, arrond. de Moulins. — Canton de Chevagnes, district de Moulins.—*GARNATO (ecclesia de)* (XVe siècle). — 93. 533. 693. 729. 1156. 1157. 1473. 2700. 2727. 2777. 2785. 2970. 4062. 4944. 5500. 6201. 6317. 6333. 7067. 8681. 11479. 11590. 11882. 12300.

121. **GENNETINES**, arrond. et canton Est de Moulins. — Canton de Villeneuve, district de Moulins. — *GENESTINIS (ecclesia de)*, (XIIIe siècle).—119. 488. 526. 543. 742. 844. 854. 923. 1002. 1520. 1679. 2243. 2344. 3605. 5089. 5730. 6269. 7223. 7376. 7492. 7745. 8111. 8175. 8284. 8516. 8517. 8559. 8787. 8873. 8879. 9310. 9375. 9447. 9625. 9627. 9834. 10056. 10688. 10750. 12238. 12541.

122. **GIPCI**, canton de Souvigni, arrond. de Moulins. — Canton de Saint-Hilaire, district de Montmaraud. — *GIPTIACUS*, (XIe siècle). — 3. 207. 227. 860. 861. 989. 991. 1102. 1579. 1812. 2079. 2080. 2158. 2831. 3044. 3064. 3153. 3377. 3994. 5582. 5674. 5913. 6098. 6209. 7466. 8029. 8136. 8546. 8549. 9280. 9626. 9768. 10089. 10099. 10462. 10779. 11574. 12147. 12148.

123. **GIVARLAIS**, canton d'Hérisson, arrond. de Montluçon. — Canton d'Estivareilles, district de Montluçon. — *GIVARLAICO (ecclesia de)*, (IXe siècle). — 478. 1354. 2254. 3007. 3989. 6438. 6454. 6466. 6768. 6903. 8062. 8033. 8212. 8716. 8717. 12830.

124. **GOUISE**, canton de Neuilli-le-Réal, arrond. de Moulins. — Canton de Bessai, district de Moulins. — *GOSIA*, (1330). — 63. 107. 335. 1003. 1230. 2071. 2222. 2604. 2634. 2683. 3689. 4134. 4200. 4934. 5124. 6392. 6513. 6540. 6809. 7494. 7626. 7642. 8953. 9826. 9890. 10077. 10831. 11690. 12035. 12372.

125. **HAUTERIVE**, canton d'Escurolles, arrond. de Gannat. — Canton de Brugeat, district de Gannat. — *ALTARIPA* (*ecclesia de*) (XIVe siècle). — 1445. 1587. 2052. 2670. 3113. 4108. 4483. 5035. 5385. 5699. 7074. 7178. 7973. 8419. 9114. 9489. 12562.

126. **HÉRISSON**, chef-lieu de canton, arrond. de Montluçon. — District de Cérilli. — *IRITIO*, *ERICTIO*, *ERICONIUM*, XIe-XIIe siècles). — 603. 881. 924. 1004. 1036. 1277. 1710. 2023. 2035. 2191. 2789. 2814. 3384. 3558. 3570. 3710. 3756. 4158. 4337. 4389. 4623. 5242. 5396. 5452. 5453. 5834. 5938. 5961. 6082. 6242. 6900. 6901. 7089. 7142. 7170. 7229. 7208. 7446. 7528. 7952. 8575. 8732. 8783. 9071. 9588. 9727. 9759. 9760. 9971. 10580. 10746. 11080. 11224. 11225. 11303. 11506. 11588. 11723. 11921. 11967. 12300. 12425. 12919.

127. **HURIEL**, chef-lieu de canton, arrond. et district de Montluçon. — *URIACUS*, (XIe siècle). — 349. 534. 617. 789. 800. 819. 1233. 1838. 2206. 3011. 3047. 3131. 3213. 4517. 4678. 4797. 5068. 5362. 5368. 5546. 5573. 5985. 6198. 6304. 6308. 6713. 6932. 7121. 7160. 7187. 7769. 7783. 7844. 8035. 8042. 8322. 8390. 9209. 9642. 9919. 9985. 10352. 10508. 10702. 11125. 11133. 11536. 11679. 11694. 12107: 12581. 12693. 12766. 13026.

128. **HIDS**, canton de Commentri, (de Montmaraud jusqu'en 1839,) arrond. de Montluçon. — Canton de Doyet, district de Montmaraud. — *IDS*, (XIVe siècle). — IDS. — 152. 417. 425. 801. 2148. 2363. 3428. 3542. 3877. 3944. 5420. 5621. 5676. 6312. 6460. 6771. 6909. 7266. 7767. 8423. 9350. 9889. 10162. 11319. 11763. 11832. 11930. 12530. 12584. 12784. 12993.

129. **IGRANDE**, canton de Bourbon-l'Archembaud, arrond. de Moulins. — Chef-lieu du cinquième canton du district de Cérilli. —

IGRANDIA, IGUIRANDA, (XIIIe siècle). — 12. 315. 373. 820. 1111. 1112. 1366. 1680. 1953. 1990. 1995. 2230. 2264. 2266. 2270. 2272. 2345. 2576. 2920. 2987. 3019. 3042. 3056. 3076. 3222 3342. 3354. 3417. 3418. 3519. 3675. 3828. 4030. 4031. 4127. 4443. 4510. 4637. 4837. 5118. 5331. 5377. 5455. 5478. 5487. 5522. 5590. 5647. 5683. 5731. 5797. 5798. 5880. 5939. 5957. 6037. 6090. 6091. 6135. 6215. 6233. 6264. 6296. 6497. 6498. 6510. 6869. 6904. 7018. 7109. 7417. 7519. 7520. 7548. 7598. 7750. 7784. 7820. 8021. 8022. 8445. 8463. 8495. 8562. 8682. 8725. 9024. 9150. 9170. 9219. 9221. 9222. 9388. 9396. 9399. 9517. 9679. 9761. 9810. 9828. 10055. 10143. 10214. 10255. 10284. 10363. 10377. 10388. 10626. 11226. 11324. 11387. 11404. 11507. 11550. 11611. 11645. 11699. 11700. 11942. 12005. 12006. 12056. 12108. 12126. 12127. 12193. 12231. 12437. 12457. 12462. 12650. 12660. 12662. 12822. 12869. 12936. 12996. 13011. 13139. 13140 13143.

130. **ISEURE**, canton Est et arrond. de Moulins. — Chef-lieu du deuxième canton du district de Moulins. — *ISIOTRO*, (IXe siècle). — *ISODRO*, (Xe siècle). — *ISORIO* (*parrochia de*), (XIIIe siècle.)— 134. 365. 395. 406. 415. 443. 557. 707. 821. 925. 926. 982. 1006. 1310. 1352. 1652. 1793. 2346. 2368. 2701. 3046. 3067. 3068. 3146. 3148. 3188. 3223. 3634. 3779. 4019. 4031. 4192. 4271. 4626. 4932. 5224. 5236. 5291. 5294. 5297. 5356. 5563. 5603. 5669. 5864. 5881. 6162. 6473. 7070. 7160. 7327. 7387. 7773. 7906. 8093. 8266. 8399. 8511. 8936. 9025. 9335. 9416, 9450. 9490. 9529. 10131. 10159. 10224. 10244. 10353. 10489. 10606. 10642. 10662. 10762. 10925. 10985. 11179. 11190. 11320. 11509. 11528. 11552. 11556. 11717. 11863. 11864. 11929. 12053. 12140. 12263. 12467. 12775. 12910.

131. **ISLE-ET-BARDAIS**, canton de Cérilli, arrond. de Montluçon. — Canton d'Ainai, district de Cérilli. (Formée des communes d'Isle et de Bardais réunies en 1844). — *INSULA* (*parrochia de*), (XIVe siècle). — *BARDEYO* (*parrochia de*), (XVe siècle). — 10. 62. 292. 536. 647. 963. 1441. 1857. 1858. 1888. 1892. 2064. 2075. 2109. 2188. 2190. 2304. 2637. 2931. 3274. 3907. 4205. 5036. 5175. 5401. 5402. 5492. 5535. 5732. 5891. 6140. 7409. 8352. 8576. 8871. 8880.

9040. 9734. 9752. 9944. 10073. 10297. 10344. 10618. 11279. 11329. 11340. 11664. 11672. 12093. 12226. 12326. 12811. 12875. 13226.

132. **ISSERPENT**, canton et arrond. de La Palisse. — Canton d'Arfeuille, district de Cusset. — *ISSERPANO (parrochia de)*, (XIIIe siècle). — 878. 1142. 1497. 1543. 1560. 1569. 1700. 1742. 2315. 2629. 2751. 2919. 3203. 3208. 3332. 3525. 3868. 3971. 4175. 4308. 4313. 4656. 4670 4736. 4741. 4791. 5012. 5062. 5295. 5344. 5916. 5991. 6012. 6044. 6059. 6216. 6227. 6228. 6587. 6684. 7087. 7463. 7843. 7720. 7908. 8011. 8123. 8216. 8306. 9119. 9199. 9213. 9499. 9725. 9809. 10339. 11052. 11053. 11362. 11721. 11971. 11973. 12041. 12073. 12488. 12892. 12975. 12997.

133. **JALIGNI**, chef-lieu de canton, arrond. de La Palisse. — Chef-lieu du troisième canton, district du Donjon. — *JALIGNIACUS* (XIe siècle). — 189. 444. 795. 927. 2086. 2558. 2562. 3606. 3698. 4514. 5037. 5123. 5611. 7691. 8171. 8176. 8296. 8545. 8886. 8888. 9394. 10461. 11231. 11575. 12549. 12998.

134. **JANZAT**, canton et arrond. de Gannat. — Canton de Saulzet, district de Gannat. — *GENTIACUS*, (Xe siècle) — *GENSIACUS, JANSIACUS*, (XIIIe siècle). — GENZAT. — 1007. 3998. 4026. 4224. 4475. 5968. 6430. 9314. 10107. 10329. 12696.

135. **LAMAIDS**, canton Ouest et arrond. de Montluçon. — Canton de Saint-Sauvier, district de Montluçon. — *MALDIIS (parrochia de)*, (XVIe siècle). — *LAMEY*, (1489). — 3684. 4103. 7432. 10262. 12180.

136. **LANGI**, canton de Varennes, arrond. de La Palisse. — Canton de Saint-Geran-le-Pui, district de Cusset. — *LANGIACO (parrochia de)*, (Xe siècle). — 132. 416. 928. 1008. 1018. 1320. 2289. 3036. 3306. 4571. 5583. 5503. 6011. 6147. 6200. 7110. 7402. 7472. 8801. 9138. 9673. 9793. 9856. 10108. 10604. 10607. 10690. 10811. 12290. 12489. 13187.

137. **LENAX**, canton du Donjon, arrond. de La Palisse. — Canton de Montaiguet, district du Donjon. — *LA NAZ (parrochia*

de), (XIe siècle). — 141. 530. 1103. 1380. 1381. 1498. 1537. 1963. 2123. 3390. 3121. 4219. 4681. 4775. 5135. 5121. 6289. 6588. 6629. 6701. 6821. 7164. 7165. 7311. 7410. 7514. 7515. 7616. 8203. 8309. 8357. 8591. 9062. 9135. 9306. 9319. 9618. 9913. 9918. 9972. 10021. 10036. 10109. 10163. 10188. 10240. 10301. 11182. 11350. 11489. 11688. 11725. 11813. 12306. 12338. 12831. 13162.

138. **LIERNOLLES**, canton de Jaligni, arrond. de La Palisse. Canton et district du Donjon. — *LINEROLIS (parrochia de)*, (XIVe siècle). — 203. 298. 430. 802. 1065. 1133. 1516. 1631. 1615. 1778. 1863. 1936. 2152. 3626. 3821. 4206. 4676. 4961. 5101. 5126. 5345. 5373. 5392. 5411. 5558. 5733. 5778. 6037. 6378. 6379. 6432. 6491. 6518. 6519. 6628. 6862. 7126. 7324. 7325. 7511. 7613. 7980. 8192. 8574. 8858. 8910. 8986. 9115. 9674. 9997. 10177. 10619. 10883. 10974. 11380. 11684. 11887. 12308. 12348. 12490. 12629. 12633. 12712. 12826. 12842. 13018. 13159.

139. **LIGNEROLLES**, canton Ouest et arrond. de Montluçon.— Chef-lieu du cinquième canton du district de Montluçon. — *LINAROLIS (parrochia de)*, (XIVe siècle). — 472. 2244. 2656. 2874. 3520. 4413. 4414. 6148. 7303. 7549. 8683. 8937. 9054. 9837. 9862. 11189. 11606. 11880. 12946.

140. **LIMOISE**, canton de Lurci-Lévi, arrond. de Moulins. — Canton de Lurci-Lévi, district de Cérilli.— *LIMESIA*, (XIIe siècle). — 441. 725. 822. 929. 1934. 2490. 2496. 2812. 3285. 3535. 4132. 6008. 6094. 6149. 6274. 7561. 7599. 9560. 9720. 9721. 9757. 12248.

141. **LISOLLE (LA)**, canton d'Ebreuil. arrond. de Gannat. — Canton d'Ebreuil, district de Gannat. — *ECCLESIOLA (parrochia de)*, (XIIIe siècle). — 1355. 2936. 2988. 4695. 4820. 4925. 5327. 5845. 5876. 7115. 7573. 7830. 8223. 8459. 8543. 9469. 10567. 10929. 11339. 11898.

142 **LODDE**, canton du Donjon. arrond. de La Palisse. — Canton de Montaiguet, district du Donjon. — 103. 131. 613. 1453. 1361. 1936. 2424. 4391. 4674. 4891. 5403. 5445. 5493. 6389. 6642. 7586. 7600. 7764. 8034. 8298. 8352. 9312. 9391. 10189. 10215.

10215. 10136. 10721. 10810. 10836. 10895. 11205. 11323. 11839. 12039. 12196. 12278. 12871. 13219.

143. **LORIGES**, canton de Saint-Pourçain, arrond. de Gannat. — Canton de Saint-Pourçain, district de Gannat. — *LORIGIIS (parrochia de)*, (XIIe siècle). — 97. 1637. 2017. 2216. 2293. 2613. 2818. 3318. 3679. 4729. 5024. 6838. 7697. 7700. 7831. 9589. 11094. 12319. 12567.

144. **LOUCHI-MONTFAN**, canton de Saint-Pourçain, arrond. de Gannat, formée en 1830 par la réunion des communes de Louchi et Montfan, tous deux des cantons de Verneuil. — District de Montmaraud. — *LOCHIACO (parrochia de)*, (XIVe siècle). — *MONTISFANO (parrochia de)*. (XVe siècle). — 320. 1968. 3765. 4508. 4638. 4881. 4911. 5147. 5404. 6534. 6568. 6696. 7714. 8736. 8812. 8954. 10719. 11472. 11553. 11884. 12744. 12748.

145. **LOUROUX-BOURBONNAIS**, canton d'Hérisson, arrond. de Montluçon. — Canton d'Hérisson, district de Cérilli. — *ORATORIUM BORBONENSE*, (XIIIe siècle). — **Lourou-sur-Courgot**. — 30. 1278. 1601. 1653. 1798. 2369. 2551. 2577. 2582. 3829. 3954. 3956. 4379. 4492. 4538. 5517. 5999. 6136. 6225. 6656. 6898. 7271. 7452. 7668. 7724. 7727. 8194. 8195. 8288. 8993. 9012. 9838. 9993. 10014. 10110. 10539. 11484. 12075. 12281. 12325. 12330. 12312. 12373. 13071. 13146.

146. **LOUROUX-DE-BEAUNE**, canton de Montmaraud, arrond. Montluçon. — Canton de Doyet, district de Montmaraud. — *ORATORIUM BELNENSE*, (XVe siècle). — 244. 823. 1104. 1144. 1145. 1148. 1317. 1681. 1970. 2120. 2153. 2875. 3028. 3209. 3328. 3663. 3941. 3945. 6841. 7291. 7728. 8079. 8233. 8490. 9019. 9077. 9278. 9782. 10411. 10255. 11401. 12806. 12807.

147. **LOUROUX-DE-BOUBLE**, canton d'Ebreuil, arrond. de Gannat. — Canton de Target, district de Montmaraud. — *ORATORIUM SUPER BUBULAM*, (XVe siècle). — 1204. 1452. 1788. 2072. 2073. 2102. 2393. 2612. 2726. 2989. 3176. 3342. 4316. 4317. 5085.

6191. 6823. 7729. 7767. 8109. 8938. 9701. 11211. 12522. 12559. 12899.

148. **LOUROUX-HODEMENT**, canton d'Hérisson, arrond. de Montluçon.—Canton d'Igrande, district de Cérilli.—*ORATORIUM*. (1300).—833. 1217. 1218. 1658 2149. 2235. 4018. 4613. 5077. 5222. 5223. 5237. 5924. 6199. 6354. 6546. 6840. 6859. 7434. 7730. 8018. 8025. 8244. 8684. 8955. 9124. 9511. 10552. 10201. 10694. 10827. 10850. 11177. 12361. 12337. 12704. 12962. 13003.

149. **LUNEAU**, canton du Donjon, arrond. de La Palisse. — Chef-lieu du sixième canton du district du Donjon depuis 1792. — *LUNELLO* (*parrochia de*), (XVe siècle).— 483. 580. 751. 930. 1444. 1523. 1598. 1703. 1916. 1930. 2182 2736. 3286. 3339. 4136. 4139. 4401. 4486. 4710. 4776. 4815. 5100 5259. 5701. 6437. 6674. 6770. 6928. 7023. 7075. 7251. 7312. 7409. 7570. 7587. 7756. 7760. 8132. 8428. 8503. 8984. 9006. 9356. 9457. 9974. 10179. 10386. 10431. 10620. 11106. 11171. 11357. 11613. 12411. 12191. 12531. 12606. 12816. 12917.

150. **LURCI-LÉVI**, chef-lieu de canton, arrond. de Moulins.— Chef-lieu du deuxième canton du district de Cérilli. — *LURCI-LE-SAULVAIGE*, (XIIIe-XIVe siècles).—*LURCIACO SILVESTRI* (*parrochia de*), (XIIIe siècle). — 235. 321. 355. 490. 491. 904. 931. 1033. 1143. 1227. 1314. 1342. 1402. 1435. 1453. 1462. 1577. 1607. 2281. 2380. 2382. 2435. 2437. 2479. 2481. 2483. 2489. 2493. 2494. 2522. 2544. 2731. 2747. 2852. 2870. 2893. 3136. 3330. 3607. 3745. 3791. 3840. 3869. 3875. 3894. 3919. 3923. 3925. 3927. 4002. 4016. 4119. 4128. 4198. 4583. 4604. 5143. 5180. 5316. 5346. 5370. 5482. 5494. 5501. 5560. 5607. 5608. 5734. 6013. 6019. 6239. 6294. 6318. 6714. 6817. 7193. 7282. 7418. 7511. 7512. 7526. 7761. 7770. 7909. 8004. 8038. 8370. 8438. 8553. 9106. 9207. 9231. 9268. 9380. 9419. 9829. 9920. 10164. 10216. 10263. 10336. 10337. 10339. 10412. 11023. 11028. 11122. 11162. 11163. 11164. 11896. 12102. 12513. 12520. 12607. 12608. 12628. 12809. 13101. 13115.

151. **LUSIGNI**, canton de Chevagnes, arrond. de Moulins. —

Canton de Chevagnes, district de Moulins.— *LISIGNIACO* (*parrochia de*), (1375). — 494. 597. 810. 1020. 1023. 1138. 1231. 1336. 1761. 2081. 2110. 2215. 2154. 2536. 2609. 2931. 3221. 3218. 3391. 4289. 4575. 4639. 5211. 5531. 5532. 5857. 6180. 6509. 7012. 7403. 7763. 7818. 7953. 8036. 8095. 8115. 8447. 8528. 8592. 8685. 8810. 8828. 9332. 9590. 9821. 10001. 10292. 10593. 10602. 10930. 11633. 11920. 12198. 12305. 12379. 12419. 12420. 12492. 12513. 12600. 12610. 12878. 12879. 12880.

152. **MAGNET**, canton de Varennes, arrond. de La Palisse. — Canton de Saint-Germain-des-Fossés, district de Cusset. — *MAGNIACO* (*parrochia de*), (XIIe siècle). — 1361. 1549. 2163. 3020. 3225. 4335. 4777. 4883. 5350. 5670. 6019. 6370. 6664. 7330. 7352. 7474. 7777. 7798. 8188. 8429. 8846. 8956. 9090. 9180. 9245. 9739. 9757. 9886. 10111. 10211. 10230. 10584. 10903. 11905. 11922. 12053. 12206. 12271.

153. **MAILLET**, canton d'Hérisson, arrond. de Montluçon. — Canton d'Igrande, district de Cérilli. — *MALLIACUS*, (VIe-Xe siècles). — 50. 293. 1053. 1300. 1694. 1871. 2036. 2114. 2262. 2293. 2317. 2021. 3114. 3627. 3703. 3902. 4036. 4234. 5112. 5127. 6127. 7037. 7601. 7812. 7934. 8127. 8932. 9756. 10061. 10062. 10191. 10192. 10383. 10390. 10463. 11980. 11981. 12405. 12746. 12791. 13036. 13119.

154. **MALICORNE**, canton de Commentri, jusqu'en 1839 de Montmaraud, arrond. de Montluçon. — Canton de Doyet, district de Montmaraud. — *MALICORNIA* (XIIIe siècle). — 1331. 1734. 2028. 2189. 2976. 2977. 3441. 3442. 4143. 4385. 4652. 5422. 6609. 7299. 8015. 8471. 10987. 12357.

155. **MARCENAT**, canton de Saint-Pourçain, arrond. de Gannat. Commune créée en 1831 par la réunion du Lonzat et de Villaines, antérieurement du canton de Saint-Pourçain, arrond. de Gannat. — Mêmes canton et district. — *OLONSIACO* (*parrochia de*), (XIIIe siècle). — *VILLENA*, (1350). — 281. 781. 1373. 1375, 2008. 2216. 2217. 2619. 2752. 3795. 4211. 4693. 5274. 5749. 5912. 6034.

6838. 7692. 7867. 7955. 8097. 8183. 8480. 8983. 10682. 11324. 12023. 12177. 13037.

156. **MAROILLAT**, chef-lieu de canton, arrond. et district de Montluçon. — *MARCILIACUS*, (XIIIe siècle). — 199. 439. 631. 1166. 1236. 1671. 1682. 1856. 1894. 2019. 2069. 2125. 2184. 2823. 2882. 3057. 3095. 3207. 3320. 3910. 3913. 3924. 3935. 4123. 4215. 4336. 4784. 5409. 5438. 5779. 5846. 6725. 6736. 6837. 7124. 7125. 7847. 8108. 8223. 8224. 8380. 8386. 8437. 8686. 9052. 9057. 9089. 10153. 10364. 10447. 10512. 10722. 10766. 11083. 11084. 11089. 11305. 11307. 12144. 12353. 12564. 12674. 12745, 12767. 13023. 13064. 13126.

157. **MARIGNI**, canton de Souvigni, arrond. de Moulins. — Canton de Saint-Menoux, district de Moulins. — *MARIGNIACUS*, (Xe siècle). — 1967. 2037. 3005. 3395. 5615. 6330. 6395. 6982. 7000. 7207. 7208. 8139. 8666. 8795. 8881. 9070. 10541. 10554. 11314. 11368. 13213.

158. **MARIOL**, canton de Cusset, arrond. de La Palisse. — Canton de Busset, district de Cusset. — 272. 436. 2257. 2679. 3521. 3906. 4020. 4309. 4780. 5980. 6758. 7855. 8147. 8889. 9039. 9353. 9906. 10030. 10361. 12717. 12754. 13212.

159. **MAYET-D'ÉCOLE**, canton, arrond. et district de Gannat. — *MASETUS DE SCOLA*, (XIIIe siècle). — 746. 5893. 7141. 8310. 8593.

160. **MAYET-DE-MONTAGNE**, chef-lieu de canton, arrond. de La Palisse. — Chef-lieu du huitième canton du district de Cusset. — *MASETUS IN MONTANIS*, (XVe siècle). — 153. 278. 421. 471. 694. 714. 967. 1039. 1086. 1149. 1150. 1172. 1284, 1323. 1744. 2248. 2524. 2531. 2705. 2760. 3819. 3823. 3936. 4087. 4160. 4387. 4504. 4514. 4654. 4827. 4960. 5091. 5157. 5163. 5186. 5240. 6017. 6208. 6352. 6399. 6515. 6602. 6606. 6924. 6965. 7013. 7048. 7280. 7361. 7411. 7529, 7602. 7802. 7910. 8026. 8049. 8204. 8330. 8341. 8922. 9300. 9880. 10123. 10264. 10276. 10586. 10714. 10751.

10780. 10820. 11206. 11227. 11411. 11726. 11873. 11889. 12003. 12018. 12075.

161. **MAZERIER**, canton et arrond. de Gannat. — Canton de Saulzet, district de Gannat. — *MACERIACO (parrochia de)*, (XIIe siècle). — MASERIÉ. — 74. 130. 2966. 3162. 4700. 4473. 5600. 6739. 8252. 9007. 10334. 12887.

162. **MAZIRAT**, canton de Marcillat, arrond. de Montluçon. — Canton de Lignerolles, district de Montluçon. — *MASIRIACO (parrochia de)*, (XIIIe siècle). — MASIRAT. — 648. 756. 1208. 1810. 1889. 1952. 2160. 3039. 3177. 3375. 3581. 3870. 4069. 4532. 5120. 5403. 5907. 5953. 6930. 7146. 8157. 8249. 8260. 8404. 9410. 10234. 10791. 11309. 11813. 11860. 12366. 12432. 13211.

163. **MEAULNE**, canton de Cérilli, arrond. de Montluçon. — Chef-lieu du septième canton du district de Cérilli. — Maulne. — 80. 1009. 1496. 1770. 1978. 2370. 2622. 3287. 3422. 3818. 4377. 4730. 4896. 5013. 6181. 6204. 6732. 6950. 7533. 7803. 7911. 8318. 8616. 8928. 9037. 9046. 9266. 9770. 10112. 10144. 10679. 11315. 11365. 12600. 12852. 12980.

164. **MEILLARD**, canton du Montet, arrond. de Moulins. — *MELHARS (ecclesia de)*, (1300). — 51. 932. 1333. 1683. 2212. 2213. 2990. 3165. 3304. 3792. 3968. 4949. 5495. 5934. 6241. 6833. 7442. 7563. 7993. 8197. 8343. 9107. 9116. 9867. 10727. 10728. 10729. 11018. 11099. 11228. 11468. 11943. 12030. 12625. 12972.

165. **MEILLERS**, canton de Souvigni, arrond. de Moulins. — Canton de Meillers, district de Montmaraud. — *MELHERS*, (1357). — 4. 637. 639. 649. 663. 1264. 1839. 2215. 2456. 2922. 3072. 3355. 3608. 3744. 4268. 4408. 4454. 4778. 5298. 5640. 5675. 5762. 7581. 7680. 7832. 7978. 8371. 8448. 8745. 8802. 9002. 9401. 9908. 9939. 10463. 10543. 11289. 11395. 11499. 11673. 11680. 11753. 12189. 12225. 12370. 12831.

166. **MERCI**, canton de Neuilli-le-Réal, arrond de Moulins. — Canton de Neuilli-le-Réal, district de Moulins. — *MARCIACO*

(*parrochia de*), (XIIIe siècle). — 70. 96. 142. 268. 356. 378. 737. 933. 1069. 1088. 1105. 1301. 2163. 2236. 2238. 2521. 4561. 5002. 5017. 5043. 5097. 5133, 5307. 5319. 5361. 6016. 6039. 6270. 6902. 7331. 7443. 7566. 7699. 7856. 7875. 7941. 8400. 9287. 9762. 10031. 10032. 10033. 10190. 10434. 10644. 10991. 11074. 11288. 11291. 11304. 11442. 11933 12360.

167. **MESPLES**, canton d'Huriel, arrond. de Montluçon. — Canton de Saint-Sauvier, district de Montluçon. — *MESPILIS* (*ecclesia de*). (XVe siècle). — 25. 31. 63. 1541. 2520. 2593. 4480. 5073. 5245. 5596. 6129. 6668. 8265. 8446. 8457. 8779. 9956. 12914. 12953. 12988.

168. **MOLINET**, canton de Dompierre, arrond. de Moulins. — Canton de Pierrefitte, district du Donjon. — *MOLINETO* (*ecclesia de*), (Xe-XIIIe siècles). — 856. 1427. 1591. 1907. 1937. 2038 2330. 2645. 3141. 3428, 3533. 3731. 4405. 4456. 4938. 4996. 5231. 5264. 5602. 5646. 5665. 5697. 6321. 6487. 6848. 6871. 6910. 7026. 7145. 7425. 7794. 7912. 8181 8499. 8602. 8657. 9309. 9610. 9704. 9729. 10022. 10165. 10355. 10646. 10704. 10874. 11014. 11358. 11569. 11727. 11877. 12220. 12235.

169. **MOLLES**, canton de Cusset, arrond. de La Palisse. — Canton de Busset, district de Cusset. — *MOLIS* (*ecclesia de*), (XVe siècle). — 68. 322. 571. 874. 1120. 1291. 1297. 1641. 1880. 2033. 2561. 2596. 3326. 3822. 3825. 3846. 4046. 4310. 4661. 4682. 4701. 4729. 4890. 5009. 5265. 5446. 5662. 5710. 5763. 5780. 5936. 6040. 6140. 6523. 6578. 6732. 6738. 7006. 7989. 7990. 8030. 8609. 9139. 9158. 9174. 9175. 9591. 9764. 10191. 10768. 10792. 11062. 11091. 12713. 13012.

170. **MONESTIER**, canton de Chantelle, arrond. de Gannat. — Canton de Chantelle, district de Gannat. — *MONASTERIO* (*parrochia de*), (XIVe siècle). — *MONESTIER-LE-COMBLE*, (XVIe siècle). — 5. 46. 81. 453. 527. 1035. 1711. 1718. 2131. 3034. 3249. 3664. 3724. 3806. 4185. 6439. 6788. 7525. 8063. 8621. 8637. 9537. 9934. 10063. 11682. 11875. 12131. 13090. 13097.

171. **MONESTAI-SUR-ALLIER**, canton du Montet, arrond. de Moulins. — Canton de Châtel-Deneuvre, district de Moulins. — *MONASTERIO SUPER ALIGERIM* (*parrochia de*), (XIVe siècle). 770. 934. 974. 2214. 2388. 2910. 6288. 6882. 7913. 8317. 8638. 8743. 8808. 8882. 9839. 11469. 11681.

172. **MONESTAI-SUR-LOIRE**, canton de Dompierre, arrond. de Moulins. — Canton de Pierrefitte, district du Donjon. — *MONASTERIO SUPER LIGERIM* (*parrochia de*), (XIVe siècle). — 193. 371. 824. 935. 1273. 1489. 1779. 3142. 3529. 4607. 5064. 5752. 5781. 5914. 6164. 6555. 6556. 6896. 6917. 7023. 7053. 7190. 7478. 7914. 8376. 8639. 8340. 8857. 9815. 9895. 10023. 10517. 10708. 10364. 10365. 10884. 11172. 11405. 11728. 11840. 11842. 11923. 11948. 12166.

173. **MONTAIGUET**, canton du Donjon, arrond. de La Palisse. — Chef-lieu du deuxième canton du district du Donjon. — *MONTIS ACUTI* (*parrochia*), (XVe siècle). — 20. 101. 183. 363. 532. 1370. 1513. 1625. 1632. 2104. 2179. 2674. 2694. 3226. 4015. 4392. 4883. 4584. 5917. 6105. 6397. 6561. 6921. 6976. 7397. 7915. 8272. 8696. 8733. 9013. 9389. 9592. 9740. 9765. 9870. 9992. 10020. 10394. 10154. 10609. 10968. 11298. 11654. 12017. 12464.

174. **MONTAIGU-LE-BLIN**, canton de Varennes, arrond. de La Palisse. — Canton de Saint-Geran-le-Pui, district de Cusset. — *MONTE ACUTO* (*parrochia de*), (XIIIe siècle). — 593. 834. 1027. 1187. 1288. 1325. 1353. 1540. 1832. 1904. 2256. 2639. 2873. 3001. 3227. 3243. 3270. 3378. 3431. 3458. 3478. 3993. 4008. 4477. 4816. 5069. 5170. 5263. 5275. 5962. 5969. 6102. 6190. 6261. 6391. 6860. 7253. 7810. 8019. 8327. 8335. 8697. 8870. 8892. 8937. 8973. 8989. 9021. 9379. 9541. 9675. 9689. 10039. 10066. 10206. 10309. 10527. 10615. 10631. 10732. 10743. 10745. 10829. 10842 10953. 11009. 11060. 11108. 11229. 11471. 11500. 11663. 11760. 11770. 11937. 12989. 13027. 13206. 13227.

175. **MONTBEUGNI**, canton de Neuilli-le-Réal, arrond. de Moulins. — Canton de Neuilli-le-Réal, district de Moulins. —

MONTE BUZNINO, (IXe siècle). — *MONTE BENITO (parrochia de)*, (XIVe siècle). — 516. 624. 975. 1390. 1739. 1938. 1939. 2835. 2911. 3392. 3836. 4272. 4512. 4907. 5016. 5123. 5308. 5806. 6274. 7123. 7263. 7723. 8324. 8431. 8505. 8720. 8818. 9334. 9482. 10002. 10599. 12777. 13213.

176. **MONTCOMBROUX**, canton du Donjon, arrond. de La Palisse. — Canton et district du Donjon. — *MONTE COMBROSO (parrochia de)*, (XIe siècle). — 151. 433. 1129. 1813. 2371. 2093. 2849. 3116. 3712. 3973. 4337. 4584. 5352. 5516. 5638. 5817. 5916. 6355. 6893. 6894. 6905. 7052. 7230. 7572. 7916. 8375. 8468. 8538. 8742. 9168. 9748. 9794. 9822. 9930. 9951. 10500. 10705. 11381. 12179. 12370.

177. **MONTEIGNET**, canton et arrond. de Gannat. — Canton de Saulzet, district de Gannat. — *MONTINIACUS*, (XIIIe siècle). — 613. 2937. 3137. 5655. 5704. 6182. 6708. 7129. 8492. 8773. 9148. 10814. 11862. 11362.

178. **MONTET (LE)**, chef-lieu de canton, arrond. de Moulins. — Chef-lieu du sixième canton du district de Montmaraud. — *MONTICULUS MONACHORUM*, (XIe siècle). — 66. 4323. 7844. 8784.

179. **MONTILLI**, canton Est et arrond. de Moulins. — Canton de Saint-Menoux, district de Moulins. — *MONTILIACO (ecclesia de)* (XIIIe siècle). — *MONTEGLIS*, (XIVe siècle). — 91. 92. 294. 379. 825. 936. 1010. 1158. 1159. 1348. 1763. 1817. 2037. 2457. 2718. 2741. 2980. 3027. 3029. 3035. 3109. 3147. 3747. 3903. 4236. 4265. 4497. 4831. 4910. 5005. 5237. 5290. 5520. 5802. 5804. 5882. 5922. 6183. 6421. 6459. 6619. 6691. 7053. 7084. 7134. 7630. 7684. 7686. 7837. 7918. 7956. 8648. 8811. 8958. 9339. 9598. 9644. 9719. 9737. 9895. 9897. 10084. 10663. 10856. 11008. 11144. 11391. 11447. 11987. 12293. 12327. 12493. 12675.

180. **MONTLUÇON**, chef-lieu d'arrond. et de district. — *MONS LUCII*, (VIIIe-XVe siècles). — 790. 1209. 1309. 1434. 2371. 3532. 3543. 4082. 4197. 4338. 4624. 4707. 4735. 4873. 5003. 5339.

5624. 6390. 6396. 6416. 6553. 6737. 7031. 7120. 7135. 7715. 8140. 8746. 8834. 9036. 9224. 9523. 9571. 10355. 10382. 11120. 11230. 11593. 13049. 13107.

181 **MONTMARAUD**, chef-lieu de canton, arrond. de Montluçon. — Chef-lieu de district. — *MONS SMARAGDI*, (XIIe siècle). — *MONS MERAUDI*, *MONS MERALDI* (XIVe siècle). — 299. 894. 1135. 1684. 1895. 3110. 3187. 4230. 4231. 5200. 5883. 7957. 8722. 8829. 9381. 10243. 10418. 10793. 12099. 13164.

182. **MONTOLDRE**, canton de Varennes, arrond. de La Palisse. — Canton de Varennes, district de Cusset. — *MONTODRE*, *MONTOUDRE*, (1300). — 778. 897. 1298. 2016. 2132. 2158. 2613. 2663. 2686. 2723. 3223. 3403. 3518. 3519. 3873. 4610. 4792. 4897. 5159. 5369. 5616. 5805. 6283. 6449. 6560. 7038. 7221. 7513. 7554. 8837. 9418. 9891. 10014. 10058. 10166. 10383. 10804. 11092. 11326. 11413. 11418. 11743. 12354. 12588. 22743.

183. **MONTOR**, canton de Saint-Pourçain, arrond. de Gannat. — Canton de Saint-Pourçain, district de Gannat. — *MONTE AUREO (parrochia de)*, (1350). — 458. 1391. 2707. 3496. 3609. 3761. 4161. 4403. 4592. 5276. 5555. 5591. 5869. 5884. 8168. 8454. 8839. 10483. 11128. 11459. 11773.

184. **MONTVIC**, canton de Montmaraud, arrond. de Montluçon. — Canton de Doyet, district de Montmaraud. — *MONTIS VICO (parrochia de)*, (1357). — 1977. 2150. 2904. 3890. 3892. 3992. 4083. 4109. 4139. 4746. 4838. 5970. 8081. 8862. 9884. 10698. 10718. 10744. 10825. 12272. 12651. 12881. 13072. (*Voyez* BÉZENET.)

185. **MOULINS-SUR-ALLIER**, chef-lieu du département. — *MOLINE*, *MOLINIS*, *MOLINS*, (X^e-XVe siècles). — 2224. 3117. 3336. 5117. 6753. 6906. 7803. 8959. 9078. 9211. 9262. 10349. 12394.

186. **MURAT**, canton de Montmaraud, arrond. de Montluçon. — Canton de Villefranche, district de Montmaraud. — *MURATO (castellania de)*, (1248). — 208. 209. 508. 772. 937. 1167. 1392. 1751. 1835. 2029. 2623. 2699. 2887. 3058. 3124. 3210. 3436. 3567.

3884. 3904. 3975. 4339. 4462. 4933. 5198. 5216. 5502. 5503. 5735. 5750. 6662. 6798. 6899. 7141. 7860. 8050. 8301. 8740. 8744. 9101. 9113. 9129. 9405. 9670. 9743. 10509. 10742. 10749. 11147. 11193. 11938. 12317. 13121. 13232.

187. **NADES**, canton d'Ebreuil, arrond. et district de Gannat. — *NADES*, (1300). — 573. 692. 2525. 2689. 2917. 4188. 4561. 4738. 5173. 6550. 6952. 7423. 7505. 7774. 8124. 8301. 8539. 9146.

188. **NASSIGNI**, canton d'Hérisson, arrond. de Montluçon. — Canton d'Estivareilles, district de Montluçon. — *NAPSINIACUS*, (693). — 938. 1846. 1874. 3189. 4980. 5221. 6079. 7291. 7306. 8452. 8738. 9163. 9427. 9428. 9524. 9882. 10689. 11266. 12699. 12780.

189. **NAVES**, canton d'Ebreuil, arrond. de Gannat. — Canton de Charroux, district de Gannat. — *NAVAS*, (833). — 2109. 4115. 4228. 4399. 5277. 5630. 5938. 6243. 9182. 10315. 10710.

190. **NÉRIS**, canton et arrond. de Montluçon. — Chef-lieu du quatrième canton du district de Montluçon. — *NERISIO* (*palatium de*), (834). — 418. 614. 791. 1198. 1234. 1343. 1690. 1899. 2826. 2844. 3256. 3382. 3665. 3751. 3983. 4376. 4553. 4675. 5485. 5564. 5758. 5783. 5851. 6771. 6861. 6890. 7464. 7694. 8007. 8110. 8141. 8237. 8383. 8385. 8710. 8718. 8809. 9079, 9190. 9192. 9271. 9568. 9622. 9645. 9692. 10202. 10969. 11149. 11177. 11373. 11555. 11907. 12152. 12428. 13069.

191. **NEUILLI-EN-DONJON**, canton du Donjon, arrond. de La Palisse. — Canton et district du Donjon. — *NULHI*, (XIVe siècle). — 449. 511. 871. 1091. 1126. 1128. 1633. 1773. 2399. 2549. 2568. 2872. 3972. 4116. 4140. 4395. 4406. 4697. 5299. 5736. 5923. 6441. 6475. 7182. 7317. 7645. 8565. 8650. 8907. 9204. 9406. 10384. 11075. 11935. 12491. 12727. 12785. 12832.

192. **NEUILLI-LE-RÉAL**, chef-lieu de canton des arrond. et district de Moulins. — *NULHI*, (1375). — **Neuilli-sur-Sanne.** — 538. 686. 1136. 1403. 2003. 2219. 2300. 3488. 3493. 4104. 4216. 4260. 4444. 4876. 5044. 5168. 5238. 5525. 5896. 5971. 5978. 5986.

6184. 6212. 6218. 6280. 6891. 7002. 7319. 7370. 7672. 8125. 8126. 8308. 8426. 8487. 8502. 8529. 8626. 8753. 8930. 9205. 9390. 9502. 9716. 10113. 10134. 10440. 11778. 11910. 11939. 12086. 12145. 12676. 12720. 12728. 12895.

193. **NEURE**, canton de Lurci-Lévi, arrond. de Moulins. — Canton du Veurdre, district de Cérilly. — *NURRA*, (1239). — 1823. 2320. 2321. 2495. 2501. 3050. 3526. 4605. 6018. 6625. 8863. 9098. 9206. 10143. 11069. 11829. 12318. 12368. 12399. 12891. 13006. 13148. 13150.

194. **NEUVILLE**, canton d'Hérisson, arrond. de Montluçon. — Canton de Villefranche, district de Montmaraud. — *NOVA VILLA*, (1301). — 1393. 1902. 3685. 5381. 7539. 8286. 8636. 9214. 9236. 11621. 12040. 12181. 12495.

195. **NEUVY**, canton Ouest et arrond. de Moulins. — Canton d'Iseure, district de Moulins. — *NOVO VICO*, (XIVe siècle). — *NOVIÇO*, (1332). — *NEUVIS*, (1301). — NEUVI. — 380. 528. 529. 735. 857. 939. 972. 1011. 1017. 1160. 1448. 2476. 2507. 2555. 2764. 2766. 2971. 3074. 3098. 3116. 3121. 3122. 3156. 3159. 3186. 3229. 3288. 3687. 3831. 4273. 4468. 4469. 4650. 4677. 4809. 4935. 4990. 5212. 5337. 5468. 5501. 5936. 5937. 6015. 6150. 6872. 6881. 7179. 7301. 7331. 7861. 7958. 8131. 8373. 8374. 8617. 8768. 8771. 8792. 8816. 9210. 9215. 9286. 9311. 9358. 9362. 9382. 9425. 9473. 9550. 9594. 9633. 9755. 10125. 10265. 10628. 10630. 10823. 10885. 11231. 11375. 11701. 11761. 12234. 12328. 12343. 12351. 12496. 12512. 12595. 12952.

196. **NIZEROLLES**, canton du Mayet-de-Montagne, arrond. de La Palisse. — Canton du Mayet-de-Montagne, district de Cusset. — *NISEROLLES*, (XIVe-XVe siècles). — 156. 489. 568. 569. 1036. 2513. 3201. 3152. 4410. 4641. 4975. 6063. 6281. 6591. 7567. 8191. 8377. 9239. 10015. 10534. 10973. 10992. 11001. 11063. 11849. 12068.

197. **NOCQ**, canton d'Huriel, arrond. et district de Montluçon.

— *NOTO, NOCO (ecclesia de)*, (VIIe-IXe siècles). — NOC. — 12. 815. 1222. 1394. 1459. 1477. 1811. 1812. 2039. 2062. 2121. 2142. 2181. 2916. 3033. 3916. 5013. 5368. 6319. 6619. 7273. 8320. 8367. 9219. 9138. 9703. 9871. 9919. 10272. 10330. 10656. 10725. 11814. 12197. 12315. 12586. 13073.

198. **NOYANT**, canton de Souvigni, arrond. de Moulins. — Canton de Cressanges, district de Montmaraud. — *NOYENTO (parrochia de)*, (1367). — 193. 1535. 1660. 2347. 2552. 3140. 3162. 3695. 4501. 4309. 4734. 4782. 5124. 5569. 5817. 5975. 6230. 6702. 7310. 8277. 8748. 9277. 9910. 9963. 10657. 12218. 12227. 12612. 12630. 12377.

199. **PALISSE (LA)**, chef-lieu de canton et d'arrond. — Chef-lieu de sixième canton du district de Cérilli. — *PALICIA*, (1213). — 184. 431. 910. 1012. 1070. 1957. 1959. 2334. 2459. 2477. 2545. 2716. 2821. 3406. 3787. 3990. 4267. 4290. 4550. 4779. 4848. 5014. 5015. 5100. 5128. 5210. 5287. 5510. 5530. 5664. 5770. 6031. 6328. 6404. 6639. 6841. 6917. 7353. 7424. 7741. 7788. 7976. 8142. 8169. 8204. 8294. 8360. 8430. 8342. 8671. 8734. 8969. 9014. 9193. 9426. 9440. 9461. 9506. 9840. 9977. 10034. 10383. 10501. 10524. 10544. 11163. 11183. 11332. 11335. 11436. 11793. 12183. 12535. 13000.

200. **PARAI-LE-FRÉSI**, canton de Chevagnes, arrond. de Moulins. — Canton de Garnat-sur-Loire, district de Moulins. — *PAREDUS FREDERICI*, (XIIIe siècle). — 120. 204. 502. 1116. 1442. 1534. 1819. 2486. 2784. 3408. 4120. 4217. 4515. 5303. 6547. 7118. 7379. 8872. 8911. 9474. 9480. 9595. 9634. 9776. 9779. 10418. 11020. 11359. 11408. 11443. 11797. 12112. 12498. 12725. 13207.

201. **PARAI-SOUS-BRIAILLES**, canton de Saint-Pourçain, arrond. de Gannat. — Canton de Saint-Pourçain, district de Gannat. — *PAREDUS*, (XIIIe siècle). — *PAROY*, (1410). — 1239. 1620. 1621. 2911. 3101. 3530. 3610. 3933. 3999. 4218. 4276. 4491. 4737. 4831. 4914. 5631. 5835. 5984. 6810. 8173. 8610. 9373. 9481. 10012. 10772. 11175. 11186. 11455. 11792. 13030. 13109.

202. **PÉRIGNI**, canton et arrond. de La Palisse. — Canton de

Saint-Géran, district de Cusset. — *PARIGNIACO* (*ecclesia de*), (XIIe siècle). — *PAREGNI*, (1240). — *PAREGNIACI*, (1373). — 333. 551. 984. 1178. 1395. 1532. 2004. 2026. 2211. 2381. 2383. 2518. 2597. 2775. 3125. 3289. 3365. 3611. 3736. 3780. 4094. 4233. 4328. 4393. 4713. 4794. 5016. 5185. 5464. 5551. 6185. 6210. 6284. 6365. 6367. 6554. 6933. 7007. 7030. 7094. 7095. 7136. 7453. 7918. 7959. 8189. 9028. 9421. 9596. 9722. 9731. 9800. 9801. 9978. 10051. 10114. 10173. 10194. 10683. 10760. 10812. 10931. 10983. 11192. 11249. 11409. 11502. 11514. 11702. 11729. 11771. 11825 12236. 12276. 12355. 12444. 12558. 12768. 12951. 13054. 13055. 13165.

203. **PETITE-MARCHE (LA)**, canton de Marcillat, arrond. de Montluçon.—Canton de Marcillat, district de Montlucon.—*PARVA MARCHIA*, (1300). — *MARCHIA*, (1160). — 632. 1087. 1285. 1508. 2185. 2617. 2672. 2681. 2801. 2802. 2830. 4540. 5439. 6350. 8105. 8292. 8493. 8806. 9844. 9901. 10145. 10859. 11624. 12359. 12523.

204. **PIERREFITTE**, canton de Dompierre, arrond. de Moulins. — Chef-lieu du cinquième canton du district du Donjon.— *PETRA FICTA*, (XIIe siècle). — 6. 185. 271. 295. 610. 872. 958. 1071. 1539. 1578. 2249. 2372. 2408. 2460. 3857. 4302. 4946. 5213. 6625. 6811. 6827. 6897. 7498. 7584. 7585. 7706. 8476. 8900. 9125. 9289. 9422. 10855. 11776.

205. **PIN (LE)**, canton du Donjon, arrond. de La Palisse. — Canton de Luneau, district du Donjon. — *PINU* (*parrochia de*), (1389). — 13. 660. 1127. 1516. 1544. 1584. 1690. 1712. 1833. 1834. 1875. 1909. 2164. 2166. 2221. 2322. 2684. 2869. 3230. 3371. 3423. 3585. 3775. 4763. 4829. 4849. 5122. 5140. 6148. 6176. 6611. 6665. 6704. 6706. 6789. 6945. 7396. 7421. 7479. 7615. 7659. 7735. 7862. 8427. 8318. 8649. 8899. 9018. 9273. 10016. 10021. 10122. 10181. 10235. 11111. 11398. 11433. 11451. 11576. 12005. 12194. 12533.

206. **POÉSAT**, canton et arrond. de Gannat. — Canton de Saulzet, district de Gannat. — *POISIACI* (*ecclesia de*), (1300). — 342. 601. 1267. 4122. 6967. 7103. 10253. 10890.

207. **POUSI-MÉSANGI**, canton de Lurci-Lévi, arrond. de Moulins, formée en 1826 de la réunion de deux communes du canton de Lurci-Lévi, qui toutes deux avaient fait partie du district de Cérilli, Pousi pour le canton de Lurci, et Mésangi pour celui du Veurdre. — *POSIACO (parrochia de)*, (1300). — *MESANGIACO (parrochia de)*, (1328). — 19. 109. 582. 8439. 10490. (*Voir aux additions les numéros* 13226 à 13271.)

208. **PRÉMILHAT**, canton Ouest et arrond. de Montluçon. — Canton de Lignerolles, district de Montluçon. — *PREMILLIACI (villa)*, (1301). — 1565. 2133. 4187. 5247. 5340. 5625. 5663. 5954. 6748. 7149. 7977. 8225. 9080. 9179. 9340. 9635. 9852. 10177 10585. 11118. 11781. 12162. 12877.

209. **PRUGNE (LA)**, canton du Mayet-de-Montagne, arrond. de La Palisse. — Canton du Mayet-de-Montagne, district de Cusset. — *PRUNHIA*, (XIIIe siècle). — 233. 250. 343. 513. 584. 944. 1321. 1590. 1603. 1639. 2567. 3154. 3257. 3443. 3479. 3876. 3939. 4340. 4721. 4768. 5169. 5442. 5947. 6060. 6136. 6608. 6617. 7368. 7493. 7919. 8046. 8119. 9105. 10266. 10486. 10547. 10556. 10557. 10574. 10634. 10684. 10934. 10967. 12169. 12414. 12542.

210. **QUINSSAINE**, canton Ouest et arrond. de Montluçon. — *SANCTI MARCELLI DE QUINTIANIS (parrochia de)*, (1120). — *QUINTIANIS (villa de)*, (1158). — 45. 339. 1501. 1890. 2583. 3204. 4279. 4462. 4481. 4488. 7682. 8253. 8405. 9445. 9430. 10678. 10831. 11399. 12137.

211. **REUGNI**, canton d'Hérisson, arrond. de Montluçon. — Canton d'Estivareilles, district de Montluçon. — *REGNIACO (parrochia de)*, (XIIIe siècle). — *RUGNAC*, (1241). — 3523. 7718. 7920. 8578. 8685. 11024. 11042. 12659.

212. **ROCLES**, canton du Montet, arrond. de Moulins. — Canton du Montet, district de Montmaraud. — *ROCLIS (ecclesia de)*, (XIVe siècle). — 38. 67. 1151. 1293. 1729. 1816. 1860. 1876. 2192. 2374. 2601. 3182. 3602. 3838. 4412. 4920. 4921. 5714. 5940. 5941.

6128. 6263. 6528. 6726. 7049. 7097. 7444. 7696. 8032. 8368. 8939. 9407. 9875. 10146. 10699. 11145. 11267. 12274. 12394. 13074. 13175. 13176.

213. **RONGÈRES**, canton de Varennes, arrond. de La Palisse. — Canton de Varennes, district de Cusset. — *RUNGERIIS (parrochia de)*, (1396). — 78. 522. 592. 792. 1547. 1599. 2059. 2176. 2665. 2778. 2948. 4642. 4804. 5517. 5623. 6508. 7104. 7241. 7473. 8134. 8174. 8214. 8339. 8347. 8364. 8569. 9164. 9327. 9328. 9766. 9995. 10344. 10360. 10589. 10843. 11154. 11333. 11421. 11434. 11561. 11772. 12158. 12783. 12948. 13193.

214. **RONNET**, canton de Marcillat, arrond. de Montluçon. — Canton de Néris, district de Montluçon. — *RUNETO (parrochia de)*, (1260). — 47. 262. 469. 477. 484. 1081. 1460. 1685. 1787. 1811. 2799. 3148. 3805. 3920. 3926. 4043. 5106. 5979. 6005. 7137. 8634. 8780. 9038. 9938. 11336. 13087. 13103. 13199.

215. **SAINT-ANGEL**, arrond. et canton de Montluçon Est. — Canton de Désertines, district de Montluçon. — *SANCI ANGELI (parrochia)*, (XIVe siècle). — 1480. 1780. 2151. 2624. 4280. 4812. 4821. 4878. 4894. 5170. 5278. 5436. 5620. 5737. 6052. 6307. 7233. 7646. 8230. 8231. 8406. 8687. 9432. 11523. 12133. 12939.

216. **SAINT-AUBIN**, canton de Bourbon, arrond. de Moulins. — Canton d'Igrande, district de Cérilli, — *SANCTI ALBINI (parrochia)*, (XIVe siècle). — Le Marcat. — 279. 309. 1154. 1294. 1328. 2232. 2385. 2426. 2584. 2931. 2932. 3170. 3407. 3612. 3810. 4035. 4170. 4292. 4351. 4571. 4761. 4833. 5137. 5235. 5246. 5300. 5820. 6000. 6151. 6376. 6435. 6634. 7042. 7093. 7127. 7183. 7186. 7384. 7454. 7751. 8082. 8369. 8496. 8737. 9698. 9964. 10071. 10239. 11376. 11687. 11710. 12058. 12074. 12171. 12377. 12461. 12750. 12760. 12823. 12824. 12825.

217. **SAINT-BONNET-DE-FOURS**, canton de Montmaraud, arrond. de Montluçon. — Canton et district de Montmaraud. — *SANCTI BONITI DE FURNIS (parrochia)*, (XIVe siècle). —

Bonnot libre. — 280. 764. 893. 1213. 1713. 1877. 2318. 3630. 3666. 3813. 4560. 5008. 5521. 5784. 5872. 5902. 6163. 6331. 6571. 6745. 6747. 6988. 7455. 8234. 8887. 9123. 9561. 10449. 10616. 10645. 11492. 11532. 11850. 11851. 12395. 12569. 13001. 13051. 13075. 13181.

218. **SAINT-BONNET-DE-ROCHEFORT,** canton et arrond. de Gannat. — Canton d'Ebreuil, district de Gannat. — *SANCTI BONITI DE RUPEFORTI (parrochia)*, (1300). — 658. 2925. 3468. 3485. 5279. 6910. 7173. 7564. 8040. 8250. 8644. 10528. 10724. 10816. 10869. 11243. 11407. 11474. 11530. 11937. 12406. 12433.

219. **SAINT-BONNET-LE-DÉSERT,** canton de Cérilli, arrond. de Montluçon. — Canton d'Huriel, district de Cérilli. — *SANCTI BONITI (parrochia)*, (XIIIe siècle). — **Bonnet-sur-Sologne,** puis **Le Désert.** — 64. 133. 404. 405. 452. 747. 1066. 1419. 1933. 2010. 2461. 3732. 3841. 4543. 4705. 5280. 6343. 6417. 6778. 7456. 8205. 9597. 9598. 9654. 9918. 9927. 10267. 10794. 11095. 11151. 11188. 11316. 11363. 11532. 11594. 11607. 11934. 11949.

220. **SAINT-CAPRAIS,** canton d'Hérisson, arrond. de Montluçon. — Canton d'Igrande, district de Cérilli. — *SANCTI CAPRASII (parrochia)*, (XIVe siècle). — **Thémistocle.** — 86. 161. 162. 163. 1231. 1410. 1415. 1984. 2271. 2832. 3699. 3799. 3852. 3853. 5021. 5855. 6278. 6474. 7377. 8295. 9115. 9198. 9260. 9975. 10039. 10040. 10053. 10268. 10795. 11137. 11261. 11388. 11533. 11830. 11861. 12279. 12439. 12500. 12501. 13123.

221. **SAINT-CHRISTOPHE,** canton et arrond. de La Palisse. — Canton d'Arfeuille, district de Cusset. — *SANCTI CHRISTOPHORI (ecclesia)*, (XIVe siècle). — 422. 673. 707. 965. 1031. 1396. 1405. 1475. 1478. 1856. 1826. 1906. 2292. 2390. 2427. 2435. 2518. 2703. 3166. 3378. 3725. 3970. 4095. 4407. 4720. 4912. 5053. 6219. 6238. 6406. 6544. 7202. 7272. 7288. 7385. 7530. 7543. 7921. 8891. 9094. 9216. 9321. 9745. 10590. 10597. 10993. 10998. 11051. 11054. 11338. 11354. 11382. 11392. 11402. 11494. 11537. 12368. 12911. 12961. 12982. 12985.

222. **SAINT-CLÉMENT**, canton du Mayet-de-Montagne, arrond. de La Palisse. — Canton du Mayet-de-Montagne, district de Cusset. — *SANCTI CLEMENTIS (ecclesia)*, (XIVe siècle). — **Clément.** — 366. 622. 777. 867. 1304. 1429. 1450. 1588. 1601. 1640. 1831. 2177. 2349. 2428. 2505. 2506. 2695. 2774. 3566. 4096. 4186. 4221. 4256. 4423. 4852. 5090. 5425. 5474. 5801. 6428. 6398. 6603. 7079. 7231. 7238. 7362. 7388. 7401. 7546. 7922. 7987. 8190. 8196. 8236. 8904. 9253. 9658. 9877. 10037. 10172. 10298. 11166. 11196. 11296. 11414. 11541. 11581. 11817. 12184. 12416. 12799. 12915. 12983. 13002.

223. **SAINT-DÉSIRÉ**, canton d'Huriel, arrond. de Montluçon. — Chef-lieu du huitième canton, district de Montluçon. — *SANCTI DESIDERATI (ecclesia)*, (1075). — 23. 24. 216. 236. 316. 833. 1397. 1464. 1546. 1614. 1622. 1914. 1986. 2095. 2331. 2583. 3486. 3721. 4311. 4572. 5426. 5435. 5813. 6384. 6521. 6812. 6960. 7270. 7468. 7476. 7704. 8075. 8372. 8781. 8834. 9063. 9095. 9096. 9446. 9528. 10147. 10392. 10808. 11210. 11431. 11544. 11548. 11811. 11928. 11998. 12025. 12092. 12249. 12583. 13065. 13093.

224. **SAINT-DIDIER**, canton d'Escurolles, arrond de Gannat. — Canton de Saint-Pourçain, district de Gannat. — *SANCTI DESIDERII (ecclesia)*, (1131). — **Marconat-les-Levis.** — 98. 115. 210. 389. 393. 1255. 1398. 1512. 1752. 2350. 3081. 3093. 3160. 3174. 3613. 3996. 4304. 4945. 5182. 5329. 6072. 6616. 7268. 7766. 8356. 8652. 9702. 10148. 10238. 10572. 10892. 11167. 11462. 11482. 11545. 11587. 12769.

225. **SAINT-DIDIER-EN-DONJON**, canton du Donjon, ararrond. de La Palisse. — Canton et district du Donjon. — *SANCTI DESIDERII (ecclesia)*, (XIVe siècle). — **Bois Didier.** — 302. 524. 525. 752. 762. 773. 1190. 1406. 1533. 1762. 2030. 2373. 2462. 2532. 2602. 2647. 2811. 3012. 3231. 3789. 4000. 5448. 6089. 6356. 6675. 6865. 6948. 7168. 7183. 7211. 7354. 7593. 8102. 8319. 8611. 8627. 8876. 8905. 8940. 9015. 9290. 9458. 10432. 10456. 10503. 10796. 11366. 11516. 11786. 11808. 11924. 11336. 11337. 11352. 11534. 11544. 13160.

226. **SAINT-ENNEMOND**, canton et arrond de Moulins Est. — Canton de Villeneuve, district de Moulins. — *SANCTI ANEMUNDI*, (XIVe siècle). — *SANCTI SYMPHORIANI (parrochia)*, (XIIIe siècle). — **Saint Symphorion.** — 147. 1063 1161. 1233. 1727. 2331. 2374. 2487. 2502. 3614. 3801. 3865. 3918. [illegible]. 4162. 4194. 4202. 4222. 4643. 4912. 4923. 5923. 5199. 5307. 5317. 5627. 6100. 6239. 6305. 7707. 7708. 7858. 7923. 8328. 8444. 8985. 9274. 9290. 9758. 9690. 9981. 10669. 10909. 11011. 11197. 11239. 11424. 11450. 11508. 11559. 11857. 12186. 12386. 12431. 12613. 12724.

227. **SAINT-ÉTIENNE-DE-VIC**, canton et arrond. de La Palisse. — Canton de La Palisse, district de Cusset. — *SANCTI STEPHANI DE VICO (parrochia)*, (XIe siècle). — 150. 224. 442. 879. 942. 1219. 1655. 1866. 2304. 2387. 2402. 2471. 2912. 3327. 3531. 3964. 4017. 4141. 4470. 4482. 5026. 5047. 5204. 5231. 6013. 6694. 6816. 7039. 7360. 7457. 7475. 7551. 7778. 7795. 7983. 8366. 8370. 8469. 8874. 8980. 9228. 9491. 9726. 9736. 10115. 10468. 10844. 11564. 11812. 12575. 12909. 12984.

228. **SAINT-FARGEOL**, canton de Marcillat, arrond de Montluçon. — Canton de Marcillat, district de Montluçon. — *SANCTI FERREOLI (ecclesia)*, (1158). — 194. 2572. 2983. 3349. 4813. 5262. 5863. 8226. 8248. 10198. 11090. 11379. 11572. 12555. 12577. 13081. 13105.

229. **SAINT-FÉLIX**, canton de Varennes, arrond. de La Palisse. — Canton de Saint-Germain-des-Fossés, district de Cusset. — *SANCTI FELICIS (parrochia)*, (XIIIe siècle). — 813. 1196. 1237. 1367. 1422. 1872. 2116. 2352. 3232. 3489. 4587. 6408. 6877. 7673. 7960. 8999. 9279. 9325. 9887. 10097. 10100. 10101. 10845. 10886. 11232. 11573. 11718. 12396.

230. **SAINT-GENEST**, canton de Marcillat, arrond. de Montluçon. — Canton de Néris, district de Montluçon. — *SANCTI GENESII (parrochia)*, (1211). — **Montgonost.** — 1575. 1667. 2581. 2891. 3266. 3638. 3838. 4795. 4800. 5440. 5818. 6033. 6644.

6727. 8001. 8673. 8987. 9630. 9866. 9872. 10413. 11119. 11378. 12905.

231. **SAINT-GERAN-DE-VAUX**, canton de Neuilli-le-Réal, arrond. de Moulins. — Chef-lieu du quatrième canton, district de Moulins. — *SANCTI GIRANNI DE VALLIBUS* (*ecclesia*), (1280). — *SAINCT JULIAIN DE VAUX*, (1409). — *SANCTO JULIANO IN VALLIBUS* (*parrochia de*), (1210). — **Mont-Libre.** — 186. 217. 218. 712. 913. 1827. 2087. 2698. 2729. 2933. 3290. 4303. 4378. 4909. 5080. 5359. 6975. 6977. 6984. 7008. 7015. 7076. 7924. 7940. 8064. 9145. 9192. 9399. 9676. 9694. 9874. 9921. 9941. 9333. 10401. 10421. 10752. 10833. 10887. 11282. 11444. 11379. 11691. 11730. 11896. 12502. 12631. 12700. 13014. 13020.

232. **SAINT-GERAN-LE-PUI**, canton de Varennes, arrond. de La Palisse. — Chef-lieu du quatrième canton, district de Cusset. — *SANCTI GIRANNI IN PODIO* (*ecclesia*), (1210). — **Puy-Rodan.** — 148. 576. 727. 811. 1122. 1262. 1434. 1389. 1987. 2794. 3244. 3379. 3404. 3426. 3667. 3772. 4219. 4377. 4644. 4939. 5048. 5281. 5341. 6717. 6770. 6912. 6934. 6937. 6981. 7105. 7163. 7242. 7399. 7400. 7687. 7820. 8067. 8483. 8604. 8860. 9217. 9220. 9312. 9343. 9641. 9693. 9839. 10048. 10116. 10336. 10359. 10459. 10529. 10797. 10848. 10934. 10983. 11310. 11521. 11363. 11380. 11614. 11731. 11893. 12142. 12185. 12963. 13166.

233. **SAINT-GERMAIN-DE-SALLES**, canton de Chantelle, arrond. de Gannat. — Canton de Charroux, district de Gannat. — *SANCTI GERMANI DE SALIS* (*parrochia*), (1375). — **Belair.** — 691. 758. 2847. 3668. 4341. 5712. 6111. 6679. 7382. 8960. 9777. 11538. 11383. 11682.

234. **SAINT-GERMAIN-DES-FOSSÉS**, canton de Varennes, arrond. de La Palisse. — Chef-lieu du troisième canton, district de Cusset. — *SANCTI GERMANI DE FOSSETIS* (*parrochia*), (1211). — 323. 671. 1612. 2034. 2061. 2614. 3161. 3180. 4163. 4266. 4312. 4463. 4702. 4709. 4936. 5227. 5336. 5397. 5835. 5988. 6172. 6718.

7028. 7091. 7527. 7792. 8422. 8506. 9055. 9348. 9435. 9620. 10167. 10346. 10419. 10548. 10857. 10912. 11586. 11497. 11782. 12124.

235. **SAINT-HILAIRE**, canton de Bourbon, arrond. de Moulins. — Chef-lieu du quatrième canton, district de Montmaraud. — *SANCTO HILARIO* (*parrochia de*), (1131). — **Le Morgon.** — 1130. 1372. 1702. 1726. 2045. 2250. 2375. 2436. 2510. 2772. 2833. 2930. 3185. 3419. 3420. 4034. 4068. 4680. 4770. 5038. 5197. 5249. 5914. 6839. 7843. 7871. 7923. 8005: 8353. 8508. 8705. 9016. 9783. 10300. 10347. 11346. 11589. 12303. 12747. 12893. 12894. 12928.

236. **SAINT-LÉGER-DES-BRUYÈRES**, canton du Donjon, arrond. de La Palisse. — Canton de Lurci-sur-Loire, puis de Luneau, district du Donjon. — *SANCTI LEODEGARII* (*parrochia*), (XIVe siècle). — **Les Bruyères.** — 168. 681. 721. 1365. 1443. 1571. 1697. 1723. 2005. 2165. 2391. 2533. 3385. 4972. 5106. 6036. 6604. 7191. 7537. 7647. 7736. 8326. 8527. 8597. 9307. 10475. 11022. 11034. 11504. 11600. 11732. 11803. 11902. 12140. 12197. 12338. 12532, 12560. 13220.

237. **SAINT-LÉON**, canton de Jaligni, arrond. de La Palisse. — Canton et district du Donjon. — *SANCTI LEONIS* (*ecclesia*), (XIVe siècle). — **Puy-la-Montagne.** — 48. 544. 702. 753. 793. 1919. 1935. 2088. 2105. 2225. 2510. 3132. 3291. 3456. 3669. 4297. 4300. 4432. 4875. 4998. 5060. 5065. 5206. 5427. 5466. 5593. 5648. 5886. 6357. 6916. 6925. 6964. 6998. 7004. 7016. 7069. 7293. 7516. 7603. 7611. 7619. 7620. 7623. 7624. 7625. 7660. 7661. 7701. 8094. 8143. 8158. 8264. 8464. 8693. 8843. 9026. 9227. 9315. 9600, 9911. 10090. 10192. 10444. 10451. 10711. 10896. 11410. 11601. 11698. 11897. 12237. 12297. 12550. 12900. 12911. 12990. 13052. 13223.

238. **SAINT-LÉOPARDIN-D'AUGI**, canton de Lurci-Lévi, arrond. de Moulins. — Saint-Léopardin et Augi formaient deux communes distinctes, toutes deux du canton du Veurdre, district de Cérilli. — La première a repris en 1793-1794 son ancien nom du **Vivier**. — VIVARIS qu'elle avait porté au VIe siècle. — *SANCTI*

LEOPARDINI (ecclesia), (1178). — *AUGIACO (ecclesia de)*, (XIVe siècle). — 243. 306. 330. 336. 346. 724. 803. 944. 2223. 10402. (*Voir aux Additions les numéros 13272 à 13345.*)

239. **SAINT-LOUP**, canton de Neuilli-le-Réal, arrond. de Moulins. — Canton de Bessai, district de Moulins. — *SANCTO LUPO (ecclesia de)*, (1131). — **Brosses (Les)**. — 386. 476. 1051. 1073. 1240. 2046. 2702. 2819. 2931. 3233. 3292. 4375. 4918. 4967. 5528. 6220. 6353. 7205. 7355. 8297. 8443. 8455. 8961. 10378. 11601. 11692.

240. **SAINT-MARCEL-EN-MARCILLAT**, canton de Marcillat, arrond. de Montluçon. — Canton de Marcillat, district de Montluçon. — *SANCTI MARCELLI (ecclesia)*, (XIIIe siècle). — 1216. 2868. 3323. 3444. 3576. 4060. 4785. 5585. 8144. 9613. 11233. 11609. 11625. 12287. 13158.

241. **SAINT-MARCEL-EN-MURAT**, canton de Montmaraud, arrond. de Montluçon. — Canton de Montmaraud, district de Montluçon. — *SANCTI MARCELLI (ecclesia)*, (1097). — **Vonant**. — 300. 507. 602. 2283. 2463. 2903. 3336. 3481. 4004. 4324. 4455. 4683. 4872. 5201. 6277. 7467. 7748. 10247. 10755. 11327. 11610. 11764. 11765. 12038. 12134. 13138.

242. **SAINT-MARTIN-DES-LAIS**, canton de Chevagnes, arrond. de Moulins. — Canton de Garnat-sur-Loire, district de Moulins. — *SANCTI MARTINI DE LACUBUS (parrochia)*, (1289). — **Les Lais-sur-Loire**. — 188. 358. 695. 2137. 2410. 2696. 3183. 3234. 4372. 5092. 6254. 6374. 7054. 7209. 7357. 10045. 11615. 13116.

243. **SAINT-MARTINIEN**, canton d'Huriel, arrond. de Montluçon. — Canton d'Huriel, district de Montluçon. — *SANCTI MARTINIANI (ecclesia)*, (1342). — 1. 206. 676. 1724. 2318. 3293. 3722. 3947. 4559. 5151. 5810. 5918. 6385. 7232. 8702. 10573. 10708. 11490. 11616. 11820. 12333. 12721. 13082.

244. **SAINT-MENOUX**, canton de Souvigni, arrond. de Moulins. — Chef-lieu du huitième canton du district de Moulins. —

MALIACUS, (VIIe siècle). — *SANCTI MENULFI* (*ecclesia*), (XIIe siècle). — **Maillo-sur-Roso.** — 310. 314. 713. 903. 945. 962. 1013. 1471. 1686. 2091. 2263. 2400. 3038. 3071. 3235. 4090. 4313. 5148. 5228. 5376. 5738. 6044. 6130. 6579. 6650. 6744. 7239. 7311. 7381. 7500. 7517. 7744. 8358. 8832. 8852. 8911. 9242. 9255. 9282. 9284. 9572. 9816. 10277. 10331. 10915. 11413. 11620. 11984. 12024. 12059. 12096. 12614. 12817. 12834. 13018. 13155.

245. **SAINT-NICOLAS-DES-BIEFS**, canton du Mayet-de-Montagne, arrond. de La Palisse.—Canton du Mayet, district de Cusset. —*SANCTI NICOLAI* (*ecclesia*), (XIVe siècle).—75. 560. 1322. 1359. 2412. 2796. 4437. 4689. 5123. 5156. 6373. 6700. 6844. 8259. 8474. 9330. 9773. 9952. 10950. 11297. 11622. 12156. 12291. 12415. 12901.

246. **SAINT-PALAIS**, canton d'Huriel, arrond. de Montluçon. — Canton de Saint-Sauvier, district de Montluçon. — *SANCTI PALLADII* (*ecclesia*). (XIIIe siècle), — 577. 946. 1423. 1451. 1508. 2800. 2893. 3831. 3953. 4163. 5072. 5360. 5739. 6001. 6168. 6974. 7026. 8316. 9309. 9786. 9864. 10049. 10677. 10741. 11152. 11313. 11623. 11915. 12413. 12770. 12854. 12965.

247. **SAINT-PIERRE-LA-VAL**, canton et arrond. de La Palisse. — Canton d'Arfeuille, district de Cusset. — *SANCTI PETRI DE VALLE* (*ecclesia*), (XIVe siècle). — 653. 849. 947. 1043. 1420. 1421. 1490 1504. 1519. 1528. 1920. 2108. 2742. 2816. 3190. 3534. 3979. 4047. 4124. 4665. 4703. 4706. 4724. 4739. 5459, 6022. 6081. 6232. 6290. 6621. 6653. 6699. 6842. 7047. 7430. 7509. 7631. 7927. 8211. 8269. 8329. 8389. 8435. 8450. 8491. 8497. 8551. 8642. 8921. 8967. 9038. 9042. 9162. 9351. 9769. 9959. 10005. 10068. 10091. 10210. 10213. 10236. 10303. 10470. 10763. 10867. 10960. 10961. 10995. 11209. 11211. 11630. 11974. 12034. 12046. 12319. 12417. 12855. 12912.

248. **SAINT-PLAISIR**, canton de Bourbon, arrond. de Moulins. — Canton d'Igrande, district de Cérilli. — *SANCTI PLACIDI* (*ecclesia*) (1301). —*SAINT PLASOIR*, (1300). — *SAINT PLASIR*, (1343). — *SAINT PLÉSIR* (1405). — **La Bloudre.** — 340.

633. 948. 1028. 1029. 1040. 1067. 1184. 1344. 1552. 1983. 2118. 2196. 2261. 2312. 2480. 2586. 2691. 3262. 3300. 3615. 3939. 4616. 4617. 4618. 4758. 4815. 5115. 5312. 5365. 5366. 5407. 5715. 5929. 5981. 6002. 6029. 6342. 6486. 6504. 6655. 6918. 6986. 7806. 7928. 8129. 8617. 8769. 8770. 9680. 9892. 10168. 10269. 10322. 10569. 10578. 10913. 11631. 11918. 12099. 12193. 12256. 12257. 12294. 12320. 12365. 12597. 12664. 12735. 13015. 13091. 13092. 13106. 13117.

249. **SAINT-PONT**, canton d'Escurolles, arrond. de Gannat. — Canton d'Escurolles, district de Gannat. — *SANCTI PONTII* (*ecclesia*), (XIe siècle). — **Mont-sur-Châlon.** — 1430. 1785. 2109. 2942. 3622. 3650. 3682. 3701. 4110. 4510. 5910. 6035. 6251. 6252. 7431. 7506. 8968. 10941. 11632. 11650. 12688. 13201.

250. **SAINT-POURÇAIN**, chef-lieu de canton, arrond. de Gannat. — Chef-lieu du septième canton du district de Gannat. — *SANCTI PORTIANI* (*ecclesia*), (1090). — **Mont-sur-Sioule.** — 82. 143. 253. 575. 680. 886. 1164. 1572. 1740. 1962. 2024. 2169. 2193. 2284. 2287. 2376. 2648. 2738. 3002. 3118. 3565. 3639. 3766. 3788. 4164. 4277. 4451. 4557. 4610. 4658. 4924. 5049. 5063. 5556. 6592. 6772. 6942. 7192. 7580. 7711. 7982. 7986. 8349. 8520. 8521. 8580. 8741. 8912. 8962. 9081. 9259. 9322. 9443. 9445. 9521. 9655. 10370. 10562. 10633. 10652. 10799. 10860. 11015. 11634. 11985. 12143. 12172. 12521. 13098.

251. **SAINT-POURÇAIN-SUR-BÈBRE**, canton de Dompierre, arrond. de Moulins. — Canton de Dompierre, district du Donjon. — *SANCTI PORTIANI* (*ecclesia*), (XIIIe siècle). — **Bèbre-la-Montagne.** — 128. 367. 410. 703. 767. 858. 959. 1757. 1910. 1971. 2227. 2459. 2916. 2958. 3754. 3783. 4133. 4417. 5132. 5149. 5205. 7166. 7290. 7367. 7648. 7712. 7961. 9003. 9225. 9359. 9411. 9747. 9797. 9854. 9855. 9905. 10135. 11007. 11635. 11758. 11791. 11925. 12065. 12329. 12452. 12545. 12947.

252. **SAINT-PRIEST-D'ANDELOT**, canton, arrond. et district

de Gannat. — *SANCTI PREJECTI* (*ecclesia*), (1300). — 116. 1162. 2074. 2852. 3301. 8065. 9558. 10530. 11638. 11568.

233. **SAINT-PRIEST-EN-MURAT**, canton de Montmaraud, arrond. de Montluçon. — Canton et district de Montmaraud. — *SANCTI PREJECTI* (*ecclesia*), (XIIIe siècle). — 35. 304. 305. 503. 1137. 1714. 1896. 2283. 2353. 2401. 2625. 2876. 3149. 3366. 3430. 3696. 3753. 3781. 3963. 4238. 4352. 4625. 4836. 5814. 6607. 7438. 7458. 7504. 7698. 8239. 8466. 9366. 9400. 9912. 10117. 10185. 11184. 11334. 11639. 11848. 11931. 11975. 12258. 12668. 13120. 13174.

234. **SAINT-PRIX**, canton et arrond. de La Palisse. — Canton de La Palisse, district de Cusset. — *SANCTI PRISCI* (*parrochia*), (1243). — 220. 794. 1024. 1286. 1399. 2413. 2959. 3003. 3303. 3344. 3514. 3550. 4037. 4088. 4184. 4244. 4499. 4621. 5124. 5785. 5830. 5831. 5992. 6173. 6394. 6601. 6786. 6853. 6854. 7196. 7295. 7929. 8160. 8325. 8451. 8523. 8541. 8970. 9064. 9601. 10496. 10966. 11045. 11292. 11293. 11610. 12296. 12705. 12991. 12993. 13016.

235. **SAINT-RÉMI-EN-ROLLAT**, canton d'Escurolles, arrond. de Gannat. — Canton d'Escurolles, district de Gannat. — *SANCTI REMIGII* (*ecclesia*), (XIVe siècle). — **Sorvagnon**. — 487. 519. 1786. 1789. 1854. 2746. 2865. 2960. 3031. 3041. 3066. 3090. 3126. 3333. 3383. 3629. 3839. 4023. 4359. 4614. 4645. 4832. 4862. 4923. 5282. 5289. 5612. 5756. 6174. 6366. 6593. 6783. 6824. 7355. 7962. 8312. 8556. 10053. 10126. 10152. 10858. 11300. 11347. 11478. 11643. 11707. 11708. 12085. 12261. 12596. 12641. 12910.

236. **SAINT-SAUVIER**, canton d'Huriel, arrond. de Montluçon. — Chef-lieu du septième canton, du district de Montluçon. — *SANCTO SALVIACO* (*ecclesia de*), (VIIe-IXe siècles). — 16. 25. 52. 165. 580. 630. 1370. 1437. 1802. 1844. 1907. 2251. 3681. 3832. 3834. 3885. 3995. 4027. 4659. 4798. 5443. 5477. 5741. 6372. 8044. 9547. 9861. 10270. 10627. 10767. 10805. 11081. 11087. 11306. 11547. 11642. 11647. 12028. 12064. 12968. 13028. 13085. 13122.

257. **SAINT-SORNIN**, canton du Montet, arrond. de Moulins. — Canton du Montet, district de Montmaraud. — *SANCTI SATURNINI* (*ecclesia*), (1246). — 137. 804. 1034. 1293. 1311. 2303. 2377. 3045. 3085. 3238. 3969. 3991. 4111. 4321. 4535. 5601. 5757. 5830. 6331. 6594. 7050. 7374. 7970. 8161. 8653. 8721. 8728. 9045. 9496. 9497. 9643. 9966. 10193. 11377. 11649. 11838. 11865. 12576.

258. **SAINTE-THÉRENCE**, canton de Marcillat, arrond. de Montluçon. — Canton de Lignerolles, district de Montluçon. — *SANCTE TERENTIE* (*ecclesia*), (XIVe siècle). — **Nouvillo**. — 1260. 1585. 1843. 2387. 3116. 3697. 4801. 4853. 6794. 9294. 10487. 11570. 11845. 12151. 13228.

259. **SAINT-VICTOR**, canton Est et arrond. de Montluçon. — Canton de Désertines, district de Montluçon. — *SANCTI VICTORIS* (*ecclesia*), (XIVe siècle). — 619. 656. 1821. 2511. 3016. 4502. 5121. 6748. 8703. 9147. 9293. 9527. 9710. 11652. 11774. 12273. 12275. 12652. 12829.

260. **SAINT-VOIR**, canton de Neuilli-le-Réal, arrond. de Moulins. — Canton de Neuilli-le-Réal, district de Moulins. — *SANCTI VERI* (*parrochia*), (1280). — **Voir**. — 9. 505. 611. 612. 949. 1147. 1463. 2070. 2773. 2883. 3334. 3491. 3749. 3934. 5449. 5764. 6676. 6692. 7009. 7024. 7038. 7365. 7685. 8285. 8472. 9163. 10748. 10769. 11653. 11858. 11890. 12138. 12304. 12771. 12776. 12971.

261. **SAINT-YORRE**, canton de Cusset, arrond. de La Palisse. — Canton de Busset, district de Cusset. — *SAINT THIOIRE, SANT TIORRE*, (1411). — 121. 1416. 1485. 1900. 2733. 4380. 4939. 5187. 7252. 9017. 9140. 10343. 10651.

262. **SALIGNI**, canton de Dompierre, arrond. de Moulins. — Canton de Pierrefitte, district du Donjon. — *SALIGNIACO* (*parrochia de*), (XIVe siècle). — 372. 407. 523. 545. 556. 669. 805. 848. 970. 1411. 1425. 1558. 1698. 1911. 1922. 1932. 1970. 2006. 2103. 2106. 2174. 2818. 3211. 3236. 3204. 3386. 3351. 3628. 3767. 3768. 3976. 3977. 4120. 4201. 4281. 4388. 4568. 4788. 4790. 4810. 4917. 5050. 5225. 5259. 5322. 5613. 5691. 5742. 5743. 5935. 5930. 6067.

6221. 6271. 6301. 6348. 6358. 6429. 6482. 6501. 6613. 6777. 6813. 6814. 6815. 6843. 6856. 7395. 7481. 7618. 7737. 7775. 7930. 7931. 8498. 8510. 8587. 8630. 8674. 8752. 8913. 9171. 9363. 9364. 9365. 9478. 9530. 9540. 9544. 10092. 10591. 10672. 10703. 10800. 10914. 10917. 10939. 11114. 11198. 11234. 11513. 11662. 11733. 11806. 11836. 12129. 12460. 12505. 12517. 12642. 12730. 12864. 12873. 13110. 13151. 13204.

263. **SANSSAT**, canton de Varennes, arrond. de La Palisse.— Canton de Saint-Géran-le-Puy, district de Cusset. — *SANCIACO* (*parrochia de*), (XIVe siècle). — *SANCTIACO* (*villa de*), (1112).— 229. 234. 241. 661. 670. 863. 1177. 1706. 1942. 2603. 3773. 3824. 3850. 4103. 4165. 4716. 4863. 4919. 4958. 4974. 5598. 5626. 5631. 5677. 6152. 6458. 7113. 7393. 7693. 7963. 8113. 9033. 9082. 9677. 10316. 10897. 11411. 11522. 11712. 12125. 12199. 12209. 12321. 12360. 13016.

264. **SAULCET**, canton de Saint-Pourçain, arrond. de Gannat. — Canton de Verneuil, district de Montmaraud. — *SALCETI* (*ecclesia*), (XIVe siècle). — 614. 846. 1047. 1191. 1794. 2098. 2363. 2659. 2722. 3931. 3936. 4112. 5635. 5696. 6743. 6836. 6944. 7058. 7981. 8017. 8276. 8522. 8651. 8803. 9151. 9323. 9659. 10069. 10118. 10209. 11178. 11367. 11766. 12322. 12749. 12772. 13042.

265. **SAULZET**, canton et arrond. de Gannat. — Chef-lieu du deuxième canton du district de Gannat. — *SAUSEI*, *SAUZEI*, (1300). — *SALSETI*, *SALZETI* (*villa*), (1320). — 690. 1106. 1216. 4600. 5000. 5193. 6695. 6913. 11787. 12071. 12318.

266. **SAUVAGNI-LE-COMTAL**, canton d'Hérisson, arrond. de Montluçon. — Canton de Villefranche, district de Montmaraud. — *SILVINIACUS COMITALIS*, (XIe-XVe siècles).—311. 1173. 1741. 2678. 2685. 3214. 4766. 5293. 5763. 6093. 6992. 7140. 7302. 7419. 7459. 7486. 7848. 8023. 8237. 8407. 9417. 9916. 10065. 11802. 12019. 12613. 12678. 12936.

267. **SAZERET**, canton de Montmaraud, arrond. de Montluçon.

— Canton et district de Montmarand. — *SADERIACO*, *SADIRIACO* (*ecclesia de*), (XIe-XIIe siècles). — 780. 1799. 2566. 3158. 3589. 4229. 5059. 5586. 6116. 6158. 6159. 6160. 6226. 6389. 6754. 7081. 8589. 8590. 8704. 8723. 9344. 10072. 10242. 10542. 10695. 11626. 12026. 12135. 12585. 12591. 12592.

268. **SERBANNES**, canton d'Escurolles, arrond. de Gannat. — Canton de Brugheat, district de Gannat. — *SALBANES*, (1349). — 381. 677. 2040. 2090. 2889. 3096. 3304. 3380. 3505. 3616. 4166. 4728. 4765. 6888. 7269. 8782. 9130. 10484. 10803. 10815. 11878. 11879. 12518. 12565. 12654.

269. **SERVILLI**, canton et arrond. de La Palisse. — Canton de La Palisse, district de Cusset. — *SERVILIACO* (*parrochia de*), (XIVe siècle). — *SALVILIIS* (*parrochia de*), (1105). — 402. 961. 990. 1618. 1924. 1991. 2111. 2178. 2354. 2430. 2671. 2717. 2776. 3192. 3878. 4053. 4096. 4223. 4478. 4769. 5537. 6045. 6118. 6456. 6595. 6672. 6789. 6801. 6958. 7243. 7588. 7863. 7933. 9188. 9685. 9703. 10485. 10686. 11369. 11428. 11693. 11734. 11892. 12168. 12356. 12788. 12924. 13184.

270. **SEUILLET**, canton de Varennes, arrond. de La Palisse. — Canton de Saint-Germain-des-Fossés, district de Cusset. — *SULLIACO* (*ecclesia de*), (1340). — 274. 521. 562. 981. 2126. 2294. 4799. 5614. 5786. 6237. 6697. 6719. 6795. 7198. 7674. 7933. 8092. 8165. 8655. 8963. 9000. 9532. 9706. 9723. 9888. 10095. 10119. 10907. 11235. 11446. 11464. 11899.

271. **SORBIER**, canton de Jaligni, arrond. de La Palisse. — Canton de Jaligni, district du Donjon. — *SORBERS* (*ecclesia de*), (1300). — 55. 950. 1025. 1114. 1400. 1521. 1737. 2825. 2979. 3305. 3429. 4749. 4783. 4833. 5153. 5951. 6292. 6293. 6716. 6800. 6802. 7112. 8215. 8804. 8900. 8929. 9231. 9475. 9686. 9846. 9863. 10132. 10203. 10905. 10939. 11416. 11456. 11490. 11910. 11164. 11201. 11202. 11229. 11299. 11506. 11536. 11773. 13179. 13180.

272. **SOUVIGNI**, chef-lieu de canton, arrond. et district de

Moulins. — *SILVINIACUS*, (Xe siècle). — 99. 100. 123. 124. 654. 655. 668. 951. 1032. 1339. 1426. 1506. 1557. 1638. 1644. 1743. 1766. 1782. 1801. 1945. 1992. 1993. 2197. 2712. 3006. 3124. 3150. 3237. 3246. 3261. 3670. 3790. 3814. 3978. 3987. 4065. 4167. 4231. 4278. 4296. 4436. 4464. 4492. 4517. 4579. 4588. 5154. 5192. 5301. 5303. 5378. 5673. 5787. 5887. 5960. 6131. 6132. 6340. 6651. 6652. 6663. 6737. 6743. 6972. 7366. 7568. 7617. 7934. 7964. 8106. 8278. 8279. 8280. 8350. 8359. 8440. 8441. 8449. 8600. 8709. 8762. 9260. 9381. 9387. 9442. 9608. 9623. 9637. 9733. 9813. 9814. 10093. 10204. 10661. 10801. 10965. 11172. 11246. 11501. 11557. 11571. 11618. 11704. 11833. 12008. 12027. 12323. 12644. 12781. 12782. 12795. 12833. 13197. 13234.

273. **SUSSAT**, canton d'Ebreuil, arrond. et district de Gannat. — *SUSSAC* (*ecclesia de*), (1272). — 1510. 1975. 2152. 2610. 3198. 3449. 3512. 3677. 4022. 4555. 4696. 6080. 6124. 6214. 6240. 8384. 9131. 9493. 10373. 11199. 11370. 12037. 12621.

274. **TARGET**, canton de Chantelle, arrond. de Gannat. — Chef-lieu du huitième canton, du district de Montmaraud.—*TARGIACO* (*parrochia de*), (1158). — 720. 1592. 1897. 2065. 3686. 4522. 4759. 5796. 7649. 8416. 9434. 10149. 10156. 10275. 12091. 12098. 12100. 12136. 12141. 12174. 12622. 12737. 12922. 13099.

275. **TAXAT-SENAT**, formée en 1831 de deux communes distinctes, l'une et l'autre du canton de Chantelle, arrond. de Gannat. — Et auparavant du canton de Charroux, district de Gannat. — *TACCAC* (*parrochia de*), (1218). — *TACIACO*, (1350). — *TASSAT*, (1322).—*SENIACI* (*ecclesia*), (1350).—*SENACI*, (1352).—*SENAT* (1322). — 1915. 2007. 2055. 2512. 2513. 3197. 3671. 4113. 4646. 5162. 5552. 5587. 5688. 5788. 5972. 6125. 6773. 8045. 8181. 8594. 8688. 9072. 9618. 9663. 9922. 10333. 10621. 11061. 11104. 11250. 11870. 12121. 12507. 12908.

276. **TEILLET**, canton Ouest et arrond. de Montluçon. — Canton de Lignerolles, district de Montluçon. — *TILIACO* (*parrochia de*), (XIVe siècle). — 23. 200. 239. 662. 711. 1720. 3937. 4355.

6117. 7963. 8210. 8227. 9218. 9376. 10331. 11210. 12129. 12694. 13066.

277. **TERJAT**, canton de Marcillat, arrond. et district de Montluçon. — *TERGIACO (parochia de)*, (1158). — 757. 1211. 1898. 2232. 2388. 5744. 5982. 7156. 8689. 8821. 9033. 9100. 10114. 10912. 12146. 12175. 12774. 13070.

278. **THEIL (LE)**, canton du Montet, arrond. de Moulins. — Canton du Montet, district de Montmaraud. — *TILIA*, (1233). — 398. 1033. 1687. 2135. 2253. 2675. 3005. 3931. 4063. 5253. 5606. 6024. 6332. 6396. 7371. 7787. 8228. 8232. 8420. 8560. 9027. 9668. 11867. 12007. 12191. 12308. 13209.

279. **THENEUILLE**, canton de Cérilli, arrond. de Montluçon. — Canton et district de Cérilli. — *THENOLIO (parochia de)*, (XIVe siècle). — 87. 136. 225. 246. 312. 347. 651. 1140. 1214. 1237. 1313. 1454. 1613. 1669. 1715. 1881. 1891. 2044. 2210. 2411. 2692. 2813. 2902. 2991. 3069. 3080. 3127. 3886. 3911. 4025. 4378. 4397 4647. 5031. 5183. 5213. 5318. 5429. 5476. 5490. 5539. 5572. 5583. 5821. 5860. 5873. 6034. 6153. 6299. 6300. 6505. 6572. 6677. 6774. 7092. 7215. 7244. 7255. 7260. 7524. 7609. 7833. 7864. 8206. 8270. 8315. 8690. 8859. 9305. 9362. 10182. 10212. 10172. 10379. 10972. 11138. 11180. 11254. 11626. 11759. 11852. 11853. 12000. 12012. 12170. 12194. 12200. 12324. 12436. 12447. 12509. 12602. 12626. 12670. 12733. 12736. 12906. 13003. 13029. 13167. 13183.

280. **THIEL**, canton de Chevagnes, arrond. de Moulins. — Canton de Chevagnes, district de Moulins. — *THEODELIACO (ecclesia de)*, (XIIe siècle). — *TIELLO (ecclesia de)*, (XIVe siècle). — 29. 547. 604. 964. 1206. 1274. 1377. 2516. 2642. 3167. 3168. 3362. 3784. 3917. 4135. 4373. 4574. 4576. 4786. 4937. 5035. 5036. 5308. 5412. 5534. 5536. 5563. 5803. 6287. 6302. 6529. 6635. 6781. 6855. 7003. 7025. 7614. 7621. 7821. 8028. 8293. 8525. 8613. 8691. 8896. 8964. 9001. 9172. 9611. 9912. 10365. 10435. 10450. 10481. 11283. 12069. 12081. 12222. 12380. 12400. 12426. 12617. 12653. 12680.

281. **THIONNE**, canton de Jaligni, arrond. de La Palisse. —

Canton de Jaligni, district du Donjon. — *TIONE (parochia de)*, (XIVe siècle). — 138. 620. 715. 826. 1523. 1865. 2116. 2337. 2553. 2657. 2697. 2899. 3387. 3652. 3874. 4038. 4039. 4194. 4313. 4648. 4953. 4992. 5215. 5211. 5519. 5637. 5685. 5808. 5858. 6164. 6478. 6539. 6636. 6690. 6715. 6780. 6782. 6887. 6968. 6989. 7010. 7320. 7465. 7650. 7936. 8066. 8215. 9121. 9307. 9459. 9602. 11458. 11735. 12079. 12230. 12701. 12902.

282. **TORTEZAIS**, canton d'Hérisson, arrond. de Montluçon. — Canton de Villefranche, district de Montmaraud. — *TORTESIACUS*, (XIVe siècle). — 432. 952. 2020. 2021. 2119. 2335. 2472. 2890. 2900. 3381. 3640. 3672. 4226. 4864. 4970. 5169. 6157. 6339. 6420. 6995. 7096. 7851. 7786. 8016. 8408. 8442. 9173. 9237. 9799. 10011. 11264. 11495. 11674. 12150. 12303. 12331. 12858. 12861. 13086.

283. **TOULON**, canton Est et arrond. de Moulins. — Canton d'Iseure et district de Moulins. — *TOLONIO (parochia de)*, (XIIIe siècle). — 77. 145. 315. 318. 827. 837. 953. 1080. 1310. 1608. 1660. 1853. 2237. 2431. 2753. 2765. 3195. 3238. 3497. 3723. 3858. 4168. 4425. 4870. 4877. 5011. 5239. 5311. 5566. 5659. 5745. 6003. 6162. 6514. 6666. 6892. 6969. 6970. 7210. 7480. 7544. 7864. 7722. 7836. 7837. 7936. 7997. 8478. 8735. 8766. 8767. 8965. 9065. 9288. 9603. 9883. 9898. 9928. 10079. 10169. 10205. 10422. 10674. 10933. 11417. 11668. 11706. 11836. 11837. 11841. 11941. 11915. 12060. 12157. 12201. 12309. 12310. 12786. 12796. 12992. 13031. 13198.

284. **TREBAN**, canton du Montet, arrond. de Moulins. — Canton de Cressanges, district de Montmaraud. — *TREBENTO (parochia de)*, (XIIIe siècle). — 83. 154. 408. 1250. 1401. 1737. 1795. 1822. 1981. 2161. 2589. 2701. 2754. 2897. 3026. 3253. 3450. 3811. 4441. 4442. 5544. 5660. 5746. 5911. 6393. 6682. 6703. 7364. 8760. 9041. 9351. 9376. 9926. 9986. 10426. 11134. 11207. 11868. 12365. 13235.

285. **TREIGNAT**, canton d'Huriel, arrond, de Montluçon. — Canton de Saint-Sauvier, district de Montluçon. — *TREIGNIACO*

(*parochia de*), (XIVe siècle). — 22. 155. 740. 2590. 2600. 2607. 4452. 5285. 6323. 6693. 6911. 7971. 8229. 8692. 8727. 9566. 9567. 9837. 9873. 10415. 10427. 10653. 10720. 10981. 11236. 12382. 12434. 12454. 12577. 13030. 13077. 13083.

286. **TRETEAU**, canton de Jaligni, arrond. de La Palisse. — Canton de Varennes, district du Donjon. — *TRESTIAUS*, (1212). — 87. 368. 606. 875. 977. 1200. 1289. 1466. 1468. 1499. 1817. 2359. 2894. 2975. 4525. 6064. 6154. 6369. 6517. 6698. 7040. 7225. 7248. 7553. 8898. 9154. 9194. 9818. 10235. 10518. 11016. 11361. 11371. 12109. 12929.

287. **TREVOL**, canton Ouest et arrond. de Moulins. — Canton de Villeneuve, district de Moulins. — *TREVOLIO* (*parochia de*), (XIVe siècle). — 53. 362. 887. 1364. 2397. 2654. 2940. 3015. 4627. 4962. 4964. 5156. 5789. 6245. 8563. 9005. 9264. 9383. 9700. 11685. 11700. 12050. 12401. 12632. 13017.

288. **TREZEL**, canton de Jaligni, arrond. de Moulins.—Canton de Jaligni, district du Donjon. — *TRANSALIO* (*parochia de*), (XIVe siècle). — *TRESAIL*, (XIIIe-XVIIe siècles). — 79. 364. 455. 558. 587. 759. 1537. 1582. 1850. 2022. 2356. 2432. 2641. 3314. 4291. 4904. 4941. 4993. 4995. 5052. 5111. 5116. 5178. 5248. 5348. 6032. 6479. 6728. 6885. 6983. 7480. 7345. 7358. 7437. 7852. 7966. 8500. 8530. 8585. 8656. 8675. 8805. 9122. 9269. 9296. 9660. 10041. 10120. 10359. 10828. 11025. 11050. 11237. 11396. 11473. 11740. 12215. 12261. 12283. 12288. 12404. 12407. 12422. 12623. 12789. 13047.

289. **TRONGET**, canton du Montet, arrond. de Moulins. — Canton du Montet, district de Montmaraud. — *TRONGIACUS*, (XIe-XIVe siècles). — 172. 1044. 1326. 1595. 1814. 2136. 2274. 2356. 3155. 3295. 3316. 3451. 3704. 3881. 4048. 4049. 5141. 5283. 5430. 5766. 5839. 6028. 6175. 6530. 6637. 7063. 7098. 7138. 7245. 7246. 7502. 8462. 8761. 9617. 9751. 10038. 10075. 10371. 10394. 10778. 10878. 10948. 10964. 11028. 11238. 11438. 11457. 11487. 11736. 11805. 11823. 11900. 11911. 12128. 12221. 12455. 12800. 12801. 13023. 13184.

290. **URÇAI**, canton de Cérilli, arrond. de Montluçon.—Canton de Meaulne, district de Cérilli. — *URCIACUS*, (XIIe siècle). — 806. 1609. 2723. 3498. 4193. 4743. 5543. 5567. 7653. 8706. 9324. 9917. 9976. 10287. 11068. 11102. 11235. 11266. 12556. 12714.

291. **USSEL**, canton de Chantelle, arrond. de Gannat. — Canton de Charroux, district de Gannat. — *USSELLO* (*parochia de*), (1290). — 411. 4114. 4183. 4781. 5061. 5553. 5592. 6155. 7523. 8070. 8073. 8392. 9433. 12563.

292. **VALIGNAT**, canton d'Ebreuil, arrond. de Gannat. — Canton de Bellenave, district de Gannat. — *VALINIACUS*, (1182). — 2076. 2962. 9329. 10184. 12598.

293. **VALIGNI-LE-MONIAL**, canton de Cérilli, arrond. de Montluçon. — Canton d'Ainai-le-Château, district de Cérilli. — *VALINIACUS MONIALIS*, (XIIe siècle). — *VALIGNAC* (*parochia de*), (1230). — 181. 326. 1417. 1476. 1903. 1908. 1912. 2338. 2464. 2635. 2638. 2677. 2721. 3134. 3151. 3169. 3617. 3711. 3782. 4171. 5347. 5703. 6020. 6205. 6256. 6309. 6935. 7032. 7303. 7312. 7460. 7604. 8037. 8136. 9925. 10150. 11077. 11393. 11491. 11796. 12037. 12601. 12763. 12856. 13067. 13080.

294. **VALLON**, canton d'Hérisson, arrond. de Montluçon. — Canton d'Hérisson, district de Cérilli. — *VALONIO* (*parochia de*), (1353). — 39. 102. 139. 275. 1610. 1848. 2084. 3302, 3750. 4084. 4589. 4805. 4935. 4971. 5022. 5323. 5454. 5457. 5963. 5964. 6109. 6165. 6796. 7654. 7937. 8453. 8794. 8994. 9132. 9193. 9853. 10060. 10372. 10696. 10759. 11139. 11517. 12620.

295. **VARENNES-SUR-ALLIER**, chef-lieu de canton, arrond. de La Palisse. — Chef-lieu du quatrième canton, district de Cusset. — *VARENIS SUPER ALIGERIM* (*parochia de*), (1270). — 126. 383. 520. 814. 876. 1012. 1211. 1212. 1634. 1755. 1985. 2011. 2201. 2309. 2650. 2666. 3013. 3123. 3439. 3440. 3637. 4066. 4726. 4898. 5104. 5191. 5310. 5319. 5320. 5518. 6138. 6186. 6187. 6400. 6315. 6520. 6826. 6879. 7281. 7734. 8776. 8823. 8914. 9085. 9363.

9678. 9763. 10240. 11052. 11187. 11265. 11321. 11686. 12310. 12646. 13111. 13132. 13218.

296. **VARENNES-SUR-TESCHE,** canton de Jaligni, arrond. de La Palisse. — Canton de Jaligni, district dn Donjon. — *VARENIS SUPER TESCHIAM* (*parochia de*), (1270). — 434. 506. 719. 807. 828. 954. 1014. 1401. 1563. 1580. 1606. 1635. 2042. 2089. 2120. 2133. 2334. 2560. 2710. 2720. 2023. 3239. 3396. 3405. 3483. 3583. 4241. 4262. 4315. 4516. 5349. 5589. 5747. 5973. 6415. 6886. 6915. 6953. 6963. 7078. 7139. 7222. 7285. 7300. 7333. 7605. 7740. 7939. 8379. 8372. 8588. 8658. 8830. 8966. 9609. 9624. 9778. 9907. 10338. 10564. 10821. 11004. 11143. 11147. 11185. 11418. 12657. 12805. 12912.

297. **VAUMAS,** canton de Dompierre, arrond. de Moulins. — Canton de Dompierre, district du Donjon. — *VEMAYO* (*ecclesia de*), (1239). — *VOMATO* (*ecclesia de*), (1374). — 219. 370. 730. 864. 959. 1077. 1189. 1469. 1851. 2580. 3023. 3100. 3240. 3393. 3507. 3673. 4199. 4220. 4316. 4439. 5061. 5226. 5790. 5799. 5822. 5836. 6266. 6375. 6845. 7287. 7356. 7628. 7655. 8289. 8473. 8504. 8524. 8776. 8856. 9308. 9543. 9802. 9803. 10273. 10600. 10670. 10988. 11070. 11209. 11519. 11866. 11898. 12063. 12551. 12687. 12702. 13200.

298. **VAU-SAINTE-ANNE (LA),** canton Est et arrond. de Montluçon. — Canton de Néris, district de Montluçon. — *VALLIS SANCTE ANNE*, (XIVe siècle).— **Vau-sur-Chor (La).**— 461. 1269. 1270. 2186. 2359. 4415. 6431. 7379. 8152. 10623. 10771. 10331. 12160. 12192. 12358. 12695.

299. **VAUX,** canton Ouest et arrond. de Montluçon. — Canton d'Estivareilles, district de Montluçon. — *VALLIS* (VIIe siècle). — 8. 201. 1107. 1266. 1495. 1836. 2154. 2190. 3259. 3764. 4360. 4793. 4987. 5208. 6068. 6316. 6414. 6463. 6536. 6618. 6847. 7220. 7314. 7606. 8677. 9851. 10209. 10282. 11425. 11426. 11432. 12129. 12716. 12722.

300. **VEAUCE**, canton d'Ebreuil, arrond. de Gannat. — Canton de Bellenave, district de Gannat. — *VELCIA* (1080). — 1015. 2611. 5641. 5888. 6141. 8180. 9436. 11793. 11794. 12723.

301. **VENAS**, canton d'Hérisson, arrond. de Montluçon. — Canton d'Hérisson, district de Cérilli. — *VENATO* (*parochia de*), (XIVe siècle). — 317. 454. 1481. 1828. 1982. 2332. 2913. 4012. 4014. 4177. 4511. 4844. 5108. 5391. 6168. 6729. 7218. 7671. 9455. 9500. 9501. 9695. 9696. 9730. 9772. 9999. 10178. 11064. 11253. 11665. 12020. 12511. 12681. 12738. 12739. 13171.

302. **VENDAT**, canton d'Escurolles, arrond. et distrit de Gannat. *VENDACO* (*ecclesia de*), (1342). — 273. 754. 1115. 1781. 1790. 3143. 4692. 6614. 7448. 7449. 7536. 7726. 8148. 8479. 9479. 9669. 10035. 11351. 12211. 12741. 12742. 12752. 12753.

303. **VERNEIX**, canton et arrond. de Montluçon. — Canton de Désertines, district de Montluçon. — *VERNIDO* (*ecclesia de*), (IXe siècle). — 423. 738. 890. 1168. 2187. 2510. 2929. 3371. 3863. 4040. 4099. 4373. 5188. 5215. 5375. 5376. 5431. 5828. 5842. 5932. 5933. 6397. 7607. 8564. 9899. 11820. 12830. 13038. 13125.

304. **VERNET (LE)**, canton de Cusset, arrond. de La Palisse. — Canton de Vichi, district de Cusset. — *VERNETO* (*ecclesia de*), (1356). — 414. 479. 1631. 3499. 4472. 5889. 6465. 7716. 10898. 11403. 12067. 12456. 12857. 12916. 12936.

305. **VERNEUIL**, canton de Saint-Pourçain, arrond. de Gannat. — Chef-lieu du septième canton, du district de Montmaraud. — *VERNOLIUM*, (XIIIe siècle). — 1575. 1837. 2465. 2556. 2826. 3077. 3646. 3952. 4374. 4460. 5890. 6033. 6191. 6255. 6314. 6680. 6910. 7146. 8387. 9969. 10334. 10465. 10926. 10916. 11470. 12716. 12867. 12907.

306. **VERNUSSE**, jusqu'en 1865 du canton d'Ebreuil, arrond. de Gannat. — Depuis 1865 du canton de Montmaraud, arrond. de Montluçon. — Canton de Target, district de Montmaraud. — *VARNUCIIS* (*ecclesia de*), (1239). — *VERNUCIIS* (*ecclesia de*),

(1300).— 589. 1119. 1138. 1181. 1337. 1358. 2203. 2204. 4287. 4344. 4345. 4506. 5432. 5570. 7835. 7967. 8355. 8693. 8699. 8918. 9133. 10379. 10478. 10736. 11148. 11372. 12813. 12889. 13053. 13133. 13134.

307. **VESSE**, canton d'Escurolles, arrond. de Gannat.—Canton de Brugeat, district de Gannat. — *VECE* (*ecclesia de*), (1301). — 331. 570. 596. 829. 1108. 1371. 1446. 1500. 1511. 1716. 2207. 2378. 2673. 2866. 2867 2972. 3129. 3157. 3161. 3319. 4160. 4226. 4247. 4250. 4606. 4615. 4847. 4903. 5496. 6156. 6734. 7027. 7106. 7407. 7461. 7521. 7865. 8235. 8846. 9093. 9301. 9374. 9515. 9519. 9569. 9637. 10335. 10532. 10548. 10643. 10706. 10847. 10888. 10901. 10921. 11112. 11127. 11831. 12645. 12931.

308. **VEURDRE (LE)**, canton de Lurci-Lévi, arrond. de Moulins. — Chef-lieu du troisième canton du district de Cérilli. — *AVULDRIA*, (1243). — 263. 470. 563. 618. 748. 830. 1270. 1524. 1642. 1670. 3162. 3196. 3271. 3394. 4400. 5332. 5491. 5638. 5771, 6009. 7321. 7656. 7695. 8335. 9066. 9219. 9338. 9604. 9817- 9903. 10467. 10571. 11168. 11619. 11754. 12042.

309. **VIC**, canton d'Ebreuil, arrond. et district de Gannat. — *VICO* (*ecclesia de*), (1107). — 175. 574. 634. 644. 2013. 2043. 2605. 2734. 3004. 3199. 3357. 3602. 3938. 4435. 5800. 5823. 5865. 6006. 6360. 6382. 6825. 6847. 6957. 7426. 7489. 7765. 8109. 8603. 8976. 9196. 9378. 11322. 11422. 11449. 11505. 11869. 11891. 12232. 12599. 12603. 12950. 13202. 13229.

310. **VICHI**, canton de Cusset, arrond. de La Palisse. — Chef-lieu du deuxième canton du district de Cusset. — *VICIACUS*, (VIIIe siècle). — 451. 486. 679. 840. 1299. 2009. 3247. 3758. 4620. 4704. 4834. 6197. 9084. 11675. 12561. 12934. 13078.

311. **VIEURE**, canton de Bourbon-l'Archembaud, arrond. de Moulins. — Canton d'Igrande, district de Cérilli. — *VIODERO* (*ecclesia de*), (1097). — *VIORIA*, (1260). — 474. 512. 955. 1016. 1668. 1717. 2512. 2905. 3369. 3674. 3707. 3812. 4006. 4274. 4424.

4530. 5096. 5202. 5353. 5460. 5689. 5767. 5891. 5976. 5977. 6775. 7334. 7433. 7532. 7591. 7592. 7759. 7807. 8020. 8155. 8156. 8185. 8530. 9050. 9236. 9749. 9811. 9842. 9996. 10357. 10379. 10717. 10753. 10757. 11006. 11676. 12969. 13039. 13124.

312. **VILHAIN (LE)**, canton de Cérilli, arrond. de Montluçon. — Canton et district de Cérilli. — *VILHANO (ecclesia de)*, (1301). — 313. 956. 1225. 1363. 1688. 1917. 2744. 2814. 3752. 3802. 3886. 4841. 5074. 5554. 5974. 6211. 7247. 7398. 7420. 7590. 7834. 7939. 8231. 8291. 8819. 8901. 9165. 9713. 9742. 9795. 9904. 9913. 9575. 9671. 9754. 11140. 11660. 11871. 11994. 11995. 12217. 12440. 12812. 13032. 13040. 13068.

313. **VILLEBRET**, canton de Marcillat, arrond. de Montluçon. — Canton de Néris, district de Montluçon. — *VILLABRITONIS*, (1297). — *VILLABRET*, (1211). — *VILLABRETO (parochia de)*, (1260). — 831. 2101. 2134. 2153. 2180. 2526. 2527. 3211. 3833. 6574. 7181. 7378. 8583. 9850. 10017. 10128. 10290. 10303. 10697. 11519. 12110. 12244. 12819. 13084.

314. **VILLE FRANCHE DE MONTCENOUX**, canton de Montmaraud, arrond. de Montluçon. — Chef-lieu du troisième canton, du district de Montmaraud. — *VILLA FRANCA MONTIS CENOBII*, (1048-1137). — 47. 179. 211. 635. 706. 1109. 1165. 1226. 1818. 2000. 2218. 2790. 2813. 3335. 3588. 4336. 4731. 4895. 5171. 5461. 5467. 5505. 5506. 5816. 6315. 7363. 7540. 7731. 7839. 7869. 7878. 8076. 8729. 9014. 9276. 9646. 9667. 9868. 10151. 10904. 11076. 11963. 12112. 12669. 12670. 12703. 12872. 13100. 13182.

315. **VILLE NEUVE**, canton Ouest et arrond. de Moulins. — Chef-lieu du neuvième canton du district de Moulins. — *VILLA NOVA* (1097). — 338. 438. 741. 957. 1064. 3212. 3301. 4498. 4822. 5393. 5859. 6470. 6673. 6730. 7107. 7746. 8198. 8763. 9020. 9402. 10000. 10802. 10875. 11126. 11562. 11595. 11834. 12215. 12397. 12719. 13038. 13118.

316. **VIPLAIX**, canton d'Huriel, arrond. de Montluçon. — Canton de Saint-Désiré, district de Montluçon. — *VICUS PLENUS*,

(636). — *VIPPLESIACUS*, (670). — *VIPPLEIS*, (1089). — 215. 221. 297. 515. 1412. 1808. 2139. 2140. 2188. 2598. 2892. 3169. 4487. 4489. 4631. 4915. 5134. 5824. 6213. 6457. 7108. 7537. 7612. 8143. 8393. 8601. 8712, 8814. 8861. 9331. 9639. 10302. 10453. 10599. 10617. 10957. 10958. 11558. 11744. 11775. 11788. 12412. 13169.

317. **VITRAI**, canton de Cérilli, arrond. de Montluçon. — Canton de Saint-Désiré, district de Montluçon. — *VITRIACO (parochia de)*, (XIIIe siècle). — 232. 318. 1600. 1768. 1918. 2259. 2260. 3138. 3816. 4319. 5408. 7657. 7658. 8906. 9385. 9441. 11012. 11694. 12158. 13135. 13189.

318. **VOUSSAC**, canton de Chantelle, arrond. de Gannat. — Canton de Target, district de Montmaraud.—*VOSAGUS*, (VIe siècle). — *VOCIACUS*, (XIIIe-XVe siècles). — *VOUCAT*, (1216). — 196. 344. 397. 808. 859. 896. 1034. 1117. 1531. 1745. 2056. 2206. 2379. 2134. 2591. 3135. 3961. 4431. 4493. 4583. 4622. 4762. 5071. 5748. 5810. 6535. 6569. 6615. 6667. 7139. 7284. 7383. 7603. 7808. 8216. 8082. 9092. 9987. 10081. 10220. 10381. 11013. 11115. 11208. 12340. 12401. 12593. 13076. 13221.

ERRATA

Numéros	au lieu de	lire
20	174	173
35	265	253
38	112	212
47	214	314
48	277	237
64	217	219
213	258	238
301	315	316
392	314	93
484	242	214
548	280	288
574	209	309
576	332	232
587	287	288
679	179	187
729	12	120
774	93	97
775	11	12
776	232	57
841	11	12
964	281	280
969	177	117
982	150	130
1100	73	78

Page 18, colonne 2, au lieu de 1051 lire 1151

Numéros	au lieu de	lire
1151	212	212
1187	173	174
1205	52	51
1286	235	234
1287	74	75
1288	173	174
1461	8	80
1518	65	6
1538	281	288
1590	208	209
1713	216	217
1796	8	5
1818	312	314
1824	141	114
1825	131	113
1832	184	174
1844	237	256
1852	58	53
1879	93	23
1958	84	85
2014	76	75
2022	23	238

Numéros	au lieu de	lire
2048	45	46
2032	121	125
2102	117	147
2103	236	237
2109	188	189
2113	332	32
2131	176	170
2141	114	104
2147	94	95
2170	42	62
2179	172	173
2203	126	127
2207	300	307
2208	46	33
2223	237	238
2243	122	121
2264	127	129
2312	216	218
2320	117	119
2321	119	129
2393	45	46
2401	254	253
2413	542	254
2430	261	269
2482	140	149
2509	35	85
2520	168	167
2549	190	191
2568	101	101
2635	292	293
2658	112	12
2660	262	63
2674	177	173
2689	186	187
2713	315	11
2729	249	231
2776	270	269
2796	246	245
2854	175	47
2856	50	80
2876	153	253
2910	172	174
2911	200	201
2921	106	108
2928	62	63
2959	253	254
2961	315	11
3069	179	279
3117	180	185
3124	181	186
3141	167	168
3195	183	283
3241	312	313
3259	298	299
3272	277	279
3315	269	69
3362	288	280
3382	19	190
3429	278	271
3458	175	174
3479	207	209
3511	40	41
3514	36	37
3529	171	172
3533	68	168
3536	180	185

Numéros	au lieu de	lire
3373	94	93
3612	215	216
3613	225	224
3704	269	289
3720	94	93
3813	19	79
3829	148	145
3842	4	10
3914	89	79
3944	129	128
3974	175	176
3995	257	256
3998	124	134
4048	189	289
4049	189	289
4089	93	94
4098	18	19
4148	56	60
4383	36	37
4429	42	12
4465	233	234
4469	193	196
4515	72	92
4593	40	41
4664	40	41
4687	54	64
4707	26	36
4733	83	84
4751	40	41
4775	136	137
4784	155	156
4790	362	262
4864	281	282
4866	32	31
4875	236	237
5002	146	166
5024	163	143
5062	232	132
5069	74	174
5093	123	103
5098	79	76
5181	65	66
5189	94	93
5270	65	66
5441	9	6
5442	205	209
5688	279	275
5737	216	215
5738	244	243
5743	262	264
5794	82	84
5835	200	201
5842	309	303
5857	149	151
5900	116	115
5906	40	41
5968	104	134
5998	41	42
6049	105	150
6450	160	64
6500	34	25
6618	301	299
6646	223	224
6661	75	76
6779	231	232
6800	881	89

Numéros	au lieu de	lire
6806	65	66
6810	200	201
6853	154	254
6854	154	254
6879	315	295
6928	49	149
6961	218	18
6986	238	248
6988	207	217
7071	96	98
7163	231	232
7211	224	225
7232	241	243
7307	168	148
7308	168	148
7326	40	48
7328	34	18
7440	4	10
7482	6	36
7505	76	187
7546	221	222
7553	285	286
7724	14	145
7746	314	315
7788	99	199
7828	111	112
7072	114	125
7805	135	235
7808	90	85
8070	290	291
8073	290	291
8080	152	158
8105	230	203
8305.	4	10
8348	161	163
8356	225	224
8379	276	296
8458	191	79
8519	224	225
8528	150	151
8626	191	192
8648	197	179
8660	80	84
8722	131	181
8737	218	216
8774	204	205
8775	4	5
8831	109	106
8847	68	93
8867	49	19
8876	224	225
8890	14	41
8971	34	93
9014	214	315
9089	256	156
9100	297	277
9211	195	185
9220	231	232
9331	317	316
9366	255	253
9400	153	253
9448	173	177
9660	268	288
9693	230	232
9716	92	192
9799	80	83

Numéros	au lieu de	lire
9381	4	10
9396	184	79
9397	184	79
9924	132	131
10012	202	201
10014	183	182
10158	71	72
10222	100	101
10233	285	286
10284	29	129
10367	76	70
10490	208	207
11028	151	150
11291	165	166
11369	250	269

Numéros	au lieu de	lire
11333	183	184
11707	254	255
11708	254	255
11749	27	26
11799	254	255
11920	23	24
11982	63	62
11996	102	101
12213	11	12
12265	37	35
12270	117	116
12370	176	177
12380	28	260
13320	235	236

Moulins. -- Imprimerie. C. Desrosiers.

www.ingramcontent.com/pod-product-compliance
Ingram Content Group UK Ltd.
Pitfield, Milton Keynes, MK11 3LW, UK
UKHW021057220726
13924UKWH00005B/2131

9 782019 211011